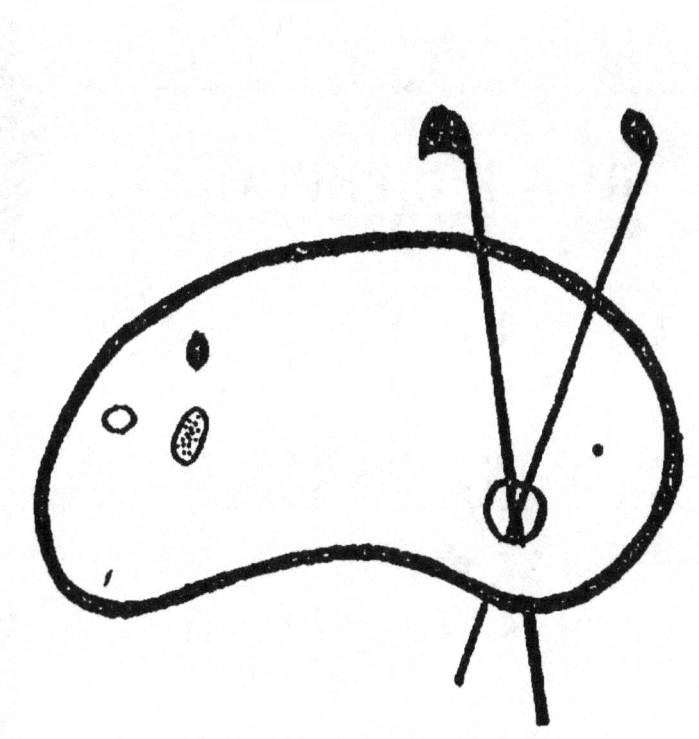

COUVERTURE SUPÉRIEURE ET INFÉRIEURE
EN COULEUR

A. JOSSE & J. TODEVIN

GUIDE SPÉCIAL
DU
CLERGÉ
DANS PARIS

ANNÉE 1865

PARIS
A. JOSSE, LIBRAIRE-ÉDITEUR
31, rue de Sèvres, 31.

Librairie de A. JOSSE, Éditeur,
31, rue de Sèvres, 31, Paris.

DÉPÔT DE L'OEUVRE DES BONS LIVRES
SOUS LE TITRE ET LE PATRONAGE DE ST.-MICHEL ARCHANGE.

Depuis longtemps, notre maison est connue par les nombreux ouvrages de propagande qu'elle a publiés. La confiance que viennent de lui témoigner les directeurs de l'OEuvre de Saint-Michel, et, en particulier, le R. P. Félix, ne fera qu'augmenter notre zèle, et tous nos efforts tendront à offrir au clergé et aux personnes pieuses des volumes à bon marché et dignes de la propagande à laquelle ils sont destinés.

Les directeurs de bibliothèques paroissiales trouveront dans nos magasins les nouveautés les plus variées, et nous possédons toujours un assortiment nombreux de volumes reliés pour les récompenses à décerner au catéchisme.

Nos volumes de piété, tels que paroissiens, recueils de prières, imitations, etc., sont invariablement choisis parmi les éditions les plus renommées et nous tenons à ne présenter à nos clients que des reliures fraîches, solides et de bon goût.

Pour obéir à un désir qui nous a été souvent manifesté nous venons de joindre à notre librairie une maison de *commission spéciale pour le clergé.*

Nous nous chargeons de tous les achats qu'on veut bien nous confier, quels qu'ils soient, et même détacher les coupons de rente.

Comme nous nous contentons d'une rémunération fort minime, les prêtres qui n'ont pas de correspondant à Paris ont donc tout intérêt à s'adresser à nous; ils peuvent être certains d'avance que leurs ordres seront exécutés avec une ponctualité parfaite et une promptitude exceptionnelle.

EXTRAIT DU CATALOGUE

DE LA LIBRAIRIE DE

A. JOSSE, Éditeur, 31, rue de Sèvres.

Nouvelles publications.

JÉSUS-CHRIST ET LA CRITIQUE NOUVELLE, ou Conférences de 1861 prêchées à Notre-Dame par le R. P. Félix, de la Compagnie de Jésus. 1 vol. in-12.   Prix : 1 fr.

LES CAMPAGNES, discours prononcé dans l'Église de Sainte-Clotilde le 28 avril 1861 par le R. P. Félix, S. J. pour l'œuvre des campagnes. — 1 vol. in-12.   75 c.

A QUOI SERVENT LES MOINES, par Philarète Stanz. — 1 vol. in-18.   50 c.

MAIRE ET CURÉ, derniers conseils d'un maire à son fils, publiés par Philarète Stanz.   50 c.

UNE FEMME SANS VANITÉ, suivi de *A chacun sa part*, par M. de Romanie. — 1 vol. in-12.   2 fr.

MES DIFFICULTÉS.

Collection de petits opuscules sur les difficultés apparentes qui se présentent comme autant d'obstacles à la pratique de la religion, par le R. P. de Damas, de la Compagnie de Jésus.

A quoi sert la religion ?
Toutes les religions sont-elles bonnes ?
Faut-il s'occuper si sérieusement de son âme ?
Dieu ne nous a-t-il pas donné la liberté ?
Si je n'ai pas la foi ?
J'ai ma fortune à faire, comment m'occuper de religion ?
Je fais comme le grand nombre.
Faut-il aller à l'église ?
A quoi bon aller au sermon ?
J'ai peur des prêtres !

Chaque vol. 15 c.; prix de la collection 1 fr. 50 c. Larges remises pour la propagande.

LIVRES DE PROPRIÉTÉ ET D'ASSORTIMENT.

L'ANGE CONDUCTEUR dans la voie du salut. Un fort. vol.
grand in-18. 1 fr. 50 c.

APPEL CONTRE L'ESPRIT DU SIÈCLE, précédé d'un coup
d'œil sur les principaux objets de l'enseignement, par le
R. P. MARIN DE BOYLESVE. — Deuxième édition, 1 volume
in-18. 50 c.

L'ARSENAL CATHOLIQUE. — 2 forts vol. in-12. 3 fr.

LE BOUQUET DE NOUVELLES. — 1 vol. in-18, papier de
luxe. 50 c.

CATÉCHISME EN IMAGES, 50 grav. taille d., sur acier,
représentant les grands maîtres. — 1 volume grand in-18,
br. 2 fr. 50. — Relié en toile noire, tr. d. 3 fr. 50 c.

LE CHEMIN DE LA CROIX. — 14 stations gravées et 6 vues
des Lieux saints avec texte au verso. 60 c.

LES CHRONIQUES BRETONNES, par M. DE BOISHAMON. —
1 vol. in-12. 1 fr.

CLUNY ET SAINT-GERMAIN DES-PRES, par la comtesse
DROHOJOWSKA. — 1 vol. in-12. 1 fr.

Collection de petits opuscules in-32 pour l'enfance. — Chaque
vol. 75 c.:

Jésus enfant   *Le Mot de Dieu*
Titres et vertus   *Petites souffrances*
Le livre divin   *Un jour de réflexion.*

LA COMMUNION RÉPARATRICE, en union avec Marie, par
le R. P. BLOT. 15 c.

CONSEILS aux enfants du peuple, ou le Bien et le Mal. —
1 fort vol. gr. in-18. 1 fr.

COURS D'INSTRUCTION, par madame la comtesse DROHO-
JOWSKA. — 1 vol. in-12, cartonné. 1 fr. 50 c.

LE CURÉ D'ARS, sa vie, sa mort, ses funérailles, son tombeau, son portrait, description de sa chambre à coucher,
par l'aumônier de l'hôpital de Toulouse. — 1 vol. in-18 50 c.

LES DEUX ÉTENDARDS, par le P. MARIN DE BOYLESVE. —
1 vol. in-18. 75 c.

EXPLICATIONS DES ÉVANGILES des dimanches et fêtes
principales, extraites textuellement des homélies du cardinal de La Luzerne, par l'abbé J. MERTIAN, curé de Juilly.
2 vol. in-12. 3 fr.

FLEURS ET FRUITS DE LA FOI, ou saints Exemples et

saints Conseils, par M. l'abbé STANISLAS FOUAD, vicaire général, missionaire apostolique. — 1 vol. in-8. 2 fr.

LE GUIDE DES SÉMINARISTES et des jeunes prêtres, par M. l'abbé H. DUBOIS. — 1 vol. in-12. 2 fr.

LE GUIDE DU PÉNITENT, ou Exercices pour la confession et la communion, extraits des Confessions de saint Augustin, par l'abbé J. MARTIAN, curé de Juilly. — In-18. 80 c.

UNE HEURE AU COIN DU FEU, — 1 vol. in-18. 30 c.

HISTOIRE DE LA COMPAGNIE DE JÉSUS depuis sa fondation jusqu'à nos jours, par J. M. S. DAURIGNAC. — 2 vol. in-12. 3 fr.

HISTOIRE DE LA TRÈS-SAINTE VIERGE, par M. l'abbé NADAL. — 1 vol. in-32. 35 c.

L'IMITATION DU PARFAIT CHRÉTIEN, ou Itinéraire de la vie à la Jérusalem céleste, par M. VACQUERIE. — 1 vol. in-12 de 280 p. 2 fr.

JE POLITIQUE, scènes, récits, portraits, par BATHILD BOUNIOL. — 1 vol. in-12. 3 fr. 50 c.

LE JOUR DE MARIE, par le R. P. BLOT, dixième édition. — 1 vol. in-32, raisin. 40 c.

C'est une excellente méthode pour passer toute une journée, le samedi spécialement, en union avec la très-sainte Vierge.

JOURNAL de ce qui s'est passé à la tour du Temple pendant la captivité de Louis XVI, par J. B. C. HANET CLÉRY, 1 vol. gr. in-8, illustré. 10 fr.

LÉGENDES IRLANDAISES, par la comtesse DROHOJOWSKA. 1 vol. in-12. 1 fr

LE LIVRE DES FAMILLES, par M. l'abbé LAVEAU. — fort vol. gr. in-32. 1 fr.

LE LIS DES VALLÉES, ou Histoire de la Vierge, par B. CHAUVELOT. — 1 vol. in-18. 60 c.

MADAME LA DUCHESSE DE PARME (1817-1864), par ALEX. DE ST-ALBIN. — 1 vol. in-12. 3 fr.

MANIÈRES DE VOIR DE NICOLAS TRANQUILLE au sujet de la religion. — 2 vol. in-18. 1 fr.

MANUEL DE LA BONNE MORT, par le P. LEFEBVRE, S. J. 1 fort vol. gr. in-18. 2 fr. 50 c.

MANUEL DE LA JEUNESSE, ou Choix de prières, d'instructions et de cantiques à l'usage des catéchismes, des écoles, des patronages, etc., approuvé par Mgr l'Archevêque de Bourges. — 1 vol. in-32, cart. 35 c.

UN MARI comme il y en a beaucoup et une FEMME comme il y en a peu. 10 c

MARIE RÉPARATRICE ET L'EUCHARISTIE, par le R. P Blot. — 1 beau vol, in-18 de 500 p. 2 fr.

Déjà un grand nombre de Nos Seigneurs les évêques ont applaudi à l'exécution comme à la pensée de ce livre nouveau, qui fait connaître la très-sainte Vierge dans ses rapports avec Jésus Rédempteur sur le Calvaire et sur l'autel, et qui nous montre ensuite Marie et l'Eucharistie faisant écouler, en même temps, jusqu'à nous toutes les grâces de la réparation par les canaux des sacrements.

MOIS DE MARIE, de M. l'abbé Mullois. — 1 vol. in-18. 30 c.

LE MOIS DU PÉNITENT, en Méditations et Élévations extraites des opuscules de saint Augustin, par l'abbé J. Mertian, curé de Juilly. — In-18. 80 c.

NOEL, ou les Cinq fêtes de l'Enfant Jésus, opuscule de saint Bonaventure traduit par un Franciscain. — 1 vol. in-32. 50 c.

NOUVELLES ET RÉCITS par le vicomte de Lavausserie. — 2 vol. gr. in-8 à deux colonnes. 7 fr.

NOUVEAU MOIS DE MARIE, ou l'Amour de Marie enseigné à la jeunesse, contenant une Lecture, une Histoire et une Prière pour chaque jour. — 1 vol. in-18. 40 c

LE NOUVEAU TESTAMENT, 70 sujets gravés d'après les grands maîtres avec texte au verso (l'Évangile expliquant le sujet). 8 fr.

PAPA CIVIL ET PAPA TROMPETTE. — 1 vol. in-18. 10 c.

PENSÉES D'HUMBERT au sujet de la religion, par l'abbé Mullois. — 1 vol. in-12. 1 fr.

LE PETIT MANUEL DE LA PREMIÈRE COMMUNION, par Henri Congnat. — 1 vol. in-18. 50 c.

PETIT RITUEL ROMAIN, traduit par Mgr Amand-René Maupoint, évêque de Saint-Denis (Réunion). — 1 volume in-18. 60 c

PETITS VOLUMES D'IMAGES, brochés, avec une couverture de papier à trois teintes, et contenant une prière et une réflexion pieuse à chaque sujet. — Chaque vol. 50 c.

La Piété du cœur, 10 sujets; Emblèmes chrétiens, 16 sujets; le Rosaire vivant, 18 sujets; Devises chrétiennes, 21 sujets; Vertus chrétiennes, 21 sujets; Vie de la sainte Vierge, 32 sujets; Litanies de la sainte Vierge, 32 sujets; l'Année de la première communion, 10 sujets. — La collection complète, ou les 8 petits volumes 4 fr.

LE PEUPLE ET LES SAVANTS AU XIXe SIÈCLE.— 1 volume in-12.   1 fr. 50 c.

PIEUSES LECTURES offertes à la jeunesse chrétienne, par le R. P. Dolmas. — 12 vol. gr. in-18 sur papier glacé. — Chaque vol. 15 c. — Par 100 vol. assortis, 10 fr.; franco, 12 f.

Première Série.

Légendes de la sainte enfance de Notre-Seigneur et de sa vie cachée, tirées des *Méditations sur la vie de N.S. Jésus-Christ,* par saint Bonaventure.
Nouveau choix de paraboles.
Visites à la Crèche.
Je vous laisse mes vertus: Testament de la sainte Vierge.
Pensées chrétiennes.
Les saints Anges.

Deuxième Série.

Testament de Notre-Seigneur.
Je vous laisse mon esprit: Testament de la sainte Vierge.
Maximes et réflexions chrétiennes.
Exemples de Notre-Seigneur Jésus-Christ.
Fleurs de la terre et Fleurs du Paradis, Bouquets à Jésus et à Marie.
Je vous laisse mes exemples: Testament de la sainte Vierge.

LE POISON AU RABAIS, par Bathild Bouniol. — 1 volume in-12.   25 c.

LES PORTES DE L'ENFER, par Alexandre de Saint-Albin, 1 fort vol. in-12.   3 fr.

PREUVES DE L'EXISTENCE DE DIEU, suivies de quelques réflexions sur la Vie de Jésus de Renan, par V. Asseline. 1 vol. gr. in-18.   50 c.

QUESTIONNAIRE TRÈS-ÉTENDU, raisonné analytique et synthétique sur le catéchisme, précédé, pour chaque chapitre, d'un texte continu, clair et méthodique, et suivi de petites morales et d'histoires pour confirmer dans la foi et assurer la persévérance, avec des rapprochements et des récapitulations, ouvrage destiné à mettre ceux que l'on instruit dans une sorte d'impossibilité de ne pas comprendre ou d'oublier, par l'abbé Laveau, directeur de l'Institution des sourds-muets, à Orléans, ouvrage revêtu de l'approbation de Mgr Dupanloup. — 1 vol. in-12.   3 fr.

LES RÉVOLTÉS CONTRE L'ÉGLISE ET L'ORDRE SOCIAL, par M. de Bussy, auteur de l'Histoire de Pie IX. Ouvrage approuvé par Mgr Pie, évêque de Poitiers. — Deuxième édition, 3 forts vol. in-12. 7 fr.

LE ROI LOUIS-PHILIPPE ET LA RÉVOLUTION, par le rédacteur en chef de *la Gazette de France*, avec lettres inédites et autographiées du roi Louis-Philippe, de la reine Amélie, du duc Pasquier, de M. Odilon Barrot, etc. — 1 volume in-32. 2 fr. 50 c.

LE SAINT-PÈRE ET ROME, par M. l'abbé Mullois. — 1 volume in-12. 80 c.

LES SAINTS DE L'ALGÉRIE présentés à la vénération des fidèles par la traduction des textes liturgiques, accompagnés d'annotations historiques et suivis des réflexions religieuses, avec approbation de Mgr l'évêque d'Alger, par Victor Bérard, receveur des domaines, membre de la Société historique algérienne. — 1 fort vol. in-12. 2 fr.

LA SEMAINE DU PÉNITENT, ou sept Méditations de saint Augustin, suivies des stations du pénitent, par l'abbé J. Mertian, curé de Juilly. — 1 vol. in-18. 80 c.

UN SERMON A TABLE D'HOTE, par Georges Romain. — 1 vol. in-18. 50 c.

LE SOURD-MUET, ou Mœurs du Tyrol, par la comtesse Drohojowska. — 1 vol. in-12. 1 fr.

SOUVENIRS DE LONDRES, par la comtesse Drohojowska. 1 vol. in-12. 1 fr.

SOUVENIRS DE PREMIÈRE COMMUNION ET DE CONFIRMATION, par M. l'abbé J. M. Bécel, prêtre du diocèse de Vannes. — 1 vol. in-18, orné de deux jolies figures. 1 fr. 60

SOUVENIRS DU CARÊME DE SAINT-QUENTIN. — 1 volume in-8. 3 fr.

SOUVENIR DU GRAND JOUR, ou Motifs et moyens de persévérance après la première communion, par F. P. — 1 volume in-18. 40 c.

LE TESTAMENT DE N. S. JÉSUS-CHRIST ET DE LA SAINTE VIERGE. — 1 vol. 1 fr.

VIE DE L'ABBÉ DUFRICHE-DESGENETTES, curé de Notre-Dame-des-Victoires, par un Associé de l'Archiconfrérie. — 1 vol. in-32 jésus, avec portrait. 50 c.

VIE DE SAINTE MARIE-MADELEINE ET DE SAINTE MARTHE, sa sœur, d'après le vénérable Raban Maur. 50 c.

VIE DU BIENHEUREUX LABRE, surnommé le Pauvre pasteur. — In-18 50 c.

VIE DU R. P. CHOMÉ de la Compagnie de Jésus, missionnaire au Paraguay, d'après ses lettres et les détails que nous a laissés le P. Peramas, missionnaire comme lui au Paraguay — 1 vol. in-12. 60 c.

LA VIE RÉELLE par M⁰ᵉ Mathilde Froment. — 1 volume in-12. 2 fr.

LA VIE VRAIMENT MÉRITOIRE au milieu du monde, ou Pratique des vertus de chaque instant, par M. l'abbé Th. Bourgeau. — 1 vol. in-12. 2 fr.

LES VOIES DE DIEU, ou la Lumière et la Force dans les consolations et les afflictions spirituelles, par le R. P. Jean-François Billecocq, religieux de l'ordre des Frères Prêcheurs. — 1 fort vol. in-32. 1 fr.

LE CHRIST AU JARDIN DES OLIVIERS.

Par M. Evrard, magnifique bas-relief formant tableau. — En plastique. 20 fr

Epreuves photographiques sur beau papier, format in-folio 3 fr. format carte de visite. 75 c.

On trouve à la même librairie un choix varié d'excellents volumes destinés aux familles et aux bibliothèques paroissiales, ainsi qu'un assortiment complet de paroissiens, imitations, etc. etc.

Nota. M. Josse se charge de procurer, *au même prix que l'éditeur et le jour même de la demande*, les volumes qu'on désire et qu'il n'a pas en magasin.

GUIDE SPÉCIAL
DU
CLERGÉ DANS PARIS

PARIS. — IMP. V. GOUPY ET C⁰, RUE GARANCIÈRE, 5.

A. JOSSE et J. TODEVIN

GUIDE SPÉCIAL

DU

CLERGÉ

DANS PARIS

ANNÉE 1865

PARIS

A. JOSSE, LIBRAIRE-ÉDITEUR

RUE DE SÈVRES, 31.

1865

1864

PRÉFACE

Depuis que les chemins de fer ont rendu les voyages si faciles, il est peu d'ecclésiastiques qui n'aient le désir de visiter Paris.

Mais parmi ceux qui y viennent, combien y en a-t-il qui puissent se rendre le témoignage de connaître réellement cette grande ville? Paris, en effet, n'est pas tout entier dans ses monuments civils et ses promenades publiques; ce Paris-là sans doute a bien ses charmes, mais il ne saurait satisfaire un prêtre catholique.

Pour lui, voir Paris, c'est non-seulement admirer son Louvre et ses Tuileries, ses boulevards et ses quais, mais c'est surtout visiter ses monuments religieux, ses nombreuses Églises, ses communautés célèbres et connaître en détail ces milliers de bonnes œuvres qui, au sein même de cette moderne Babylone, entretiennent des secours pour toutes les misères et des consolations pour toutes les douleurs.

Voilà ce qu'un prêtre recherche avant tout, et c'est ce que les Guides de Paris, même les plus complets, ne lui indiquent que très-imparfaitement.

Nous avons donc cru qu'il y avait là une lacune à combler, et nous nous sommes mis à l'œuvre.

Nous n'avons pas la prétention d'avoir fait un livre parfait, exempt d'erreurs et même d'inexactitudes, mais nous pouvons nous rendre le témoignage d'y avoir travaillé avec toute l'ardeur dont nous sommes capable, et de ne l'avoir entrepris que dans l'unique but d'être utile au clergé.

Nous avons voulu qu'après avoir vu dans Paris, à côté des édifices de la science, tant de temples de la *Charité*, le prêtre catholique pût rentrer joyeux dans son modeste presbytère, et se consoler du mal qu'il avait entendu dire de Paris en pensant au bien immense qui s'y fait chaque jour.

La division que nous avons adoptée est fort simple. Après avoir donné les renseignements désirables sur l'arrivée en gare, le départ pour l'intérieur de la ville, et l'installation à l'hôtel, nous indiquons de suite les formalités que MM. les ecclésiastiques ont à remplir pour obtenir la permission de célébrer les saints offices. Viennent ensuite quelques mots sur la poste aux lettres, les bureaux de la télégraphie électrique, et l'indication exacte des jours et heures où l'on peut visiter les monuments, musées et bibliothèques ; c'est ce qui forme la première partie.

Dans la deuxième partie nous nous occupons de Paris proprement dit. Après un coup d'œil général sur la ville, et une promenade artistique et religieuse de l'Arc de triomphe de l'Étoile à Notre-Dame, nous donnons la description détaillée des monuments religieux et des monuments civils. Cette partie, la plus intéressante de toutes, a été traitée avec un soin spécial et mérite de fixer l'attention.

Nous tenons, à cet égard, à recommander à nos lecteurs le beau volume de M. de La Gournerie, sur les monuments de la capitale, et le magnifique Guide Joanne publié par la maison Hachette : ces deux ouvrages nous ont fourni d'utiles renseignements, et nous nous empressons d'en remercier leurs auteurs.

La troisième partie est consacrée aux œuvres de charité, et la quatrième contient la statistique religieuse du diocèse de Paris.

Nous avons cru devoir ajouter une cinquième partie, sous le titre de *Renseignements commerciaux*.

Il n'est pas d'ecclésiastique qui ne profite de sa présence à Paris pour y faire au moins quelques acquisitions, mais parfois ces acquisitions sont le sujet de bien des ennuis et de courses multipliées : les renseignements précis renfermés dans notre guide obvieront à ces inconvénients.

Les maisons qui y sont indiquées sont toutes honorablement connues, et MM. les ecclésiastiques sont certains d'y être toujours reçus avec une politesse toute chrétienne, et d'y trouver, à des conditions avantageuses, tous les objets dont ils pourront avoir besoin.

En terminant nous ne saurions trop prier les personnes qui auraient des renseignements à nous transmettre, ou des erreurs à nous signaler, de le faire en toute liberté, afin que nous puissions en tenir compte dans notre prochaine édition.

A. JOSSE.

GUIDE SPÉCIAL
DU
CLERGÉ DANS PARIS

PREMIÈRE PARTIE
PRÉLIMINAIRES.

I

Arrivée. — Voitures publiques. — Hôtels et Restaurants.

ARRIVÉE A PARIS.

A peine descendu du convoi qui vient de l'amener à Paris, le voyageur est introduit dans une salle dite salle d'attente : il doit rester là jusqu'au moment où un employé de la gare vient ouvrir les portes et invite les voyageurs à aller reconnaître leurs bagages.

Une fois cette reconnaissance terminée, chaque

voyageur doit les faire visiter par un employé de l'octroi qui les marque ensuite à la craie d'un signe conventionnel. Le voyageur remet alors son billet de bagage à un facteur qui lui délivre ses malles et ses paquets, et les transporte à la voiture choisie par le nouveau venu pour se rendre dans l'intérieur de Paris.

OMNIBUS DE CHEMINS DE FER.

Ces voitures stationnent dans les gares de chemins de fer à l'arrivée des trains, et transportent les voyageurs dans différents quartiers de Paris. Chaque omnibus a son itinéraire tracé, et il ne peut s'en écarter pour déposer les voyageurs en route.

Le prix des places est de 30 c. par personne avant minuit, et 60 c. après minuit.

Tarif pour les bagages : 25 c. par 30 kilog. avant minuit, 50 c. après minuit.

VOITURES DE REMISE.

Ces voitures stationnent près des chemins de fer et dans tous les quartiers de Paris sous des remises ouvertes.

Les cochers qui les conduisent n'ont pas d'uniforme spécial, cependant ils portent presque tous la redingote longue. Ces voitures se prennent à l'heure ou à la course.

Tarif.

*De 6 h. du matin en été et de 7 h. du matin en hiver
à minuit 30 minutes.*

La course n'excédant pas 15 minutes.	1f.50
— excédant 15 minutes . . .	2 »
L'heure	2 25

De minuit 30 m. à 6 h. du matin.

La course.	2f.50
L'heure.	3 »

BAGAGES. — Même prix qu'aux voitures de place.

VOITURES DE PLACE.

Ces voitures stationnent aux abords des chemins de fer et dans tous les quartiers de Paris, sur les places qui leur ont été indiquées.

Elles sont toutes peintes en marron ; leurs cochers portent la redingote courte à boutons de métal, le pantalon couleur bistre foncé, et le gilet rouge.

Tarif.

*De 6 h. du matin en été et de 7 h. du matin en hiver
à minuit 30 minutes.*

	VOITURES A 2 PLACES.	VOITURES A 4 PLACES.
La course n'excédant pas 15 minutes.	1 »	1f.10
— excédant 15 minutes. . .	1 40	1 50
L'heure	1 90	2 »

De minuit 30 m. à 6 h. du matin.

La course.	2 »	2f.25
L'heure.	2 50	2 50

BAGAGES : 1 colis, 25 c. — 2 colis, 50 c. — 3 colis et au-dessus, 75 c.

OMNIBUS DE LA COMPAGNIE GÉNÉRALE.

Outre les omnibus des chemins de fer, qui ne peuvent servir qu'à l'arrivée et au départ des voyageurs, et les voitures dont nous venons de parler, il existe à Paris des omnibus spéciaux qui sillonnent la capitale dans tous les sens : ce sont les *Omnibus de la Compagnie générale.*

Leur service a été divisé en 31 lignes, désignées par les lettres de l'alphabet. Chaque voiture d'une même ligne porte son numéro d'ordre, la lettre distinctive de sa ligne et l'indication de son parcours. Elle contient 14 places d'intérieur et 12 à l'impériale. La place d'intérieur est de 30 c., et la place d'impériale 15 c.

Les omnibus ne dévient jamais de l'itinéraire qui leur est fixé, mais ils s'arrêtent sur n'importe quel point de leur parcours pour prendre ou déposer des voyageurs. Pour y monter ou en descendre, il suffit de faire un signe au conducteur qui se tient debout à l'arrière de la voiture. Quand toutes les places sont occupées, le conducteur découvre un écriteau placé au-dessus de lui et où se trouve inscrit le mot *complet.*

Si l'on veut prendre un omnibus à l'un des bureaux de correspondance, il faut avoir soin de déclarer, en entrant, l'endroit où l'on désire aller, et demander un numéro d'ordre.

Les voyageurs munis de correspondances doivent

les remettre au conducteur en montant en omnibus, et ceux qui n'en ont pas et qui en désirent, doivent les demander en payant leur place. La compagnie des Omnibus possède 560 voitures en service quotidien, et 6,900 chevaux. Chaque voiture parcourt, à l'intérieur de Paris, plus de 95 kil. par jour, et tous les omnibus réunis transportent, dans le même espace de temps à peu près, 210,000 voyageurs.

LISTE DES LIGNES D'OMNIBUS

A

Voitures jaunes. — Feu rouge.

D'Auteuil au Palais-Royal.

Itinéraire. — Place de l'Embarcadère. — Grande rue. Rue de la Fontaine. — Rue de Boulainvilliers. — Grande-Rue de Passy. — Rue Benjamin-Delessert. — Rampe du Trocadéro. — Quai de Billy. — Cours-la-Reine. — Place de la Concorde. — Rue de Rivoli. — Place du Palais-Royal.

Cette ligne dessert directement le Bois de Boulogne, le Champ-de-Mars, les Champs-Élysées, les Ministères de la Marine et des Finances, les Tuileries, les Musées et le Palais-Royal.

B

Voitures jaunes. — Feu vert.

De Chaillot à la gare de Strasbourg.

Itinéraire. — Rue de Chaillot. — Avenue des Champs-Élysées. — Avenue et rue Matignon. — Faubourg Saint-

Honoré. — Rue Royale-Saint-Honoré. — Place de la Madeleine. — Rue Tronchet. — Rue du Havre. — Rue Saint-Lazare. — Rue Lamartine. — Rue Papillon. — Rue Paradis-Poissonnière. — Rue de la Fidélité. — Boulevard de Strasbourg. — Rue de Strasbourg.

Cette ligne dessert directement les Champs-Élysées, le Ministère de l'Intérieur, la Madeleine, les Chemins de fer de l'Ouest (R. D.), de l'Est et de Mulhouse.

C

Voitures jaunes. — Feu rouge.

De Courbevoie au Louvre.

Itinéraire. — Avenue de Neuilly. — Avenue de la Porte-Maillot. — Rond-Point de l'Etoile. — Grande avenue des Champs-Élysées. — Place de la Concorde. — Rue de Rivoli. — Rue du Louvre.

Cette ligne dessert directement l'avenue de Neuilly, le Jardin d'acclimatation, le rond-point de l'Etoile, les Champs-Élysées, les Ministères de la Marine et des Finances, les Tuileries, les Musées, le Palais-Royal et le Louvre.

D

Voitures jaunes. — Feu rouge.

Des Ternes au boulevard des Filles-du-Calvaire.

Itinéraire. — Grande-Rue des Ternes. — Faubourg Saint-Honoré. — Rue-Royale-Saint-Honoré. — Place de la Madeleine. — Rue Duphot. — Rue Saint-Honoré. — Rue de la Monnaie. — Pointe Saint-Eustache. — Rue Montorgueil. — Rue Mauconseil. — Rue Saint-Denis. — Rue Greneta. Rue Réaumur. — Rue Phélipeaux. — Rue de Bretagne. — Rue des Filles-du-Calvaire. — Boulevard du Temple.

Cette ligne dessert directement les Ministères de l'Intérieur, de la Marine et des Finances, les Tuileries, les Musées, le Palais-Royal, les Halles centrales, le Temple.

E

Voitures jaunes. — Feu rouge.

De la Madeleine à la Bastille.

Itinéraire. — Boulevard de la Madeleine. — Boulevard des Capucines. — Boulevard des Italiens. — Boulevard Montmartre. — Boulevard Poissonnière. — Boulevard Bonne-Nouvelle. — Boulevards Saint-Denis et Saint-Martin. — Boulevard du Temple. — Boulevard des Filles-du-Calvaire. — Boulevard Beaumarchais.

Cette ligne dessert directement le Cirque Napoléon, les Théâtres du Boulevard du Temple, le Château-d'Eau, les Passages, l'Opéra.

F

Voitures brun foncé. — Feu rouge.

De Monceaux à la Bastille.

Itinéraire. — Route d'Asnières. — Rue de Lévis. — Rue du Rocher. — Rue Saint-Lazare. — Place du Havre. — Rue du Havre. — Rue de la Ferme-des-Mathurins. — Rue Tronchet. — Place de la Madeleine. — Boulevard des Capucines. — Rue Neuve-St-Augustin. — Rue des Filles-Saint-Thomas. — Rue Notre-Dame-des-Victoires. — Place des Victoires. — Rue Catinat. — Rue de la Vrillière. — Rue Croix-des-Petits-Champs. — Rue Coquillière. — Rue de Rambuteau. — Rue Paradis. — Rue des Francs-Bourgeois. — Rue Neuve-Sainte-Catherine. — Rue du Pas-de-la-Mule. — Bastille.

Cette ligne dessert directement la place Royale, les Halles centrales, la Banque, la Bourse, le Théâtre des Italiens, la rue la Paix, la Madeleine, le Chemin de fer de l'Ouest (R. D.), le parc de Monceaux.

G
Voitures brun clair. — Feu vert.

De Batignolles au Jardin-des-Plantes.

Itinéraire. — Rue de l'Hôtel-de-Ville. — Boulevard de Clichy. — Rue de Clichy. — Rue Saint-Lazare. — Rue de la Chaussée-d'Antin. — Rue Louis-le-Grand. — Rue du Port-Mahon. — Rue d'Antin. — Rue du Marché Saint-Honoré. — Rue Saint-Honoré. — Place du Palais-Royal. — Rue de Rivoli. — Place du Châtelet. — Avenue Victoria. — Pont Notre-Dame. — Rue de la Cité. — Rue du Petit-Pont. — Rue Galande. — Rue Saint-Victor. — Rue Cuvier.

Cette ligne dessert directement le Jardin des Plantes, la Halle aux Vins, l'Hôtel de Ville, les nouveaux Théâtres, le Palais-Royal, les Musées, le Marché St-Honoré.

H
Voitures jaunes. — Feu rouge.

De Clichy à l'Odéon.

Itinéraire. — Avenue de Clichy. — Rue de Paris. — Boulevard de Clichy. — Rue de la Fontaine. — Rue Notre-Dame-de-Lorette. — Rue Bourdaloue. — Rue Laffitte. — Boulevard des Italiens. — Rue Richelieu. — Rue Saint-Honoré. — Place du Palais-Royal. — Rue de Rivoli. — Place du Carrousel. — Pont des Saints-Pères. — Rue des Saints-Pères. — Rue Taranne. — Rue du Dragon. — Rue de Grenelle. — Rue du Vieux-Colombier. — Place et rue Saint-Sulpice. — Rue Tournon. — Rue Vaugirard.

Cette ligne dessert directement le Cimetière Montmartre,

Notre-Dame-de-Lorette, la Bourse, les Musées, le Carrousel, l'Hôpital de la Charité, le Luxembourg.

I

Voitures vertes. — Feu rouge.

De Montmartre à la Halle aux vins.

Itinéraire. — Rue Marcadet. — Rue de Clignancourt. — Rue Rochechouart. — Rue Cadet. — Rue du Faubourg-Montmartre. — Boulevard Montmartre. — Rue Vivienne. — Place Neuve-des-Petits-Champs. — Rue de la Feuillade. — Rue des Victoires. — Rue Croix-des-Petits-Champs. — Rue Saint-Honoré. — Rue de l'Arbre-Sec. — Pont-Neuf. — Place Dauphine. — Quai des Orfèvres. — Pont et quai Saint-Michel. — Quai de Montebello. — Place Maubert.

Cette ligne dessert directement la Bourse, la Banque, la Préfecture de Police, le Palais de Justice.

J

Voitures jaunes. — Feu rouge.

De la place Pigalle à la Glacière.

Itinéraire. — Rue des Martyrs. — Rue du Faubourg-Montmartre. — Rue Montmartre. — Rue des Prouvaires. — Pointe Saint-Eustache. — Rue des Halles-Centrales. — Rue Saint-Denis. — Place du Châtelet. — Palais de Justice. — Boulevard de Sébastopol. — Rue Soufflot. — Rue Saint-Jacques. — Rue du Faubourg-Saint-Jacques. — Boulevard de la Santé. — Boulevard de la Glacière. — Rue de la Glacière.

Cette ligne dessert directement Notre-Dame-de-Lorette, les Halles centrales, la place du Châtelet, les nouveaux Théâtres, le Palais de Justice, le Musée de Cluny, la place du Panthéon et le Val-de-Grâce.

K

Voitures jaunes. — Feu vert et rouge.

De la Chapelle au Collège de France.

Itinéraire. — Grande-Rue de la Chapelle. — Faubourg Saint-Denis. — Rue de Dunkerque — Rue de Saint-Quentin. — Rue du Faubourg Saint-Denis. — Porte Saint-Denis. — Rue Saint-Denis. — Pont-au-Change. — Boulevard de Sébastopol. — Rue des Écoles.

Cette ligne dessert directement le Chemin de fer du Nord, les Halles centrales, la Place du Châtelet, les nouveaux Théâtres, le Palais de justice, le Musée de Cluny.

L

Voitures jaunes. — Feu rouge.

De la Villette à Saint-Sulpice.

Itinéraire. — Rue de Flandre. — Faubourg Saint-Martin. — Porte Saint-Martin. — Pont Notre-Dame. — Rue de la Cité. — Petit-Pont. — Quai et place du Pont-St-Michel. — Rue Saint-André-des-Arts. — Rue de Buci. — Rue de Seine. — Rue Saint-Sulpice. — Place Saint-Sulpice.

Cette ligne dessert directement le Chemin de fer de l'Est, la Porte Saint-Martin, l'Hôtel de Ville, le Palais de Justice.

M

Voitures jaunes. — Feu vert et rouge.

De Belleville aux Ternes.

Itinéraire. — Boulevard de Belleville. — Boulevard de la

Chopinette. — Boulevard du Combat. — Boulevard de Pantin. — Boulevard de la Villette. — Boulevard des Vertus. — Boulevard de Saint-Denis. — Boulevard Poissonnière. — Boulevard Rochechouart. — Boulevard des Martyrs. — Boulevard Montmartre. — Boulevard de Clichy. — Boulevard de Monceaux. — Boulevard de Chartres. — Boulevard de Courcelles. — Boulevard de l'Étoile.

Cette ligne dessert directement les boulevards extérieurs, le Parc de Monceaux, le cimetière Montmartre et l'Étoile.

N

Voitures vertes. — Feu rouge.

De Belleville à la place des Victoires.

Itinéraire. — Rue de Paris. — Rue du Faubourg-du-Temple. — Rue de Bondy. — Porte Saint-Martin. — Porte Saint-Denis. — Rue Bourbon-Villeneuve. — Rue Neuve-Saint-Eustache. — Rue des Fossés-Montmartre. — Place des Victoires. — Rue Catinat.

Cette ligne dessert directement le Château-d'Eau, les Portes Saint-Martin et Saint-Denis, la Banque.

O

Voitures vertes. — Feu rouge et vert.

De Ménilmontant à la Chaussée du Maine.

Itinéraire. — Rue de Ménilmontant. — Rue Neuve-Ménilmontant. — Rue Vieille-du-Temple. — Rue de Rivoli. — Place du Châtelet. — Quai de la Mégisserie. — Pont-Neuf. — Place et rue Dauphine. — Rue de l'Ancienne-Comédie. — Carrefour de l'Odéon. — Rue et place Saint-Sulpice. — Rue Bonaparte. — Rue de Vaugirard. — Rue de Rennes. — Boulevard et rue Montparnasse. — Rue de la Gaîté. — Chaussée du Maine.

Cette ligne dessert directement l'Hôtel de Ville, la place du Châtelet, les nouveaux Théâtres, la Préfecture de police, le Cimetière Montparnasse, le Chemin de fer de l'Ouest (R. G.).

P

Voitures jaunes. — Feu rouge.

De Charonne à la place d'Italie.

Itinéraire. — Rue de Charonne. — Boulevard de Fontarable. — Rue de la Roquette. — Place de la Bastille. — Boulevard Contrescarpe. — Pont d'Austerlitz. — Boulevard de l'Hôpital. — Place d'Italie.

Cette ligne dessert directement la Roquette, le Père Lachaise, la Bastille, le Jardin des Plantes, les Gares de Vincennes, de Lyon et d'Orléans, la Salpêtrière, le Marché aux Chevaux et les Gobelins.

Q

Voitures jaunes. — Feu rouge.

De la place du Trône au Palais-Royal.

Itinéraire. — Faubourg Saint-Antoine. — Place de la Bastille. — Rue Saint-Antoine. — Rue du Petit-Musc. — Quai des Célestins. — Quai Saint-Paul. — Quai des Ormes. — Quai de la Grève. — Quai Pelletier. — Quai de Gèvres. — Place du Châtelet. — Rue de Rivoli. — Rue Saint-Denis. — Quai de la Mégisserie. — Quai de l'École. — Place du Louvre. — Rue de Rivoli. — Place du Palais-Royal.

Cette ligne dessert directement la Bastille, l'Hôtel de Ville, les nouveaux Théâtres, le Pont-Neuf, le Louvre.

R

Voitures vertes. — Feu violet et rouge.

Barrière Charenton à Saint-Philippe-du-Roule.

Itinéraire. — Rue de Charenton. — Place de la Bastille.

— Rue Saint-Antoine. — Rue de Rivoli. — Rue Coutellerie.
— Avenue Victoria. — Boulevard de Sébastopol. — Rue de
Rivoli. — Rue du Louvre. — Rue Saint-Honoré. — Place
du Palais-Royal. — Rue Saint-Honoré. — Rue de Rohan.
— Rue de Rivoli. — Rue Royale-Saint-Honoré. — Rue du
Faubourg Saint-Honoré. — Place Beauveau.— Rue du Faubourg-Saint-Honoré.

Cette ligne dessert directement la Bastille, l'Hôtel de Ville, le Châtelet, les Théâtres, le Louvre, les Tuileries, les Ministères des Finances, de la Marine, des Colonies et de l'Intérieur.

S

Voitures jaunes. — Feu rouge et blanc.

De Bercy au Louvre.

Itinéraire. — Quai de Bercy. — Quai de la Râpée. — Boulevard de Mazas. — Rue de Lyon. — Place de la Bastille. — Rue Saint-Antoine. — Rue de Rivoli. — Rue de la Coutellerie. — Avenue Victoria. — Boulevard de Sébastopol. — Rue de Rivoli. — Rue du Louvre. — AU RETOUR VERS BERCY. — Rue de Lyon. — Boulevard Mazas. — Quai de la Râpée. — Boulevard de la Râpée. — Rue de Bercy. — Rue Grange-aux-Merciers.

Cette ligne dessert directement la place de la Bastille, l'Hôtel de Ville, la place du Châtelet, les nouveaux Théâtres, les Musées.

T

Voitures jaunes. — Feu rouge.

De la Gare d'Ivry à la place Cadet.

Itinéraire. — Quai de la Gare d'Ivry. — Rue Jouffroy. — Rue de la Gare. — Place Walhubert. — Quai Saint-Bernard. — Pont de la Tournelle. — Rue des Deux-Ponts. —

Pont-Marie. — Quai des Ormes. — Rue du Pont-Louis-Philippe. — Rue de Rivoli. — Rue des Deux-Portes-Saint-Jean. — Rue de la Verrerie. — Rue du Temple. — Rue de Rambuteau. — Rue Saint-Martin. — Boulevard Saint-Denis. — Rue du Faubourg-Saint-Denis. — Rue des Petites-Ecuries. — Rue du Faubourg-Poissonnière. — Rue Bleu. — Place Cadet.

Cette ligne dessert directement le Chemin de fer d'Orléans, le Jardin des Plantes, la Halle aux Vins, l'île Saint-Louis, l'Hôtel de Ville, les Arts-et-Métiers, les Portes Saint-Martin et Saint-Denis.

U

Voitures jaunes. — Feu vert et rouge.

De Bicêtre à la Pointe-Saint-Eustache.

Itinéraire. — Grande-Rue de Fontainebleau. — Rue Mouffetard. — Rue du Fer-à-Moulins. — Rue Geoffroy-Saint-Hilaire. — Rue Saint-Victor. — Rue du Cardinal-Lemoine. — Quai de la Tournelle. — Pont de l'Archevêché. — Quai Napoléon. — Pont d'Arcole. — Place de l'Hôtel de Ville. — Avenue Victoria. — Boulevard de Sébastopol. — Rue de Rivoli. — Rue des Halles-Centrales. — Pointe Saint-Eustache.

Cette ligne dessert directement les Gobelins, le Jardin des Plantes, la Halle aux Vins, l'Hôtel de Ville, les nouveaux Théâtres, les Halles Centrales.

V

Voitures brun clair. — Feu vert et blanc.

Du Maine au chemin de fer du Nord.

Itinéraire. — Avenue du Maine. — Rue du Cherche-Midi. — Rue Saint-Placide. — Rue de Sèvres. — Rue de Grenelle. — Rue du Dragon. — Rue Taranne. — Rue Sainte-Marguerite. — Rue Bonaparte. — Quai de l'Institut. — Quai Conti. — Pont-Neuf. — Place Dauphine. — Quai de l'École. — Place et rue du Louvre. — Rue Saint-Honoré. — Rue Croix-des-Petits-Champs. — Place des Victoires. — Rue de la Feuillade. — Rue de la Banque. — Place de la Bourse. — Rue Vivienne. — Boulevard et faubourg Montmartre. — Rue Bergère. — Rue du Faubourg-Poissonnière. — Rue et place La Fayette. — Rue de Denain. — Place Roubaix.

Cette ligne dessert directement le Chemin de fer de l'Ouest (r. g.), l'École des Beaux-Arts, l'Institut, la Préfecture de Police, la Banque, la Bourse et le Conservatoire.

X

Voitures jaunes. — Feu vert et rouge.

De Vaugirard à la place du Havre.

Itinéraire. — Grande Rue de Vaugirard. — Rue du Parc. — Rue de l'École. — Rue de Sèvres. — Rue du Bac. — Pont-Royal. — Place du Carrousel. — Place du Palais-Royal. — Rue Saint-Honoré. — Rue de Richelieu. — Rue Neuve-des-Petits-Champs. — Rue Neuve-des-Capucines. — Rue de Caumartin. — Rue Saint-Lazare.

Cette ligne dessert directement les hospices Necker, les Incurables, les Missions étrangères, le Musée d'Artillerie, les Tuileries, le Carrousel, le Ministère d'Etat, le Théâtre des Italiens, la place Vendôme et le Chemin de fer de l'Ouest (r. d.).

Y

Voitures brun clair. — Feu rouge et blanc.

De Grenelle à la Porte Saint-Martin.

Itinéraire. — Rue du Commerce. — Champ-de-Mars.

— Avenue Lamothe-Piquet. — Rue de l'Église. — Rue Saint-Dominique. — Rue du Bac. — Pont-Royal. — Place du Carrousel. — Place du Palais-Royal. — Rue Saint-Honoré. — Rue de Grenelle. — Rue J.-J. Rousseau. — Rue Montmartre. — Boulevard Poissonnière. — Boulevard Bonne-Nouvelle. — Boulevard Saint-Denis.

Cette ligne dessert directement l'Ecole Militaire, les Invalides, les Ministères des Affaires étrangères, de la Guerre, de l'Agriculture et du Commerce, le Carrousel, le Ministère d'Etat, la Direction générale des Postes, la Porte Saint-Denis.

Z

Voitures brun clair. — Feu vert.

De Grenelle à la Bastille.

Itinéraire. — Avenue de Lowendhal. — Avenue de la Bourdonnaye. — Avenue de Lamothe-Piquet. — Esplanade des Invalides. — Rue Grenelle-Saint-Germain. — Rue du Four. — Rue Bonaparte. — Place et rue Saint-Sulpice. — Rue de l'École de Médecine. — Boulevard Sébastopol. — Boulevard Saint-Germain. — Quai et pont de la Tournelle. — Rue des Deux-Ponts. — Pont-Marie. — Rue des Nonnains-d'Hyères. — Rue de Fourcy. — Rue de Rivoli. — Rue Saint-Antoine. — Place de la Bastille.

Cette ligne dessert directement l'École militaire, les Invalides, l'Ambassade Ottomane, le Carrefour de la Croix-Rouge, l'Ecole de Médecine, le Musée de Cluny, la Fourrière.

AB

Voitures vertes. — Feu vert.

De Passy à la place de la Bourse.

Itinéraire. — Grande-Rue de Passy. — Rue de la Pompe. — Avenue de Saint-Cloud. — Place de l'Étoile. — Boulevard Beaujon. — Faubourg Saint-Honoré. — Rue Royale-Saint-Honoré. — Boulevard de la Madeleine. — Boulevard des Capucines. — Boulevard des Italiens. — Rue Vivienne. — Place de la Bourse.

Cette ligne dessert directement le Bois de Boulogne, l'Hippodrome, l'avenue de l'Impératrice, la place de l'Étoile, le Ministère de l'Intérieur, la Madeleine, l'Opéra, la Bourse.

AC

Voitures vertes. — Feu vert.

De la Petite-Villette aux Champs-Élysées.

Itinéraire. — Route d'Allemagne. — Rue La Fayette. — Rue de Dunkerque. — Rue de Denain. — Rue La Fayette. — Faubourg Poissonnière. — Rue Richer. — Rue de Provence. — Rue de la Chaussée-d'Antin. — Rue de la Paix. — Place Vendôme. — Rue Saint-Honoré. — Rue Royale-Saint-Honoré. — Place de la Concorde.

Cette ligne dessert directement la place La Fayette, la place Vendôme et la place de la Concorde.

AD

Voitures vertes. — Feu rouge et vert.

Du Château-d'Eau au pont de l'Alma.

Itinéraire. — Rue du Temple, Rue de Rivoli. — Place du Châtelet. — Boulevard de Sébastopol. — Quai de la Mégisserie. — Place Dauphine. — Rue de Buci. — Rue Jacob. — Rue de l'Université. — Rue Bellechasse. — Rue Saint-Dominique. — Rue de Bourgogne. — Rue de l'Université. — Boulevard et pont de l'Alma.

Cette ligne dessert directement l'Hôtel de Ville, la place du Châtelet, les nouveaux Théâtres, la Préfecture de Police, le Carrefour de Buci, l'École d'État-Major, les Invalides, la Manufacture des Tabacs.

AE

Voitures vertes. — Feu vert.

De l'Avenue de Vincennes aux Arts-et-Métiers.

Itinéraire. — Avenue de Vincennes. — Place du Trône. — Boulevard du Prince-Eugène. — Boulevard du Temple. — Boulevard Saint-Martin. — Rue Saint-Martin. — Rue Neuve-Saint-Denis. — Boulevard de Sébastopol.

Cette ligne dessert directement la place du Trône, le Château-d'Eau, la Porte Saint-Martin et le Conservatoire.

AF

Voitures vertes. — Feu rouge.

Du Panthéon au parc de Monceaux.

Itinéraire. — Place du Panthéon. — Rue Soufflot. — Rue Monsieur-le-Prince. — Rue Saint-Sulpice. — Place Saint-Sulpice. — Rue du Colombier. — Rue Grenelle-Saint-Germain. — Rue de Bellechasse. — Rue Saint-Dominique. — Rue de Bourgogne. — Pont de la Concorde. — Place de la Concorde. — Rue Royale-Saint-Honoré. — Place de la Madeleine. — Boulevard Malesherbes.

Cette ligne dessert directement l'École polytechnique, les Lycées, le Panthéon, le Luxembourg, l'Administration télégraphique, les Ministères de l'Instruction publique, de l'Agriculture et du Commerce, le Corps législatif.

AG

Voitures brun foncé. — Feu vert.

De Montrouge au Chemin de fer de l'Est.

Itinéraire. — Grande route d'Orléans. — Rue d'Enfer. — Boulevard de Sébastopol. — Place du Pont-Saint-Michel.

— Pont-au-Change. — Place du Châtelet. — Boulevard de Sébastopol. — Boulevard de Strasbourg.

Cette ligne dessert directement le Luxembourg, le Palais de Justice, le Panthéon, la Sorbonne, le Musée de Cluny, les nouveaux Théâtres, la place du Châtelet, les Portes Saint-Martin et Saint-Denis.

CHEMIN DE FER AMÉRICAIN.

Un omnibus, traîné par des chevaux, sur des rails de fer, dessert Passy, Auteuil, Boulogne, Saint-Cloud, Sèvres et Versailles.

Les bureaux sont situés place de la Concorde, près le quai.

HOTELS.

Le quartier qu'habitent de préférence les ecclésiastiques qui viennent à Paris est celui qui avoisine l'église Saint-Sulpice. Là, en effet, ils sont au centre des établissements religieux, et près des innombrables maisons de commerce qui tiennent les articles destinés au clergé. Aussi est-ce presque uniquement dans ce quartier que les ecclésiastiques peuvent rencontrer des hôtels en rapport avec leurs goûts, leurs habitudes et les exigences de leur position sociale.

Voir à la fin du Guide, à l'article Hôtels, pour de plus amples détails.

RESTAURANTS.

Les ecclésiastiques mangent ordinairement à l'hôtel où ils sont descendus. Si cependant ils s'en trouvaient trop éloignés au moment du dîner, ils peuvent, sans inconvénient aucun, entrer prendre leur repas dans un restaurant.

Les restaurants de Paris se divisent en deux classes bien distinctes : les restaurants à prix fixe et les restaurants à la carte.

Dans les restaurants à prix fixe, le déjeuner est ordinairement de 1 fr. 25, et le dîner de 2 fr. et 2 fr. 50. Nous ne voulons pas parler ici des restaurants à 90 c. et 1 fr. 20. Ces restaurants, placés dans les petites rues qui avoisinent le Palais-Royal et au quartier Latin, ne peuvent convenir aux ecclésiastiques : outre qu'ils n'y trouveraient pas une nourriture suffisante, les convives qu'ils y rencontreraient ne seraient pas toujours de leur goût. Dans les restaurants à 2 fr., quel que soit le quartier, la société est généralement très-convenable et digne. Un ecclésiastique peut donc y entrer sans avoir à redouter que sa soutane y soit considérée comme un objet de curiosité ou d'aversion. Pour 2 fr., il aura un dîner complet : potage, entrée, rôti, entremets, dessert, pain à discrétion et une demi-bouteille de vin.

Les restaurants à prix fixe se trouvent en grand nombre au Palais-Royal.

Les restaurants à la carte offrent sans doute au consommateur des mets plus recherchés et des vins plus exquis, mais aussi le prix du repas s'en trouve singulièrement augmenté, et il est difficile de dîner dans ces restaurants sans dépenser de 4 à 5 fr.

Nous nous dispensons de parler ici des établissements de bouillon et des crémeries, parce que nous pensons que MM. les ecclésiastiques n'y seraient pas à leur place, quoique cependant il y en ait quelques-uns d'assez bien fréquentés.

Les cafés, comme tous les lieux de distraction publique, tels que concerts, théâtres, etc , sont interdits aux ecclésiastiques, et celui d'entre eux qui s'y égarerait ne tarderait pas à s'apercevoir, au sourire de ses voisins, que sa présence leur paraît singulière.

II

Rapports avec l'Archevêché, les Autorités civiles.

Maintenant que nous avons donné tous les renseignements relatifs à l'installation de MM. les ecclésiastiques à leur arrivée à Paris, et aux détails de la vie matérielle, nous allons grouper ici ceux qui ont particulièrement trait à leurs rapports avec l'archevêché et les autorités civiles.

ARCHEVÊCHÉ.

Tout ecclésiastique qui désire dire la messe pendant son séjour à Paris doit, s'il n'est pas connu, se munir de lettres testimoniales attestant qu'il remplit actuellement des fonctions ecclésiastiques dans le diocèse auquel il appartient, et, s'il reste plus de trois jours à Paris, il aura à se rendre à l'archevêché afin de s'y faire délivrer un *celebret* pour le temps de son séjour dans le diocèse.

La soutane est le vêtement de rigueur pour le clergé de Paris. Les ecclésiastiques étrangers au diocèse, et y célébrant, sont assujettis à la même obligation après un mois de séjour.

Voir, plus loin, l'indication du personnel de l'archevêché, et les jours et heures de réception.

GRANDE AUMONERIE. — NONCIATURE. — MINISTÈRES ET PRÉFECTURE.

La grande Aumônerie s'occupe spécialement du service de la chapelle des Tuileries; cependant elle sert aussi d'intermédiaire pour les dons que MM. les ecclésiastiques désirent obtenir de l'Empereur ou de l'Impératrice. Les demandes doivent être adressées aux bureaux de la grande Aumônerie, rue de Rivoli, en face le pavillon des Tuileries.

Ministères de l'Intérieur, hôtel du ministre, place Beauveau et bureaux, rue de la Ville-l'Évêque, 41.

Parmi les innombrables attributions de ce ministère se trouve la tutelle des intérêts communaux, et la distribution de la bienfaisance officielle.

Ministère de l'Instruction publique, rue de Grenelle-Saint-Germain, 110.

Outre la direction des écoles du gouvernement, le ministre de l'Instruction publique a la surveillance des institutions libres.

Ministère de la Justice et des Cultes, place Vendôme, 11 et 13.

L'administration des Cultes comprend les divisions suivantes : personnel ecclésiastique ; administration temporelle des églises et travaux diocésains.

NOTA. — Tous les ministres et les secrétaires généraux des ministères donnent des audiences aux personnes qui en font la demande par écrit, en spécifiant l'objet dont elles désirent les entretenir. La lettre de réponse indique le jour et l'heure de la réception.

Préfecture de Police, elle est située rue de Harlay et Place Dauphine. C'est dans ses bureaux qu'on délivre les passe-ports, qu'on accueille les réclamations pour les objets perdus sur la voie publique ou oubliés dans les voitures, et qu'on dépose les plaintes qu'on aurait à porter, soit contre les cochers soit contre les conducteurs d'omnibus.

Nous croyons devoir compléter ces divers renseignements en plaçant ici l'adresse du nonce apostolique.

Nonciature, rue de l'Université, 69. Les bureaux sont ouverts de 11 h. à 1 h.

III

Poste et Télégraphie électrique.

Poste. — Le bureau central de l'administration des Postes est rue Jean-Jacques-Rousseau, 9.

Des bureaux supplémentaires sont ouverts dans les principaux quartiers de Paris, et de plus, il y a une boîte aux lettres dans chaque bureau de tabac.

Les bureaux sont ouverts tous les jours de 8 h. du matin jusqu'à 8 h. du soir, et les dimanches et fêtes jusqu'à 5 h, seulement.

La clôture des affranchissements et chargements est faite à 4 h. 30 m. du soir dans les bureaux.

La levée des boîtes pour les départs du soir a lieu dans les bureaux à 5 h., et hors des bureaux, à 4 h. 30 m.

Télégraphie. — La direction générale des lignes télégraphiques est située rue de Grenelle-Saint-Germain, 103.

Ce bureau et celui de la Place de la Bourse, 12, sont ouverts à toute heure du jour et de la nuit.

Les autres bureaux, établis dans les différents quartiers de Paris, ne sont ouverts que de 7 h. du matin à 9 h. du soir.

Tarif. — Une dépêche de un à vingt mots, entre deux bureaux du même département, 1 fr.

Chaque dizaine de mots ou fraction de dizaines en plus, 50 cent.

Entre deux bureaux de départements différents, 2 fr.

Chaque dizaine de mots ou fraction de dizaines en plus, 1 fr.

IV

Jours et heures d'ouverture des Monuments Musées et Bibliothèques.

Bibliothèque de l'Arsenal, rue de Sully, ouverte tous les jours de 10 h. à 3 h.

Bibliothèque de la ville de Paris, à l'Hôtel-de-Ville, rue Lobau, ouverte tous les jours de 10 h. à 3 h., excepté les dimanches et fêtes.

Bibliothèque du Muséum d'histoire naturelle, au Jardin des Plantes, ouverte tous les jours, excepté les dimanches et fêtes, de 10 h. à 3 h.

Bibliothèque impériale, rue Richelieu, 58, ouverte tous les jours, excepté le dimanche de 10 h. à 4 h.

Bibliothèque Sainte-Geneviève, place du Panthéon. Ouverte tous les jours, excepté le dimanche, de 10 h. à 3 h., et de 6 h. du soir à 10 h.

Conservatoire des arts et métiers, rue Saint-Martin, 292. Les galeries des collections et des machines sont ouvertes gratuitement au public les dimanches et jeudis, de 10 h. à 4 h.

Hôtel-de-Ville, place de ce nom. Visible le jeudi, de midi à 4 h. avec une permission du préfet de la Seine.

Hôtel des Monnaies, quai Conti. — Les ateliers et laboratoires peuvent être visités le mardi et le vendredi, de midi à 3 h., avec une permission demandée par écrit au directeur de la fabrication ou au président de la commission des monnaies et médailles. Le musée monétaire est public les mêmes jours et aux mêmes heures.

Hôtel des Invalides. Tous les jours, excepté le dimanche, de 11 h. à 5 h. avec un passe-port ou une permission du général gouverneur. — Tous les dimanches, à midi, messe, avec accompagnement de musique militaire, dans l'église Saint-Louis. — Le dôme et le tombeau de Napoléon sont ouverts au public le lundi et le jeudi, de midi à 3 h , et les autres jours, de 1 h. à 4 h., avec une permission du gouverneur.

Institut de France, quai Conti, 21. — Tous les jours de 11 h. à 1 h., excepté les dimanches et fêtes. S'adresser au concierge (pourboire).

Manufacture de porcelaines de Sèvres. Les magasins sont ouverts tous les jours.

Manufacture des Gobelins, rue Mouffetard, 254. Ouverte aux personnes munies de billets délivrés par le ministre de la maison de l'Empereur, ou par l'administrateur, le mercredi et le samedi, de 1 h. à 3 h. en hiver, et de 2 h. à 4 h. en été. Les étrangers sont admis aux mêmes jours et aux mêmes heures sur la simple présentation de leurs passeports.

Manufacture des Tabacs, quai d'Orsay, 63. — Visible tous les jours, avec une permission du régisseur.

Musée d'Artillerie, place Saint-Thomas d'Aquin, 99. Ouvert au public tous les jeudis, de midi à 4 h.

Musée du Luxembourg (peinture et sculpture contemporaine). Entrée par la rue de Vaugirard, à l'angle du Palais. Ouvert tous les jours de 10 h à 4 h., excepté le lundi.

Musées de Cluny et des Thermes, rue des Mathurins-Saint-Jacques, 99. Ouverts au public le dimanche de 11 h. à 4 h. et demie. Le mercredi et le vendredi aux mêmes heures, les étrangers, munis de passe-ports ou de la permission de l'administrateur, peuvent les visiter.

Musées du Louvre, public tous les jours de la semaine, excepté le lundi, de 10 h. à 4 h.

Musée minéralogique et géologique, à l'école des Mines, boulevard Sébastopol, rive gauche. Public le mardi, le jeudi et le samedi, de 11 h. à 3 h.

Palais des Beaux-Arts, rue Bonaparte, 14. Ouvert tous les jours aux étrangers sur la présentation de leurs passe-ports, ou de permissions délivrées par le ministère d'État.

Palais des Tuileries, visible en l'absence de la cour, sans permission.

Palais du Corps législatif, rue de l'Université et quai d'Orsay. Visible tous les jours de 8 h. du matin à 5 h. du soir, hors le temps des séances; s'adresser au concierge (pourboire).

Palais du Luxembourg, rue de Vaugirard. Visible tous les jours de 10 h. à 4 h., hors le temps des séances du Sénat. S'adresser au concierge (pourboire).

Palais du Quai d'Orsay, rue de Lille, 62. Visible tous les jours, de 10 h. à 2 h. S'adresser au concierge (pourboire).

Sainte-Chapelle, au Palais de Justice. Visible tous les jours, excepté le dimanche et les jours de fêtes, de 11 h. à 4 h., avec une permission du ministre d'État.

V

Chemins de fer.

Paris renferme huit embarcadères de chemins de fer. *Chemin de fer de l'Est :* à l'extrémité du boulevard de Strasbourg; *Paris à Strasbourg*, et toute l'Allemagne et la Suisse.

Embranchements pour Reims, Laon, Mézières, Givet, pour le camp de Châlons; pour Metz, Thionville et le Luxembourg; pour Mayence et Francfort;

pour Épinal; *Paris à Mulhouse :* embranchements pour Coulommiers, pour Provins, pour Montereau, pour Bar-sur-Seine, pour Gray, pour Épinal; *Paris à Vincennes* et à la Varenne-Saint-Maur. Embarcadère, place de la Bastille.

Chemin de fer de Lyon et de la Méditerranée. Embarcadère, boulevard Mazas. Ligne de Paris à Marseille par Dijon, Mâcon, Lyon, Valence et Avignon.

Chemin de fer du Nord. — Embarcadère, place Roubaix. Ligne de Paris à Liége par Creil, Compiègne, Saint-Quentin, Erquelines, Charleroi, Namur : correspondance pour la Belgique, la Hollande, l'Allemagne, l'Autriche et la Russie. Ligne de Paris à Bruxelles, de Paris à Boulogne et de Paris à Calais; correspondance pour l'Angleterre.

Chemin de fer d'Orléans. — Embarcadère près le boulevard de l'Hôpital. Ligne de Paris à Bordeaux, par Étampes, Orléans, Blois, Tours, Châtellerault, Poitiers, Angoulême. Ligne de Tours à Nantes par Saumur et Angers. Ligne de Nantes à Lorient par Vannes; de Tours au Mans; de Poitiers à Rochefort et à la Rochelle par Niort ; de Paris à Corbeil, de Paris à Bourges, etc., etc.

Ligne de Sceaux et Orsay. Embarcadère à l'ancienne barrière d'Enfer.

Chemin de fer de l'Ouest (rive droite), rue Saint-Lazare. Ligne de Paris à Londres par Dieppe et le Havre. Ligne de banlieue pour Versailles, Auteuil,

2.

Saint-Germain. Argenteuil. Ligne de Normandie : de Paris à Cherbourg par Caen.

Chemin de fer de l'Ouest (rive gauche), boulevard Montparnasse.

Ligne de Bretagne : de Paris à Brest par Chartres, le Mans, Rennes, Morlaix et Brest, embranchement pour Alençon, Argentan, Caen.

Ligne de banlieue de Paris à Versailles.

VI

Bateaux à vapeur.

Pendant l'été des bateaux à vapeur font un service régulier entre Paris et Saint-Cloud.

Départ au quai d'Orsay, près le pont Royal.

Prix des places : 1 fr.

DEUXIÈME PARTIE

PARIS.

AVANT-PROPOS.

Un jour un général romain traversant les Gaules, et descendant le cours de la Seine, aperçut une île sur les bords de laquelle s'élevaient quelques huttes de mariniers. A la vue de cette île que protégeaient les deux bras du fleuve, cet homme, le plus grand de l'antiquité, sembla deviner ce que Dieu et les hommes pourraient faire d'un tel lieu et préludant aux destinées de cette misérable bourgade, il y transféra l'assemblée générale des peuples de la Gaule.

Toutefois, cette petite ville de la quatrième Lyonnaise ne sortit guère de l'obscurité jusqu'à ce qu'un deuxième César vint faire de sa chère Lutèce le lieu de sa résidence et la ville de son choix. Eh bien ! l'avenir a-t-il trompé le génie des deux Césars ?

Qu'est devenue la colonie des mariniers de la Seine ? Sortie du sein des eaux, la cité a débordé sur les deux rives du fleuve, elle a jeté au loin des flots d'habitants, et non contente d'élargir son berceau, elle a étendu ses deux bras sur les Gaules.

Du Rhin à l'Océan, de la Manche aux Pyrénées, tout reflue vers elle comme vers le cœur de la patrie.

L'Europe entière se tourne vers cette ville comme vers l'arbitre de ses destinées. D'un mot, d'un geste Paris ébranle le monde et un signe de sa tête le calme, le rassure, le pacifie. Comme l'a dit un grand homme, Paris est la capitale du plus beau royaume après celui du ciel. Paris est le foyer des sciences et des lumières. Depuis que Charlemagne a tenus dans ses mains impériales le flambeau de la civilisation, Paris n'a cessé d'étonner le monde par l'éclat et la fécondité de son génie. L'Europe entière admire l'exactitude et la profondeur de ses théologiens, l'exquise simplicité et la brillante correction de ses littérateurs, la rectitude et la précision de ses philosophes.

Elle a accepté sa langue comme le plus facile et le plus merveilleux instrument de la pensée. Sa puissance intellectuelle est si grande que Joseph de Maistre a pu dire qu'une idée sortant de Paris est un bélier plus fort que trente millions d'hommes.

Pour tout dire Paris est une ville étrange! Métropole du talent, de la science et des arts; rivale d'Athènes par le génie, de Rome antique par la grandeur du peuple dont elle est la tête; Paris la ville du plaisir et du sacrifice, des passions élégantes et des généreux dévoûments; ayant des foules pour le théâtre, en trouvant encore pour le temple;

donnant à tout maître des disciples, soit pour l'erreur soit pour la vérité ; centre aimable et funeste d'où part tout ce qui éclaire, égare, corrompt, renouvelle, enchante ou remue le monde ; qu'on ne peut ni bénir sans qu'on oppose ses vices, ni maudire sans qu'on oppose ses vertus ; tour à tour, l'effroi ou l'espoir, et toujours la surprise de l'Europe, qui peut la craindre mais qui ne peut s'en passer ; du reste pour le bien, pour le mal, pour le vrai, pour le faux, possédant de telles ressources d'intelligence, de volonté, d'énergie, d'enthousiasme, de prosélytisme, qu'on est tenté de s'écrier, en commentant le mot célèbre de Bacon : « Etant ce que tu es, que n'es-tu tout entière à Dieu et à la vérité ! »

I

Paris nouveau.

PROMENADE DE L'ARC-DE-L'ÉTOILE A NOTRE-DAME

Depuis l'avénement de Napoléon III, Paris se rajeunit et se transforme, une cité nouvelle s'élève comme par enchantement. Ni les hivers, ni les guerres n'ont interrompu cette activité sans exemple. La capitale a désormais pour limite les fortifications, elle est divisée en 20 arrondissements, subdivisés à leur tour en 80 quartiers. Son périmètre est de 7,088 hectares et sa population est de plus de

1 million 700,000. L'empereur a compris les deux grands mobiles qui tendent à prédominer dans Paris, les passions et les affaires. Aussi jamais ensemble de plus splendides travaux ne fut entrepris, jamais plus hardies spéculations ne furent offertes à l'activité industrielle, jamais la physionomie d'une ville ne fut complétement et plus rapidement transformée.

Pour vous donner une idée des créations actuelles, voici le détail exact des travaux entrepris pour l'année à jamais mémorable de 1859.

ÉDIFICES PUBLICS.

Les casernes des Petits-Pères, du Prince-Eugène et de Saint-Gervais ont été terminées, et les deux premières inaugurées; les travaux de la nouvelle préfecture de police ont été activement poursuivis. L'édifice est monté à la naissance du premier étage; les Conservatoires des Arts-et-Métiers et de Musique ont été l'objet d'importants travaux; l'église de Belleville terminée a été inaugurée; celles de Clignancourt et de la Chapelle ont été commencées, celle de la barrière des Deux-Moulins a été à peu près terminée; les Américains ont inauguré la leur, rue de Berry; les Russes en ont commencé une rue Lacroix, au faubourg du Roule. L'empereur a fait construire sur le boulevard Mazas de nouvelles maisons destinées à des locations modestes. Le chemin de fer de Vincennes a été terminé et inauguré; le panorama Langlois, aux Champs-Élysées, a été construit; la mairie du 4e arrondissement, le presbytère de Saint-Germain-l'Auxerrois, les écoles, la maison de secours et la tour ont été construits et à peu près terminés; des bureaux d'octroi aux cent entrées de l'enceinte continue ont été bâtis, les grilles placées, la rue Militaire restaurée, une ligne télégraphique gigantesque organisée sur les talus de cette enceinte. L'asile du Vésinet a été terminé et inauguré; plusieurs hospices et hôpitaux ont été agrandis et restaurés; on a commencé les travaux de l'annexe de l'École-Militaire, place de Fontenoy; on a inauguré la colonne hydraulique de la place de Breteuil, pour l'ascension des eaux du puits artésien de Grenelle; on a terminé les bassins de la barrière des Bassins; l'annexe de l'école des Beaux-Arts, quai Malaquais, a eu son gros œuvre terminé; d'importants travaux ont été faits à la bibliothèque de l'Arsenal et à la Bibliothèque impériale; les travaux intérieurs du Louvre de Napoléon III ont été continués, la cour du Square a reçu 129 ou 139 candélabres en bronze antique; la maison hospitalière de Sainte-Périne a été commencée à Auteuil, près de l'église. Le ministère de l'Algérie a été organisé dans un bel hôtel, place Beauveau; deux beaux couvents ont été bâtis : l'un, boulevard des Invalides; l'autre, à Beaujon; le 7e pavillon des

Halles-Centrales a été commencé, l'église Saint-Leu restaurée.

VOIES PUBLIQUES.

Sept boulevards nouveaux ont été commencés autour de l'arc de triomphe de l'Étoile ; le boulevard de l'Empereur continuant le cours de la Reine jusqu'à la grille de la Muette au bois de Boulogne a été commencé ; le boulevard du Prince-Eugène a été ouvert depuis la rue Popincourt jusqu'à la barrière du Trône, et le boulevard Saint-Germain depuis la place Maubert jusqu'au quai Saint-Bernard. Le boulevard du Champ-de-Mars a été ouvert. Celui du Nord a été percé depuis Saint-Laurent jusqu'à la barrière Poissonnière. Celui des Invalides a été ouvert depuis le quai d'Orsay jusqu'à la rue Saint-Dominique. Le boulevard Sébastopol (rive gauche) a été ouvert de la rue des Écoles à la rue Neuve-de-Richelieu ; le même boulevard a été ouvert à travers la Cité. La rue du Jardin-d'Hiver a été ouverte et bordée d'hôtels splendides ; deux rues ont aussi été ouvertes au quartier Scipion ; la rue du Caire a été prolongée jusqu'à la rue Saint-Martin ; et la rue des Mathurins-Saint-Jacques jusqu'à la rue des Carmes ; la rue de Sorbonne a été élargie ; deux nouvelles rues ont été amorcées rue du Cherche-Midi ; la rue de l'Entrepôt a été prolongée ; une rue nouvelle vient d'être ouverte au quartier François Ier.

PONTS ET MACHINES.

Le pont de Solférino a été construit et ouvert à la circulation; le pont au Change, démoli, est en reconstruction; on restaure celui de Neuilly. Trois des si puissantes roues de la nouvelle machine impériale de Marly alimentent d'eau Versailles et Saint-Cloud.

SQUARES ET TRANSPLANTATIONS.

La place du Châtelet, celle de la Bourse, les boulevards du centre, la rue Royale, les Champs-Élysées, ont été regarnis d'arbres quasi séculaires transplantés. On a converti en squares la partie méridionale des Champs-Élysées, la place Louvois, le pourtour du palais des Thermes; on a fait les nouveaux jardins de l'Empereur, devant le palais des Tuileries.

PORTS ET ÉGOUTS, FONTAINES, QUAIS.

On a fait des ports à Boulogne, Clichy, etc. Le grand égout collecteur, partant de la place de la Concorde et allant droit à Clichy-la-Garenne porter les eaux des égouts de la rive droite, a été terminé et inauguré.

Celui de la rue Saint-Lazare a été fait jusqu'à Notre-Dame-de-Lorette; le quai de Jemmappes en reçoit un autre presque terminé; le quai Saint-James à Neuilly est bientôt construit; la fontaine de la place du pont Saint-Michel a son gros œuvre achevé; la fontaine des Innocents est rebâtie; la nouvelle pompe hydraulique à vapeur du quai d'Austerlitz est presque terminée, la fontaine Louvois a été restaurée ; plus de cent kilomètres de nouveaux conduits pour l'eau et pour le gaz ont été posés souterrainement ; les travaux du puits artésien de Passy ont été poursuivis avec ténacité. Des études, pour amener des masses formidables d'eaux alimentaires sur les hauteurs de Paris, ont été faites.

On fait le plan topographique de Paris et de ses environs, du haut de 60 ou 80 pylônes charpentés qu'on a dressés sur tous les points. Le Jardin zoologique d'acclimatation du bois de Boulogne est en cours actif d'exécution.

BEAUX-ARTS.

Le Louvre a reçu une nouvelle galerie de peinture, la galerie des Sept-Maîtres. La flèche de Notre-Dame a surgi. De grandes pages de peintures religieuses ont été faites dans Saint-Philippe-du-Roule, Saint-Eustache, Saint-Germain-des-Prés, Saint-Sulpice, Sainte-Clotilde. La restauration de Saint-Étienne-du-Mont a été commencée. On a commencé dans la cathédrale de Saint-Denis d'importants travaux de restauration et d'appropriation; l'église Saint-Eugène a été achetée.

Le Louvre a acquis plusieurs tableaux de Murillo,

Zurbaran, Herrera, Rubens, Titien, Paul Véronèse, etc., etc.

A cette heure, les travaux se continuent encore sur une vaste échelle. Quelques penseurs disent que Babylone, la veille de sa ruine, était plus splendide que jamais. Mais ils ont raison de se demander si la progression, chaque jour, plus marquée du luxe et des industries de luxe, la frénésie des spéculations, le jeu passionné de la Bourse sont de nature à modifier l'état d'autrefois.

Quel sera l'effet moral de ce développement sans mesure. Ne pourrait-on pas affirmer avec Mercier, qui considérait déjà sous le règne de Louis XVI le caractère des habitants comme gravement changé, que : « On ne trouve plus chez les Parisiens cette
« gaîté qui les distinguait il y a 60 ans et qui for-
« mait pour l'étranger l'accueil le plus agréable et le
« compliment le plus flatteur. Leur abord n'est plus
« si ouvert, ni leur visage aussi riant. Je ne sais
« quelle inquiétude a pris la place de cette humeur
« enjouée et libre qui attestait des mœurs plus sim-
« ples, une plus grande franchise et une plus grande
« liberté. On ne se réjouit plus en compagnie, l'air
« sérieux, le ton caustique annoncent que la plu-
« part des habitants songent à leurs dettes. »

Maintenant exécutons la plus belle promenade qui se puisse entreprendre dans cette ville sans rivale.

Quelle idée doit concevoir de Paris l'étranger qui

arrive par la route de Neuilly, passe sous l'arc de
l'Étoile, plus grand à lui seul que les arcs de Titus,
de Constantin et de Septime-Sévère, et dont les
parvis gigantesques sont encore trop étroites pour
les noms glorieux que la victoire y a burinés ; descend cette longue avenue des Champs-Élysées bordée
d'arbres, de lampadaires et de maisons semblables à
des palais ; traverse la place de la Concorde où l'obélisque en granit rose de Rhamsès se dresse depuis
le 25 octobre 1836 ; poursuit sa route à travers les
Tuileries dont les verts marronniers servent de fond
aux blanches statues de nos plus célèbres sculpteurs ;
débouche sur la place du Carrousel, et là adossé
contre le gracieux arc de triomphe aux colonnes de
marbre africain à chapiteaux de bronze, regarde les
deux ailes s'étendant des Tuileries au vieux Louvre,
les pavillons coiffés de deux dômes, brodés de sculptures, flanqués de cariatides, les clochetons Rohan
et Lesdiguières, interrompant si à propos la ligne
droite des toits ; la galerie en arcades faisant un si
riche profil sur le contour des bâtiments, les massifs
de verdure et les statues des squares, tout cet ensemble de construction sorti de terre en si peu d'années ; puis continuant sa marche, pénètre dans la
cour du vieux Louvre si élégante, si artistement
princière, dont Jean Goujon, Paul Ponce, Sarrazin
ont fait un musée à ciel ouvert, et qui peut lutter
contre les plus purs chefs-d'œuvre de la renaissance italienne ; et sorti enfin de cette succession de

palais, de jardins, de squares, de places fermées, de constructions magnifiques, se retourne pour contempler la monumentale colonnade de Perrault! Son admiration à coup sûr ne sera pas moindre s'il suit la ligne des quais, le long de cette Seine qui porte maintenant des trois-mâts amarrés au pont du Carrousel, ou s'il passe du côté de la rue de Rivoli se prolongeant jusqu'à l'Hôtel de ville par une riche perspective : sur le fleuve cette longue galerie restaurée avec un soin et un goût parfaits, précieux écrin rempli de chefs-d'œuvre et chef-d'œuvre lui-même; sur l'autre façade la splendeur, le mouvement et le riche tumulte d'une ville opulente, un ensemble unique au monde.

Si, tournant le dos à ce travail de Babylone, on regarde l'autre rive de la Seine, on aperçoit au bout du pont Notre-Dame la silhouette si pittoresque du palais de Justice avec ses tours au faîte en poivrière, ses fenêtres à meneaux, ses murs crénelés, son horloge se détachant d'un fond bleu émaillé d'or, ses immenses demi-roses éclairant la salle des Pas-Perdus, puis la ravissante Sainte-Chapelle rendue à sa splendeur première; sa flèche dorée, surprenante par son étonnante hardiesse et sa légèreté aérienne, semble un doigt levé qui nous montre le ciel.

Autour de la place du Châtelet se dressent de vastes théâtres dont les façades laissent à désirer. Le boulevard Sébastopol ouvre triomphalement sa route traversant la ville d'un bout à l'autre, vivace artère où circulera le riche sang du commerce. Au milieu d'un vaste square s'élève dans une majestueuse beauté la tour Saint-Jacques. Elle a été intelligemment restaurée.

En parcourant les autres quartiers, on verra que de tous côtés pénètrent dans le vieux Paris l'air et la lumière. La vieille cité se reconstruit. Les ponts sont réparés ou transformés. On ne parle encore que de projets grandioses. Paris devient de plus en plus la merveille des merveilles.

Les principaux monuments, palais, édifices publics civils, religieux et autres des vingt arrondissements dont se compose la capitale, sont les suivants :

I. Palais des Tuileries. — Jardin des Tuileries. — Palais du Louvre. — Saint-Germain l'Auxerrois; mairie, tour et carillon. — Pont-Neuf; statue d'Henri IV. — Préfecture de police. — Le Châtelet. — La Sainte Chapelle. — Palais de justice. — Place du Châtelet. — Fontaine du Palmier. — Théâtres du Cirque Impérial et Lyrique. — Saint-Eustache; les Halles. — Halle au blé. — Hôtel des Postes. — Palais-Royal. — Banque de France. — Colonne Vendôme. — L'Assomption. — Saint-Roch. — Temple de l'Oratoire. — Fontaine des Innocents. — Fontaine Molière. — Théâtre-Français. — Saint-Leu.

II. Mairie. — Notre-Dame des Victoires. — Caserne de la garde de Paris. — Hôtel du timbre. — Palais de la Bourse. — Théâtre-Italien. — Opéra-

Comique. — Fontaine Louvois. — Bibliothèque impériale. — Place Notre-Dame des Victoires; statue de Louis XIV. — Passages Choiseul, des Panoramas, Vivienne, Colbert, du Saumon, du Grand-Cerf.

III. Mairie. — Marché et Square du Temple. — Sainte-Elisabeth. — Archives de l'empire. — Imprimerie impériale. — Conservatoire des arts et métiers. — Square. — Saint-Nicolas des Champs. — Saint-Denis du Saint-Sacrement. — Saint-Nicolas des Champs. — Saint-François d'Assise. — Synagogue des juifs. — École Turgot.

IV. Notre-Dame. — Hôtel-Dieu. — Hôtel de Ville. — Caserne Napoléon. — Saint-Gervais. — Tribunal de commerce. — Saint-Paul Saint-Louis. — Lycée Charlemagne. — Arsenal. — Célestins. — Grenier d'abondance. — Place royale; statue de Louis XIII. — Tour Saint-Jacques. — Saint-Merry. — Administration des hospices. — Saint-Louis en l'île. — Colonne de la Bastille.

V. Mairie. — Église de Sainte-Geneviève. — Saint-Étienne du Mont. — Bibliothèque Sainte-Geneviève. — École de droit. — École normale. — Val-de-Grâce. — Saint-Médard. — Saint-Séverin. — Lycée Napoléon. — École polytechnique. — La Pitié. — Muséum du Jardin des Plantes. — Palais des Thermes. — Hôtel Cluny. — Pont d'Austerlitz. — Fontaine Cuvier. — Statue de Ney. — Halle aux Vins. — Le Collège de France. — La Sorbonne. — Lycée Louis-le-Grand.

VI. Lycée Saint-Louis. — École des Mines. — Palais du Luxembourg. — Odéon. — Saint-Sulpice. — Fontaine de la place Saint-Sulpice. — Mairie. — Saint-Germain-des-Prés. — École des Beaux-Arts. — L'Institut. — La Monnaie. — École de Médecine. — Musée Dupuytren. — Hôpital de la Charité. — Hospice de la Clinique. — Pont du Carrousel. — Fontaine Saint-Michel.

VII. Les Invalides. — Puits de Grenelle. — Maison des Petites-Sœurs des pauvres. — Champ de Mars. — École militaire. — Manufacture des tabacs. — Garde-meubles. — Ministère des affaires étrangères. — Jeunes-Aveugles. — Les Oiseaux. — Corps Législatif. — Sainte-Clotilde. — Musée d'artillerie. — Saint-Thomas-d'Aquin. — Ministères. — Palais d'Orsay. — Légion d'honneur. — Abbaye-aux-Bois. — Missions étrangères. — Fontaine de la rue de Grenelle.

VIII. Madeleine. — Ministère de la marine. — L'obélisque. — Palais de l'Élysée. — Palais de l'Industrie. — Arc de triomphe de l'Étoile. — Champs-Élysées. — Cirque. — Panorama. — Hospice Beaujon. — Chapelle Russe. — Parc Monceaux. — Saint-Philippe du Roule. — Saint-Augustin. — Saint-Louis d'Antin. — La chapelle expiatoire. — L'Assomption.

IX. L'Opéra. — Notre-Dame de Lorette. — Hôtel des ventes mobilières. — Saint-Eugène. — Conservatoire de musique. — Passages Jouffroy, de l'Opéra,

Verdeau, Saint-Louis d'Antin. — Église russe. — Lycée Bonaparte.

X. Portes Saint-Denis et Saint-Martin. — Saint-Laurent. — Gare de Strasbourg. — Gare du Nord. — Hôpital Lariboisière. — Saint-Vincent de Paul. — Hospice Saint-Louis. — Hôpital des incurables. — Entrepôts de la Douane. — Château-d'Eau. — Caserne du Prince-Eugène.

XI. Cirque Napoléon. — Barrière du Trône. — La Roquette. — Saint-Ambroise. — Sainte-Marguerite. — Saint-Éloi.

XII. Mazas. — Gare de Lyon. — Caserne de Reuilly. — Picpus. — Hospices des Quinze-Vingts, Sainte-Eugénie, Saint-Antoine. — Église de Bercy.

XIII. Les Gobelins. — Gare d'Orléans. — La Salpêtrière. — Pont de Constantine.

XIV. L'Observatoire. — Cimetière de Montparnasse. — Gares de Sceaux — de l'Ouest. — Notre-Dame des Champs. — Catacombes. — Chemin de fer de Sceaux. — Chapelles et Couvents de la Visitation, des Sœurs de Cluny, etc.

XV. Église de Vaugirard. — Hospice Necker. — Enfants malades. — Puits artésien de Grenelle. — Église de Grenelle. — Tour Malakoff.

XVI. La Muette. — Hippodrome. — Subsistances militaires. — Réservoirs de Chaillot. — Église de Passy. — Pensionnat des Frères. — Églises du Gros-Caillou, de Chaillot et d'Auteuil.

XVII. Chapelle Saint-Ferdinand. — Église des Batignolles. — Église des Ternes.

XVIII. Cimetière et Église de Montmartre. — La Chapelle. — Ateliers des chemins de fer de l'Est et du Nord.

XIX. Gare du Canal. — Église Saint-Jean-Baptiste à Belleville. — Entrepôt de la Villette.

XX. Cimetière du Père-Lachaise. — Église de Ménilmontant.

II

Monuments religieux.

Les églises de Paris offrent quatre époques de style parfaitement distinctes. La première qui va de Saint-Germain-des-Prés à Saint-Merry est par excellence l'époque religieuse. Ce n'est pas encore la science qui bâtit, c'est la foi. La seconde est visiblement frappée des caractères de la transition et de la décadence, mais cette décadence se ressent encore de la force et de la grandeur des traditions dont elle s'éloigne, et l'on ne se sent pas sans respect pour elle à Saint-Eustache et à Saint-Étienne du Mont. Mais bientôt l'art perd toute originalité pour se faire copiste. A l'art français succède l'art romain, les grands arceaux, les voûtes à caissons, les piliers ornés de pilastres, les façades pyramidales de deux ou trois ordres. Ce qui frappe dans ce style, c'est d'abord la monotonie et la froideur, mais aussi une certaine gravité; c'est une grandeur simple, calme, imposante sans apprêt et sans inspiration, la foi ne domine plus l'art mais elle l'accompagne encore. On a appelé ce style : le style des Jésuites, parce que de Rome il se répandit avec eux par toute l'Europe, et cette appellation caractérise assez bien l'impression d'austérité et de discipline qu'éveille dans tous les esprits le souvenir de saint Ignace. L'étude dans cette architecture se montre partout à la place de l'élan; mais au moins la forme traditionnelle de la croix y est fidèlement conservée, les chapelles y gardent leurs dispositions anciennes; à Saint-Roch, et à Saint-Sulpice elles continuent d'entourer le sanctuaire comme une couronne.

Saint-Louis en l'Ile, Saint-Paul Saint-Louis, les Invalides, Saint-Nicolas du Chardonnet, le Val-de-Grâce, la Chapelle des Carmes et celle de la Sorbonne : c'est à cette phase de l'art parmi nous qu'appartient surtout la coupole.

Mais l'art n'était pas au bout de ses transformations; du style romain nous passâmes au style grec, les piliers firent place aux colonnes, les frontispices pyramidaux aux portiques. Nous imitions des églises italiennes, nous nous prîmes à imiter des temples antiques. Le premier monument de ce genre à Paris est Sainte-Geneviève, puis Saint-Philippe du Roule, Notre-Dame de Lorette, Notre-Dame de Bonne-

Nouvelle, Saint-Vincent de Paul. Ce qui domine ici, c'est l'harmonie sensuelle des lignes et des décors, c'est l'éclat des marbres, c'est le luxe captivant la pensée par ses richesses et par ses aises. Et cependant dans cette défaillance de l'art chrétien on retrouve l'abside des premiers âges, les chapelles latérales, les trois nefs des basiliques et le clocher chrétien surmonté de la croix qui fait planer la voix de Dieu sur toute la ville. Assis sur l'un des gradins du Mont des Martyrs, dominant Paris du haut des soixante marches de son perron, le porche ionique de Saint-Vincent de Paul jette encore vers les cieux ses deux tours comme nos églises du moyen âge. Un dernier pas était donc à faire pour rendre l'art complétement païen, et ce pas on l'a fait à la Madeleine.

NOTRE-DAME.

Ce merveilleux monument de l'art inspiré par la foi, ce chef-d'œuvre du moyen âge vient de nous être rendu dans tout l'éclat de sa splendeur et de sa beauté, après vingt années de réparations et de restaurations intelligentes, par les habiles architectes Lassus (de regrettable mémoire), et Viollet-le-Duc. Ils ont su réparer sur ses murs l'outrage des siècles sans lui en ôter la majesté. Le 31 mai 1864 Mgr Darboy a consacré la basilique que Maurice de Sully fit élever au VIIe siècle, dans cette majesté qui nous ravit, sur les ruines de celle qui déjà portait le nom si beau de Notre-Dame.

Notre Dame présente la forme d'une croix latine ; elle a 130 mètres de longueur, 48 dans sa plus grande largeur et 35 du sol au plus haut point de la voûte. L'élévation des tours est de 68 mètres.

Quoique modifiée à plusieurs reprises et bien que chaque époque ait marqué de son cachet les constructions postérieures au plan primitif, on est presque tenté d'affirmer que la façade a été conçue d'un seul jet et par un seul artiste, tant elle est empreinte à la fois d'unité et de grandeur. Elle se divise en trois parties distinctes. Le portail et ses trois ouvertures, surmontés de la galerie à jour qui se voit dans les églises romanes, forment la première partie dont les bas-reliefs sont faits pour exciter la curiosité des antiquaires et des artistes. Dans la seconde s'ouvre la grande rose, flanquée à droite et à gauche de quatre grandes fenêtres sans meneaux. La troisième partie est une belle galerie ouverte, composée de colonnettes élégantes formant transition entre ce troisième étage et les deux tours qui le couronnent. Les trois portes ogivales partagées chacune en deux baies rectangulaires par un pilier trumeau, et surmontées de tympans sculptés s'ouvrent sous des voussures profondes toutes peuplées de figures. Quatre contre-forts s'élèvent jusqu'au sommet de l'édifice et le divisent aussi en trois parties dans le sens de la largeur. Ils marquent en même temps la largeur des tours et celle des collatéraux. Les cintres des arcs encadrent de magnifiques sculptures. La plupart représentent des scènes du jugement dernier; les 28 statues de nos rois. Néanmoins Notre-Dame n'a pas, à l'extérieur, la hardiesse qu'on remarque dans les belles églises de la même époque; cela tient sans doute aux nombreux et puissants contre-forts qui semblent ramener l'édifice vers la terre et non soutenir son élan vers le ciel, ensuite à l'ensemble de ses formes qui présentent presque partout des lignes sévères et des angles droits, enfin à la disposition de la façade qui n'est pas achevée. Les tours manquent de leur couronnement ordinaire; et l'on peut croire que c'est contre l'intention de l'architecte, car il a pris soin de les unir par des galeries horizontales formant une sorte de soubassement, qui sans doute devait porter jusque dans les nues des flèches découpées avec leur gracieux cortége d'aiguilles et de pyramides effilées.

L'église entière est construite en bonnes pierres de taille provenant des carrières des environs de Paris. Une charpente énorme en bois de chêne, longue de 119 mètres et qu'on appelle la forêt, soutient la couverture en plomb de toute la partie haute du monument. Cette couverture se compose de 1,236 tables de plomb, dont le poids total est évalué à 210,120 kilog.

La flèche si gracieuse et si svelte, exécutée sur un plan octogonal et dont la base a 7 mètres de largeur, se compose d'un étage fermé dégageant le comble, de deux étages à jour portant plates-formes accessibles, et de la pyramide supérieure, sa hauteur est de 45 mètres. Elle est entièrement en bois de chêne de Champagne recouvert de plomb. Des crochets, des chapiteaux, des gargouilles et des frises en rehaussent l'aspect. Quatre grandes contre-fiches, décorées d'arcatures rampantes et de statues étayent la flèche. Cette flèche pèse en tout 750,000 kilog., et coûte 500,000 francs. Par un savant artifice de l'art du charpentier, ce poids énorme équivalant à peu près à celui de l'obélisque de Louqsor, au lieu de peser sur la voûte de l'église, a été reporté sur les contre-forts.

On visite les tours en s'adressant au gardien. Dans celle du midi se trouve le Bourdon, qui a eu pour parrain Louis XIV. Cette cloche pèse 16,000 kilog. Elle a 2 mètres 60 de diamètre et autant de hauteur, sa voix sonore et majestueuse couvre tous les bruits de la ville et s'étend à plusieurs lieues de distance; après la cloche de Sens c'est la plus grosse de France. Quatre autres cloches fondues en 1856 par M. Besson d'Angers, l'accompagnent. On voit dans le chantier une cloche qui naguère sonnait à Sébastopol, elle chantera bientôt l'hymne de nos victoires.

Pénétrons maintenant sous les voûtes de cette Métropole, l'honneur de Paris, l'amour de la France, le charme des âmes, le monument religieux et français par excellence, où sont venues toutes les célébrités de la foi et de la sainteté, comme celles du génie, du pouvoir et de la victoire. Comme elle va parler à notre intelligence, à notre imagination et à notre cœur !

En effet, lorsqu'on franchit le seuil de Notre-Dame, le premier sentiment qui saisit est celui de l'immensité. L'immensité est partout, devant soi, au-dessus de soi; nulle part de ligne droite qui arrête la pensée et le regard. En se plaçant dans la grande nef le regard se promène avec admiration sous ces voûtes colossales, qui paraissent plus légères encore à cause de la délicatesse de leurs nervures parmi toutes les lignes hardies et pittoresques des arcades ogivales et des colonnes réunies en faisceau, puis, au delà du sanctuaire on aperçoit de lointaines arcades, au delà de ces arcades des chapelles; c'est une succession sans terme d'enceintes mystérieuses qui inspirent à l'âme le sentiment de l'infini et qui la frappent d'une religieuse émotion.

Dans les nefs latérales l'effet est plus saisissant encore. On ne sait où se terminent ces longues et étroites galeries qui entourent l'autel comme d'une couronne. La seule chose qu'on distingue au loin, c'est un jeu de colonnes et de lumière derrière lequel se perdent encore les renfoncements des chapelles, mais la fin qui frappe l'œil dès l'entrée dans les monuments de style antique n'apparaît ici nulle part. Ces impressions communes à la plupart des monuments de l'art ogival sont plus sensibles encore à Notre-Dame, grâce à l'étendue de ses proportions et à la majestueuse pureté de ses formes. Comment décrire les merveilles qu'elle renferme ? L'intérieur de Notre-Dame se compose d'une nef principale, flanquée de chaque côté de deux collatérales qui se prolongent autour du chœur. Un rang de chapelles, interrompu seulement par les transepts, fait également le tour de l'édifice. Ces chapelles sont aujourd'hui au nombre de 37. Au-dessus du premier étage de la nef principale règne, dans toute son étendue, une galerie ou tribune qui peut contenir un grand nombre de fidèles. Les jours de solennité on y monte à raison de 1 franc. C'est au-dessus de cette tribune que sont pratiquées les grandes fenêtres qui éclairent la nef et qui s'élèvent jusqu'à la naissance des voûtes. 121 gros piliers soutiennent les principales voûtes. On ne compte pas moins de 297 colonnes ou colonnettes, tant dans les bas-côtés que dans les parties hautes. L'église est éclairée par 113 vitraux. Le chœur est fermé d'une petite grille fort élégante, aux extrémités de laquelle s'élèvent deux colonnettes en pierre supportant des candélabres. On y voit de magnifiques boiseries composant 52 stalles hautes, et 26 basses, une série de bas-reliefs séparés entre eux par des trumeaux décorés d'arabesques et des instruments de la passion, d'après les dessins de Charpentier, élève de Girardon. Elles se terminent par une chaire archiépiscopale en cul-de-lampe sur montée d'un baldaquin avec des groupes d'anges. *La Pieta* de Coustou aîné, connue sous le nom de *Vœu de Louis XIII*, est un chef-d'œuvre. Ce groupe se compose de quatre figures :

Il y a deux siècles, le fils et le petit-fils de Henri le Grand vouèrent ici à la Mère de Dieu leur personne et leur peuple; on voit leurs magnifiques statues aux pieds de Marie. Des statues d'anges en bronze avec les instruments de la passion. Ce sont des œuvres d'art d'un grand prix, et on les a conservées bien qu'elles ne soient pas en harmonie avec le style de l'édifice.

De tous les splendides ornements qui paraient autrefois la cathédrale, un seul lui reste, le plus magnifique, ce sont les trois roses. Lorsqu'on se place au milieu de la grande nef et de la croisée, le dos tourné au sanctuaire, on voit à la fois ces trois rosaces gigantesques dont les mille couleurs enchantent et ravissent le regard. Des vitraux étincelants ont été placés dans les baies du chœur.

Le maître-autel a été rétabli suivant la forme ancienne. La clôture du chœur est décorée extérieurement de bas-reliefs remarquables par la naïveté, souvent élégante, mais toujours pleine de sentiment de la composition. Un soubassement divisé en dix-neuf ogives trilobées, reposant sur des faisceaux de colonnettes, porte quatorze sujets relatifs à la naissance et à la vie du Christ avant sa passion. Le sixième représentant la Fuite en Égypte est un des plus signalés. Ces bas-reliefs se continuaient autrefois sur le jubé, où l'on voyait les scènes de la Passion et de la Résurrection. Les différentes apparitions de Jésus-Christ après sa Résurrection sont représentées sur le côté méridional au nombre de neuf sujets, et datent du XIVe siècle, elles sont inférieures à celles de droite qui sont du XIIIe siècle. Autour du sanctuaire règne une belle grille ouvragée qui permet de voir de près le maître-autel et les statues. Dans les chapelles voisines sont les monuments élevés à la mémoire des archevêques : Mgr Jean-Baptiste de Belloy distribuant des aumônes; Saint-Denis, premier archevêque de Paris, montre aux fidèles le vénérable cardinal et semble le proposer comme modèle de vertus; Mgr Leclercq de Juigné en prière; Mgr Denis Affre tombant blessé aux barricades.

Un groupe de Pigalle représente Claude d'Harcourt, lieutenant général des armées du roi en 1769. La veuve agenouillée appelle son mari, qui soulevant la pierre sépulcrale essaye de se débarrasser de son linceul, mais la mort refuse de rendre sa proie et un génie déplore ce cruel arrêt. Près de la tour du nord à l'entrée, est un bas-relief du Jugement dernier, œuvre du XVe siècle qui recouvrait un chanoine. Jésus-Christ y est représenté entouré d'anges, deux glaives sortent de sa bouche; ses pieds reposent sur un globe, il tient de sa main gauche un livre ouvert. A ses pieds un cadavre rongé des vers sort du tombeau entre saint Jean et saint Étienne qui intercèdent pour lui.

La chaire est d'un beau style ; là ont retenti ces grandes voix de l'éloquence chrétienne : saint François de Sales et saint Vincent de Paul, Bourdaloue et Bossuet ; l'évêque d'Hermopolis ; le dominicain qui a ému et ravi la génération présente, attirant à l'église des hommes indifférents ou sceptiques ; les deux célèbres jésuites dont le zèle et la foi les ont conduits jusqu'à la table sainte.

Le plus beau spectacle et le plus digne de fixer l'attention des hommes, des anges et de Dieu, c'est bien assurément celui de la Communion pascale des hommes sous les voûtes de Notre-Dame.

Maintenant que n'aurions-nous pas à dire en interrogeant son histoire, en développant ces trois choses concourant, par leur réunion, à cette popularité qui semble grandir pour elle avec les siècles : son âge, son nom et le sol qui la porte ?

Nous n'inscrirons que deux souvenirs historiques, mais quels souvenirs ! ! !

« Au VIII° siècle de notre ère, apparaît un de ces hommes prodigieux qui ne sont ni d'un siècle ni d'un peuple, mais qui appartiennent à l'humanité ; conquérant, législateur, fondateur d'empire, et l'initiateur de son époque par le génie qui pressent et prépare l'avenir ; tellement grand par les lumières, le courage, le caractère, toutes les supériorités de l'âme, que, selon l'énergique expresssion de Joseph de Maistre, la grandeur même est entrée dans son nom : en un mot Charlemagne. Un jour, ce grand homme fut amené dans la Notre-Dame d'alors par un père héroïque. Un pape, l'auguste client de la France, Étienne II, attendait au pied de l'autel Pépin le Bref et son fils. Celui qui fut plus tard Charlemagne se mit à genoux devant le Christ présent en son vicaire et reçut des mains qui bénissent le monde le sacre de sa royauté future. Ainsi, se rencontrèrent dans une autre enceinte, mais sur le sol qui nous porte les deux grandes figures de l'histoire, la souveraineté française et la papauté. Mille ans passèrent; Paris revit le même spectacle dans la Notre-Dame d'aujourd'hui. Entre deux mondes, l'un écroulé dans une révolution, et l'autre éclos de la poussière des ruines, un homme se leva qui venait ajouter le quatrième nom à la liste où l'histoire n'a inscrit encore qu'Alexandre, César et Charlemagne. Conquérant, législateur, initiateur lui aussi et restaurateur tout ensemble, il releva des décombres du passé ces traditions contre lesquelles les révolutions ne peuvent rien, parce qu'elles ont leur racine au cœur même des sociétés; avec l'autorité de son génie et la toute-puissance de sa volonté, il les plia aux idées, aux intérêts, aux aspirations des générations nouvelles, et inaugura l'avénement du xixe siècle dans des institutions prodigieuses comme ses victoires. Napoléon inclina sa gloire devant Pie VII, et le pontife sacra dans le héros le génie, la victoire et l'empire. Rencontre mémorable pour Notre-Dame, qui reste pour elle une date fameuse, et qui lie son existence tant de fois séculaire, aux plus grands souvenirs de la France et de l'histoire [1]. »

Ne quittez pas Notre-Dame sans visiter la nouvelle sacristie qui a remplacé celle dévastée par l'émeute en 1831. Une somme de 900,000 fr. a été dépensée pour ce travail. L'édifice est distribué et meublé avec goût et avec richesse; il s'harmonise pour le style avec Notre-Dame. Les vitraux, les boiseries, un magnifique tableau, souvenir de Mgr Affre aux barricades, fixent les regards. Le trésor a perdu de ses richesses, mais vous y verrez encore de précieux vases sacrés, de riches ornements donnés par les souverains, une chape style grec, XIVe siècle, le manteau qui a servi à Napoléon le jour de son sacre; l'ostensoir donné pour le baptême du duc de Bordeaux; les vertèbres frappées par la balle qui a donné la mort à M. Affre; puis le merveilleux reliquaire qui renferme un clou, un morceau de la vraie croix et la couronne d'épines. (Elle est faite avec une espèce de jonc marin dont les tiges de couleur cendrée sont entrelacées de fils d'or.)

[1] Extrait de l'excellent discours de M. Deplace, pour la consécration de Notre-Dame.

SAINT-EUSTACHE.

Après Notre-Dame, cette église est la plus vaste. Elle fut commencée en 1532 et achevée en 1642. Elle a 106 mètres de longueur et 44 de largeur ; sa voûte a 33 mètres d'élévation. L'architecte de ce monument s'est efforcé de combiner, de réunir les deux arts dont l'antagonisme partageait le monde de manière à donner plus de hardiesse à l'un et plus de délicatesse à l'autre. C'est une transition du gothique à la renaissance.

Lorsqu'on entre dans cette église, qui peut contenir cinq mille âmes, on est vivement saisi à l'aspect de cette large nef et de ces nombreuses colonnes qui soutiennent une voûte pleine de hardiesse. La voûte elle-même est gracieusement découpée par des arêtes réunies dans deux pendentifs d'un goût délicat et pur. Les piliers élancés sans maigreur, ornés et non surchargés de riches moulures, se prêtent bien au fardeau qu'ils supportent. La douce obscurité des collatéraux et les teintes de lumière un peu sombre, projetées par la galerie de vitraux qui règne autour de la nef et par les magnifiques rosaces des deux portails latéraux, invitent l'âme au recueillement et lui inspirent des pensées graves et religieuses. Les chapelles sont polychromées et possèdent de remarquables fresques et des reliques du saint sous le vocable

duquel elles ont été placées. La première, à gauche
de la nef, a été décorée par M. Gleize. Elle est fermée par une boiserie à claire voie du XVI⁰ siècle. La
troisième représente le Repos de la Sainte-Famille, la
Présentation au Temple, le Portement de Croix et le
Crucifiement. Les peintures de la voûte font partie
des anciennes du XVII⁰ découvertes en 1849. La
quatrième est décorée d'anciennes peintures restaurées. La cinquième représente la Conversion et le
Martyre de saint Eustache. La sixième, la Consécration de la Sainte-Chapelle, saint Louis portant des pestiférés à l'ambulance de mort. Les autres chapelles
sont des restaurations. Voici la chapelle de Marie;
Ary Scheffer a refusé de peindre ce qu'il aurait
mieux réussi que Couture. Le cachet religieux manque à ces trois peintures. Au milieu est représentée
l'Assomption, puis une mer furieuse où des marins
sont sauvés par des anges et trois jeunes filles
prient à genoux entourées de pauvres et de malades.
L'autel en marbre gris est décoré de statuettes et
surmonté d'une belle statue de Marie sculptée par
Pigalle pour le dôme des Invalides. Cette chapelle a
été bénite par le pape Pie VII en 1804. En continuant les chapelles, les unes restaurées avec succès,
les autres ornées de peintures remarquables, on voit
dans la chapelle des âmes du Purgatoire un groupe
de la Flagellation et vis-à-vis une belle statue en marbre blanc. Dans les transepts, décorés de pilastres,
de médaillons et de sculptures, on vient de placer les

statues des douze apôtres, rehaussées d'or et de riches couleurs.

L'adoration des Mages, des bergers; la Guérison des lépreux, par Carle Vanloo sont considérés comme les meilleurs tableaux. On estime comme un bon travail de sculpture en bois la chaire, exécutée sur les dessins de Soufflot. Le banc d'œuvre a été exécuté par Lepautre. Enfin l'orgue construit sur de grandes proportions est dû à la maison Dunblaine-Callinet; cet instrument, touché par M. Benoît, du Conservatoire, réunit avec éclat et avec magnificence toutes les conditions exigées par les progrès de l'art et par l'antique majesté grégorienne. Cet orgue occupe un splendide buffet en bois de chêne sculpté, surmonté par un chœur d'anges qui, debout sur le sommet, entourent l'orgue comme s'ils allaient mêler à ses modulations les accords de leurs instruments. Les noms illustres du XVIIe siècle sont inscrits dans cette église. Louis XIV y a fait sa première communion. Richelieu, Mazarin et Colbert en ont été les bienfaiteurs. En 1704, Massillon y prononça le célèbre Sermon sur le petit nombre des élus. Lorsque l'orateur fit entendre l'appel du souverain Juge, l'assemblée épouvantée se leva tout entière. C'était le dernier écho de l'éloquence sacrée du XVIIe siècle et comme une prophétie des terribles châtiments que le XVIIIe se préparait.

Voici quelques personnages célèbres dont Saint-Eustache a possédé les restes : les poëtes Voiture et

Benserade, Vaugelas, le maréchal de La Feuillade, l'amiral de Tourville, Chevert et le peintre Charles de La Fosse. Le tombeau de Colbert est un chef-d'œuvre de Coysevox exécuté sur les desseins de Ch. Lebrun; il est représenté à genoux en habit de ministre d'État; puis deux statues en marbre blanc : la Religion et l'Abondance.

LA MADELEINE.

C'est le monument le plus imposant qui ait été construit à Paris depuis Louis XIV. Son extérieur est par lui-même plein de cette beauté qui produira toujours la grandeur. Jamais contrefaçon d'un temple grec ne fut plus complète, c'est la Maison-Carrée de Nîmes en grand. La première destination de ce temple fut pour la religion; c'est Louis XV qui en posa la première pierre en 1764. Constant d'Ivry mourut sans achever son œuvre. En 1806, Napoléon voulut convertir cet édifice en un temple de la Gloire et le dédier à la grande armée. En 1816, Louis XVIII le destinait comme un monument expiatoire en l'honneur de Louis XVI. Les travaux furent repris, mais ce fut sous Louis-Philippe que ce temple fut achevé et livré au culte en 1842.

Ce vaste monument forme un parallélogramme de 100 mètres de long sur 42 de large hors d'œuvre.

Il s'élève sur un soubassement de 4 mètres de hauteur. Il est entouré de 52 colonnes cannelées, d'ordre corinthien, de 15 mètres de hauteur, de 15 mètres de circonférence et de 2 mètres 1/2 de diamètre. Ces colonnes sont isolées et ont beaucoup d'élégance. Le péristyle est formé par un double rang de colonnes. Chaque extrémité de l'édifice en présente 6 et 10 de front et chaque côté 18. Le devant de l'église offre un perron de trente marches, divisé en deux parties par un palier. Rien de plus majestueux que le coup d'œil que présente cette façade ornée de tout ce que la sculpture peut produire de plus riche et de plus élégant.

C'est au talent de M. Lemaire que nous devons le fronton. Il représente le Pardon de la Madeleine et, encore mieux, un Jugement dernier. Les figures ont 5 mètres 35 centimètres de proportion. Au milieu du groupe est le Christ, à sa gauche est la Madeleine dans une attitude suppliante, implorant le pardon des pécheurs figurés par les sept Péchés capitaux, que repousse un ange armé d'un glaive qui montre une inscription latine : *Væ impiis!* A droite du Christ est un ange qui vient de sonner la trompette du jugement dernier. Derrière lui sont les Vertus théologales personnifiées, puis un ange qui aide un juste à sortir de son tombeau sur lequel l'artiste a gravé : *Ecce nunc dies salutis*. C'est le plus grand fronton connu ; son exécution en pierre a duré deux ans et quatre mois. La décoration extérieure de la

Madeleine se compose, outre le fronton, de 34 statues de saints placées sous le péristyle et dans les niches des deux galeries latérales.

La porte principale qui fait face au palais du Corps législatif est un ouvrage unique dans ses immenses proportions. Elle a plus de quatre fois la surface de celle du Baptistère de Florence que Triquetti a modelée. Elle a été fondue en bronze par MM. Eck et Durand; elle a 10 mètres de haut sur 5 de large; elle représente les Dix commandements de Dieu.

Voici pour l'extérieur, maintenant pénétrons dans l'intérieur.

Le premier aspect de cette église éblouissante de dorures, de marbres, de peintures, n'est point sans grandeur. Le jour a été introduit par quatre coupoles vitrées et décorées de quatre apôtres sculptés en bosse par Rudde, Foyatier et Pradier.

Chacune d'elles donne en même temps une lumière simple et unique dans sa direction, laquelle détermine des ombres précises sur les sculptures et sur les bas-reliefs de l'intérieur. La frise qui règne autour de l'édifice offre sur tout son développement des anges qui tiennent des guirlandes entremêlées d'attributs religieux. Les six grands espaces demi-circulaires au-dessus des chapelles sont ornés de peintures représentant la Vie de Madeleine, savoir :

1re travée à droite. Conversion de Madeleine, par Schnetz.

1ʳᵉ travée à gauc.   Madeleine aux pieds de Jésus, chez Simon, par Couder.
2ᵉ   à droite. Crucifiement. C'est un chef-d'œuvre de Bouchot.
2ᵉ   à gauc.   Madeleine au tombeau, par Cogniet.
3ᵉ   à droite. Madeleine au désert de Sainte-Baume, par Pujol.
3ᵉ   à gauc.   Mort de Madeleine, par Signol.

Ce qui mérite le plus l'attention, c'est la grande composition de l'abside, par Ziégler. Nous allons la décrire.

L'artiste a placé la patronne de ce temple au centre de la composition, à genoux, à droite du Christ et dans l'attitude d'une pécheresse repentante; trois anges placés sous le nuage qui la porte, développent sur un cartouche ces paroles de saint Luc : *Dilexit multum*. Jésus-Christ, la croix à la main et entouré des apôtres et des évangélistes, laisse tomber sur elle un regard de paix et de miséricorde. A sa droite, sont symbolisés les principaux événements relatifs à l'histoire du christianisme en Orient : l'empereur Constantin, saint Maurice, saint Laurent, saint Augustin, saint Ambroise. Les croisades succèdent. Voici les papes Urbain, Eugène III, puis saint Bernard, Pierre l'Ermite, des ducs, des comtes et des barons présentent leurs épées, donnent leurs richesses. Un vieillard qui n'a plus pour soutien que ses trois fils les offre pour cette cause. Saint Louis prie

4.

et à ses côtés Godefroy de Bouillon agite l'oriflamme; Louis VII ; Suger ; Richard Cœur de Lion, Robert de Normandie, le connétable de Montmorency ; Dandolo, le vieux doge aveugle ; Ville-Hardouin, le chroniqueur des croisades. Une page de l'histoire du christianisme moderne relie ces feuillets du passé et représente une scène des malheurs de la Grèce moderne. Un guerrier est renversé comme symbole de la Grèce expirante, près de lui une mère embrasse ses enfants et un prêtre grec lève ses bras implorant Jésus-Christ.

Le christianisme occidental déroule ses annales à la gauche du Christ. D'abord les martyrs des premiers temps de l'Église, les saintes de Cologne, saint Symphorien, sainte Cécile, sainte Catherine. Dans un sombre nuage marche Aashvérus, le maudit éternel. Les guerriers de Clovis instruits par S. Waast. A la vue du saint, une druidesse s'éloigne en fureur. Clovis reçoit le baptême des mains de saint Remy à côté de Clotilde agenouillée. On voit Charlemagne auquel un cardinal présente les insignes d'empereur romain ; un secrétaire porte les capitulaires ; l'envoyé d'Haroun-al-Raschid offre les clefs du saint Sépulcre. Au-dessous, le pape Alexandre III pose la première pierre de Notre-Dame de Paris et donne sa bénédiction à l'empereur Barberousse. Voici Jeanne d'Arc accompagnée de guerriers. Enfin, dans l'angle sont réunis Raphaël, Michel Ange et le Dante, comme les représentants des arts chez les chrétiens.

Au centre, c'est Louis XIII assisté de Richelieu; il offre sa couronne à la Vierge. Ce groupe se combine avec celui d'Henri IV. Le cycle se termine par le couronnement de Napoléon par Pie VII, assisté des cardinaux Caprara et Braschi, de l'évêque de Gênes qui tient le concordat.

Ce chef-d'œuvre, dont les figures du premier plan ont 18 pieds de proportion, se développe avec beaucoup de clarté aux yeux comme à l'esprit. Quelle immense variété de figures, d'attitudes, d'armes et de costumes !

On remarque les deux bénitiers en marbre sculptés par Lemoine : ces vases et les anges qui les soutiennent sont des merveilles de grâce et de délicatesse. Une balustrade en marbre blanc règne dans le pourtour intérieur de l'église et encadre toutes les constructions qui s'adossent au grand mur d'enceinte. De belles statues ornent les chapelles Saint-Vincent-de-Paul, par Raggi; Saint-Augustin, par Etex; Sainte-Amélie, par Bra; Sainte-Clotilde, par Barry; Jésus-Christ, par Daret; Marie, par Seurre.

La frise qui règne autour de l'édifice offre sur tout son développement des anges qui tiennent des guirlandes entremêlées d'attributs religieux.

On arrive au chœur par une estrade en marbre blanc de 8 mètres, au milieu se dresse le maître-autel surmonté d'un groupe en marbre, représentant Madeleine, trois anges la portent en triomphe,

et deux autres sont dans l'attitude de l'adoration.
Ce n'est pas le chef-d'œuvre de Marochetti. Dans
les entre-colonnements du chœur, Raverat a peint
neuf saints. Toutes ces peintures, accompagnées
d'ornements distincts, sont exécutées sur un fond
d'or par le procédé de la cire, et présentent à l'amateur le plus beau coup d'œil.

En résumé, la Madeleine est non pas le plus beau
mais le plus somptueux monument de Paris. Sous
cette colonnade majestueuse, qui semble ne rappeler
que les pompes de la Grèce, la Fête-Dieu déploie
ses magnificences avec une grandeur incomparable.

C'est là qu'il faut entendre le dimanche une messe
en musique, le magnifique orgue, et aux enterrements le chant si émouvant du *De Profundis*.

SAINT-ROCH.

C'est en 1635 que Louis XIII posa la première
pierre de cet édifice, qui ne fut achevé qu'en 1740.

En entrant par la porte principale, on voit, d'un
seul coup d'œil la nef, le chœur, la chapelle de la
Sainte-Vierge et le mont du Calvaire.

L'intérieur de cette église se divise, à partir du
chœur, en trois parties : la chapelle de la Nativité,
celle de l'Eucharistie, celle du Calvaire : la crèche,
la cène, la croix, sublime inspiration. Mais en parcourant ces chapelles on éprouve le sentiment que

donne un changement de décoration et de scène.
C'est un effet théâtral, unique exemple à Paris;
l'architecte a voulu frapper religieusement l'imagination par le sens de la vue. Parcourons les dix-huit
chapelles richement décorées. A droite, on a réuni
les tombeaux du cardinal Dubois, du duc de Créqui,
de Mignard et de Lesdiguières, de Maupertuis, du
maréchal Asfeld, de Le Nôtre, de Mme Deshoulières,
du maréchal d'Harcourt.

Dans la chapelle de Sainte-Geneviève, décorée sur
les dessins de Coustou, se trouve un tableau de
Doyen, peintre du roi; ce sujet est la Guérison des
Ardents. C'est un ouvrage éminemment remarquable, conçu et exécuté avec une verve extraordinaire.
Dans la chapelle qui fait face et qui est dédiée à
saint Denis, est un tableau de Vien, peintre du roi,
il représente la Prédication du saint en France; il se
distingue par la sagesse de sa composition, une étude
sévère des formes, par la manière de draper les
figures et par le coloris. La décoration de ces deux
chapelles est grandiose, en stuc blanc et en vert
antique, en riches attributs sculptés et relevés d'or.
Dans la chapelle de Saint-Louis on a élevé un monument à l'abbé de L'Épée, paroissien de Saint-Roch,
et qui a été enterré dans les caveaux de l'église. La
chapelle des fonts baptismaux se distingue par ses
fresques : Saint François-Xavier au milieu d'un
groupe d'Indiens, et Saint Philippe, baptisant l'eunuque, trésorier de la reine d'Éthiopie. Sous l'orgue,

l'un des plus complets et des plus beaux de la capitale, se trouvent inscrits les noms des curés qui ont administré la paroisse. Puis au-dessus des bénitiers, deux plaques de marbre, l'une porte un médaillon de Pierre Corneille, avec une inscription rappelant la mort du poëte, arrivée rue d'Argenteuil et son inhumation à Saint-Roch ; l'autre les noms des personnages célèbres et bienfaiteurs de la paroisse. Dans la deuxième chapelle est un monument à la mémoire de Bossuet, mort en 1704, sur cette paroisse, rue Neuve-Sainte-Anne.

La chaire est d'une grande richesse ; au-dessus plane l'ange de la vérité, déchirant le voile de l'erreur. Trois bas-reliefs dorés sur des fonds blancs représentent la Foi, l'Espérance et la Charité. On y arrive par un escalier, dont la rampe exécutée en fer poli et bronze doré, est un ouvrage de serrurerie très-remarquable. Elle est soutenue par les quatre Évangélistes assis, plus grands que nature; ils sont de plâtre et peints en bronze. A l'entrée du chœur sont deux autels, surmontés l'un de Saint Roch, par Nicolas Coustou, l'autre de Notre-Seigneur, dû à Folcannet, l'auteur de la statue équestre de Pierre le Grand à Saint-Pétersbourg. Le chœur est fermé par une belle balustrade en or. Le maître-autel est un cube en vert de mer fort rare, et le tabernacle est un monument d'art très-remarquable. Un ange de grande dimension en or, qui porte entre ses mains une couronne royale, enrichie de pierreries, sert d'exposition. Derrière se voit un grand reliquaire en bois de cèdre.

La chapelle de la Sainte-Vierge est belle et riche. Sa coupole est le chef-d'œuvre de Pierre, premier peintre du roi Louis XIV. Il représente l'Assomption de Marie, qui est environnée des patriarches, prophètes, apôtres, martyrs, etc. Les figures sont drapées d'une manière grande et large ; l'intelligence des ressources y est portée au plus haut degré. Les masses de lumière et d'ombre y sont supérieurement distribuées. Les perspectives locale et aérienne ne saurait être plus parfaites. Sur l'autel de cette chapelle, qui est de marbre blanc veiné avec ornements de bronze doré, est une Nativité en marbre blanc, c'est un chef-d'œuvre de François Auguier. Ce magnifique groupe est couronné par une gloire céleste qui rappelle celle de Saint-Pierre de Rome, elle a cinquante pieds sur trente, ses rayons mêlés de nuages et de chérubins prennent leur origine dans un transparent lumineux qui fait illusion.

Aux deux côtés de l'autel sont les statues de saint Jérôme et de sainte Barbe. Une balustrade de marbre blanc veiné sert de table de communion. Tout le sanctuaire est revêtu de marbre blanc veiné à la hauteur de sept pieds : telle est la hauteur des bases de tous les piliers de l'église et des piédestaux des statues. De jolis médaillons décorent le dessus des archivoltes de cette magnifique chapelle. A l'entrée on remarque la Résurrection de la fille de Jaïre par Delorme, la Résurrection de Lazare par Vien, le Triomphe de Mardochée par Jouvenet.

La chapelle de l'Adoration. Elle est ornée d'une magnifique table en or, qui porte l'arche d'alliance couverte de riches dorures, on y dépose chaque soir les vases sacrés. Sept lampes y brûlent jour et nuit. Deux magnifiques vitraux, l'un représentant Mgr Affre, et l'autre saint Denis l'Aréopagite.

La chapelle du Calvaire. Le groupe du Christ et de la Madeleine occupe le sommet de la montagne. On y voit deux stations remarquables, le crucifiement et surtout Jésus-Christ mis au tombeau. On admire dans les chapelles qui entourent le chœur huit stations en relief.

SAINT-SULPICE.

C'est en 1655 que la reine Anne d'Autriche vint en grand cérémonial poser une seconde première pierre de ce monument qui, faute d'argent, ne fut terminé qu'en 1743 par le portail de Servandoni.

Cette église est le chef-d'œuvre de Servandoni, car c'est bien lui qui en réalité l'a construite, quoique Gamart l'eût commencée en 1646 et que d'autres architectes l'aient continuée. Servandoni fut chargé de la partie qui est, pour ainsi dire, la physionomie d'un monument, qui lui imprime un caractère, qui lui donne le mouvement et la vie, en un mot de la façade. La tâche de l'architecte était d'autant plus délicate qu'il n'avait pas conçu le plan tout entier de l'édifice et qu'il se trouvait dans la nécessité d'être original en tenant compte de l'inspiration étrangère. Il s'en tira par un effort de génie et l'art moderne retrouva sous sa main les grands et majestueux effets de l'art gothique sans rien lui emprunter. La disposition intérieure de l'église dénote un sentiment élevé de l'architecture religieuse : ces nefs profondes, ce chœur sur lequel une haute fenêtre verse la lumière, ce maître-autel, entouré des statues des douze apôtres sculptées par Bouchardon, présente un aspect d'un grandiose saisissant.

D'abord, arrêtons-nous devant l'orgue supporté par une tribune s'appuyant sur des colonnes composites, ce qui forme une masse sévère et élégante. Reconstruit par Cavaillé-Coll, il possède cinq claviers complets et un pédalier, cent dix-huit registres et environ sept mille tuyaux. Cet orgue est, dit-on, le plus considérable de l'Europe.

Sous les mains habiles de M. Lefébure, les mélodies et les suaves modulations résonnent avec un charme délicieux. L'harmonie soutenue, puissante, grave et terrible déploie ses forces avec vigueur et étendue, les sons éclatants sont beaux, clairs et retentissants. Les flûtes, les hautbois ont des accents d'une douceur exquise.

Les bénitiers de l'église sont des coquilles remarquables par leur dimension et dont la république de Venise fit présent à François Ier. La nef est large et d'un bel aspect. La chaire est ingénieusement composée, mais peu en harmonie avec la grandeur du monument.

Parcourons les chapelles peintes à fresques par nos meilleurs artistes. Voici à gauche : 1° La chapelle de Saint-François-Xavier, peinte par Émile Lafond en 1859. Un tableau représente l'action miraculeuse du saint pendant sa vie, il ressuscite un jeune homme mort depuis trois jours ; à travers ce linceul, il semble qu'on voit le cadavre passer de trépas à vie, c'est une scène fort impressionnable et rendue avec un merveilleux talent. Puis, en face, c'est l'action du saint après sa mort, la translation de son corps à Goa dans les Indes portugaises ; sa présence guérit un grand nombre de malades. A la coupole se voit son triomphe dans le ciel. 2° La chapelle de Saint-François de Sales par Alexandre Hesse. On y voit saint François remettant à sainte Chantal les constitutions de l'ordre de la Visitation, et saint François, prêtre, prêchant la mission aux paysans du Chablais, en Savoie. On dirait de véritables tapisseries des Gobelins. 3° La chapelle de Saint-Paul par Drolling. Cet artiste a peint à la cire, avec succès, la Conversion de saint Paul. — Saint Paul devant l'aréopage et le Ravissement du saint. Puis la chapelle du Sacré-Cœur, ornée de belles boiseries. Dans le pourtour du chœur on voit les chapelles de Saint-Denis, par M. Duval ; de Saint-Jean l'Évangéliste, par M. Glaize. Voici le mausolée de M. Languet de Gergy, curé de Saint-Sulpice ; cette figure est remarquable de sentiment et d'exécution. Mais ce monument, malgré le mélange du bronze, des marbres bleu turquin et albâtre jaunâtre, est faux et maniéré. La chapelle Saint-Maurice est de M. Vinchon. Deux tableaux peints à fresque représentent l'un le Massacre de la légion thébaine, l'autre Saint Maurice refusant de sacrifier aux faux dieux. La chapelle de Saint-Roch est d'Abel de Pujol. Saint Roch prie pour les pestiférés et il meurt à Montpellier. La chapelle dédiée aux âmes du Purgatoire a été peinte par M. Heim. Eugène Delacroix avait à décorer la chapelle des Saints Anges, il y a déployé toute la verve de son talent et la vigueur de son coloris, c'est le beau mouvementé, mais ce ne sont pas des fresques au cachet religieux. Voici Héliodore terrassé et battu de verges; — la Lutte de Jacob et de l'ange dans le désert. A la voûte c'est Saint Michel triomphant de Lucifer. On n'est pas charmé, mais profondément ému par l'intelligente vie cachée sous ce fracas de couleurs et de formes. La lutte de Jacob n'est pas conforme au récit biblique, mais la passion, la vie, le rôle animé sont dévolus ici au paysage. Depuis les premiers plans jusqu'à la crête de ces montagnes dorées par le soleil levant, tout vous captive et vous attache dans cette puissante conception qui n'a guère d'analogues, même chez les peintres italiens qui ont traité le plus largement le paysage décoratif. Trois nouvelles chapelles viennent d'être livrées à l'admiration des visiteurs. Elles sont dédiées à sainte Geneviève, saint Martin et sainte Anne.

La chapelle de la Sainte-Vierge.

La chapelle de Marie est vraiment digne d'une pieuse curiosité, c'est la plus belle, sans contredit, des chapelles consacrées à la Mère de Dieu qui se voient dans les églises de la capitale. Tout y est divinement beau, tout y est plein de doux et religieux charmes; la piété s'y trouve à l'aise et plus recueillie que partout ailleurs, surtout dans cette église où le jour est trop éclatant. Sous cette coupole dont les peintures à fresque sont de F. Lemoine, la sainte Vierge est représentée assise sur un nuage avec saint Pierre et saint Sulpice. Des anges l'environnent, puis les Pères de l'Église et les chefs d'ordre qui ont écrit en son honneur. Un ange distribue des palmes aux vierges qui se sont rangées sous son étendard. Au bas de la coupole, des sculptures en bronze doré forment des festons et des guirlandes de fleurs que les anges portent dans leurs mains et qui descendent délicieusement jusque sur l'autel. Le tabernacle est couronné par un agneau de bronze doré. Le grand bas-relief de bronze doré représentant les Noces de Cana est de Slodtz. On voit aussi les paroissiens présentés à la bonne Mère par saint Pierre, saint Sulpice et M. Olier. Au fond de cette chapelle est une niche assez vaste et éclairée par un jour mystérieux que les architectes appellent *jour céleste*, dont on distingue l'effet sans apercevoir l'ouverture par où il pénètre; on y remarque une statue de Marie tenant Jésus entre ses bras. Cette statue en marbre et de sept pieds est l'œuvre de Pigalle. L'intérieur est entouré de quatre tableaux enchâssés dans le marbre. Cette chapelle, à la fois si simple et si magnifique par cet emploi si réglé du marbre, de l'or et des couleurs, donne l'idée des belles décorations des églises d'Italie. C'est de Saint-Sulpice que partit le mouvement religieux qui s'efforça de renouveler la France. Ce fut là que Pie VII consacra les évêques nommés à la suite du concordat. L'esprit de M. Olier semble planer toujours sur cette paroisse, car elle est par excellence la paroisse de la piété et des bonnes œuvres.

SAINT-GERMAIN-DES-PRÉS.

C'est la plus ancienne église de Paris. Elle a remplacé au XIe siècle le primitif et vénérable édifice, construit par Childebert. En 1163 eut lieu l'inauguration du temple par le pape Alexandre III. Pénétrez sous la vieille tour qui sert de portique à Saint-Germain, et qui vient d'être reprise en sous-œuvre c'est un débris sacré de la première basilique du VIe siècle; après cet obscur vestibule se développent tout à coup devant vous de vastes nefs empreintes d'une incomparable grandeur. Ici tout est nouveau : étendue de l'édifice, hardiesse des voûtes, disposition symbolique du sanctuaire, caractère inspiré de l'architecture. Au lieu du simple pilier d'autrefois, vous voyez se succéder de sévères massifs flanqués de légères colonnes; au lieu de la feuille d'acanthe, vous apercevez mille fantaisies capricieuses, des sphinx, des oiseaux, des fleurs, etc., dans la nef de fortes piles; autour du sanctuaire de belles colonnes. Plus on approche du sanctuaire, plus l'architecture semble prendre un caractère inspiré; les colonnettes s'élèvent plus sveltes et plus nombreuses vers le ciel. Les hautes fenêtres se touchent. La nef avec ses pleins-ceintres rappelle le XI° siècle. Le chœur avec ses naissantes ogives date de Louis le Jeune.

On vient de restaurer complétement cette église, qui a la forme d'une croix. Les réparations et les embellissements lui ont donné un air de jeunesse qui contraste avec son âge véritable. L'intérieur est remarquable à plus d'un titre et surtout en ce qu'il montre, à côté du style roman, comme les premiers linéaments de l'ogive. Tandis que l'étage inférieur avec ses lourds piliers dont les chapiteaux font l'admiration des archéologues ne présente que des arcades à plein-ceintre, l'ogive occupe la partie supérieure. Le chœur et l'abside sont entourés de chapelles carrées et polygonales. La chapelle de la Vierge a de mémorable que c'est le pape Pie VII qui a posé la première pierre de son autel. Essayons de décrire en quelques lignes les beautés artistiques de cette église où, sous le ciel bleu de sa voûte, les étoiles d'or étincellent, les nervures se détachent avec élégance et s'étendent au loin en rameaux flexibles et tout chargés de couleurs harmonieusement réparties. Dans aucun temple de la capitale l'âme n'est aussi portée au recueillement et à la prière.

Le chœur est peint depuis la base des piliers jusqu'aux clefs de voûte et l'effet de cette décoration polychrome a charmé ceux-là mêmes qui s'étaient jusqu'ici montrés les plus rebelles à ce système. Tout le monde a rendu justice aux grandes peintures exécutées à la cire par H. Flandrin et représentant l'Entrée de Jésus-Christ à Jérusalem et le Portement de croix à l'entrée du chœur. Dans cette partie éclairée seulement par le reflet des verrières dessinées par le même artiste, l'or des fonds et les couleurs des motifs produisent un effet remarquable. L'artiste a étendu avec un talent aussi éminent que sa foi religieuse le même système de décoration à toute la nef. Les couleurs des nouvelles fresques paraissent touchées à la manière des fresques antiques. Les colonnes sont en vert uni, les pilastres sont en rouge avec une arabesque, les motifs des chapiteaux sont dorés et les archivoltes décorées de palmettes. La nef présente de chaque côté cinq arcades plein-cintre. Au-dessus de ces arcades se déroulent les peintures divisées en dix compartiments par de larges lignes de couleur pourpre formant cadre. Voici l'ordre et le titre des sujets traités : L'Annonciation et le Buisson ardent. — La Nativité et la Promesse d'un Rédempteur. — L'Adoration des Mages et la Prophétie de Balaam. — Baptême de Jésus-Christ et

Passage de la mer rouge : cette composition est une des plus belles qu'ait réalisées l'art moderne. — L'Institution de l'Eucharistie et le Sacerdoce de Melchisédech. — Trahison de Judas et Vente de Joseph. — Mort de Jésus-Christ et Sacrifice d'Abraham. — La Résurrection et Jonas : cette composition est admirablement réussie. Une vague énorme enroule de sa volute immense le prophète et l'apporte au rivage. Jonas lève les bras et les yeux vers le ciel, d'où tombe un rayon d'or. — La Dispersion des apôtres et la Dispersion des hommes. H. Flandrin vient de mourir à Rome et laisse inachevé ce grand poëme pictural où les deux Testaments se confondent dans une pensée unique (la venue du Christ), prophétie dans l'un, réalité dans l'autre.

Au-dessus de ces tableaux, dans la zône des vitraux, sont figurés des personnages de l'Ancien Testament posés là comme témoins. Ces figures sont du galbe le plus superbe et le plus magistral. Dans le collatéral de droite est la statue de Notre-Dame la Blanche en marbre donnée par la reine Jeanne d'Évreux. La chapelle de Sainte-Marguerite est ornée de colonnes de marbre, de la statue en marbre de la sainte et du tombeau d'Olivier et de Louis de Castellan, tués au service du roi en 1644 et 1669. Dans le transept de gauche se trouvent la statue de saint François-Xavier par Coustou le jeune, et le tombeau du roi de Pologne Jean-Casimir devenu abbé de Saint-Germain en 1669. Ceux de Guillaume Douglas, prince d'Écosse et de son petit-fils (deuxième chapelle à droite). Les restes de Descartes et des bénédictins Mabillon et Montfaucon sont dans la chapelle de Saint-François de Sales; ceux de Boileau dans celle de Saint-Paul. Entre tous les tableaux nous signalerons la Résurrection de Lazare; — le Baptême de l'eunuque ; — le Christ entrant à Jérusalem. — Saint Germain faisant l'aumône. — La mort de Saphira.

Près de l'abbaye détruite se faisait remarquer aussi une prison que l'on vient de démolir et qui fut le théâtre de scènes horribles en 89. C'est là que mademoiselle de Sombreuil racheta au prix d'un verre de sang la vie de son père. Là, deux prêtres octogénaires prièrent d'un front calme, entourés de deux cents victimes à genoux en attendant la mort.

L'histoire de Saint-Germain des Prés commence avec un saint et finit avec des martyrs.

SAINT-GERMAIN-L'AUXERROIS.

Cette église, dont l'origine remonte comme celle de Saint-Germain des Prés jusqu'au milieu du VIe siècle, a été commencée vers le milieu du XIIIe siècle. Le clocher actuel, privé de sa flèche, date du XIIe siècle, le chœur et le portail du XIVe, le porche, la plus grande partie de la façade, la nef, les croisillons, les chapelles de la nef et du chevet datent des XVe et XVIe siècles.

La façade se compose d'un porche auquel on arrive par plusieurs degrés et qui est percé de cinq arcades ogivales indiquant les cinq nefs. Les trois arcades du milieu sont de pareille hauteur; les deux arcades du nord et du midi sont moins élevées. Au-dessus du porche règne une élégante balustrade qui se continue tout autour de l'édifice. Récemment M. Mottez a peint sous le porche une série de tableaux à fresque sur fond d'or, il lui a rendu ses décorations splendides et les saints et les saintes y ont repris leur place. De riches vitraux, enchâssés dans des nervures délicates, font étinceler la rosace du portail, qui montre les deux tourelles de son pignon couronnées comme autrefois de leurs toits élégants. Le portail méridional du transept est remarquable par l'élégance de ses détails et la richesse de ses sculptures. La nef et ses accessoires sont décorés, suivant le goût du XVe siècle, d'une quantité de balustrades à jour, pignons, gargouilles, consoles historiées, corniches feuillagées et peuplées de petites bêtes, grandes fenêtres à meneaux avec tympans à compartiments multipliés. Des arcs-boutants contre-buttent la maîtresse voûte. Les contre-forts se terminent par des clochetons auxquels se tiennent suspendus des animaux de toutes sortes.

A l'intérieur, architecture, décors, étendue, tout est grand, tout est splendide. Les chapelles qui entourent la nef sont d'une forme gracieuse et d'une ornementation délicate. La chapelle de Notre-Dame, la première à droite forme une petite église complète séparée du collatéral par une boiserie sculptée à jour. Au retable se trouve un arbre de Jessé en pierre (XIV° siècle). Au-dessus de l'autel gothique enluminé, composé par Viollet-le-Duc, M. Duval a peint un tableau à la manière de Fra Angelico. Il a également dessiné les vitraux de cette chapelle ; la pureté du dessin, l'éclat et la finesse du coloris les recommandent à l'attention. Une immense Descente de croix décore le mur occidental du transept de droite, en face une fresque de la Nativité ; près de la porte est un bénitier en marbre sculpté, sur les dessins de madame de Lamartine par M. Jouffroy. On voit plus loin une charmante petite porte ornée d'une Vierge du XIV° siècle. Les fresques qui entourent la porte de la sacristie sont dues au pinceau de M. Mottez. La peinture qui est au-dessus de la porte rappelle la restauration de l'église, rendue au culte en 1838. A gauche de cette composition, la Charité représentée par saint Martin et par une pauvre veuve est récompensée dans le ciel par le Christ et par la Vierge, dont les figures sont empreintes d'une touchante mansuétude. Nous signalerons aussi près de la sacristie le tronc des pauvres, en fonte. Deux anges sont à ses côtés, qui invitent à l'aumône et semblent détourner les yeux pour ne point voir l'obole des fidèles. Cette petite composition est pleine de goût et de sentiment religieux.

Les chapelles du chevet sont au nombre de treize.

M. Viollet-le-Duc est l'auteur des vitraux de plusieurs d'entre elles. C'est là que se trouvent les seuls monuments funéraires qui restent des nombreux qu'on y voyait autrefois, savoir les effigies en marbre d'Étienne d'Aligre et de son fils, tous deux chanceliers de France pendant le XVIIe siècle; deux statues et plusieurs bustes en marbre de la famille de Rostaing, etc. La chapelle située derrière le maître-autel est décorée de peintures de M. Couderc et représente l'Église et la Synagogue. Dans une autre, M. Gigoux a peint des épisodes de la vie de sainte Geneviève. La chapelle de la Passion renferme un chef-d'œuvre comme sentiment et expression, c'est un magnifique retable en bois de la dernière époque du style ogival. Les sculptures dont il est couvert représentent entre autres sujets la Généalogie et l'Histoire de la Vierge, — la Vie et la Mort du Christ Les deux vitraux placés à l'entrée de l'église sont de M. Maréchal de Metz. Il ne reste plus des magnifiques verrières du XVe et du XVIe siècle que les deux roses du transept, le Père éternel entouré d'anges, de martyrs et de confesseurs; la Descente du Saint-Esprit, les quatre fenêtres du croisillon du nord et deux fenêtres du croisillon du sud : Passion et miracles du Christ; Ascension de Jésus-Christ, Assomption de Marie. Toutes ces verrières se distinguent par la vivacité du coloris et par mille détails pleins d'originalité.

La grille du chœur est un magnifique ouvrage de

serrurerie et le riche banc-d'œuvre, le plus remarquable de Paris, est dû à la collaboration de Perrault et de Lebrun.

Napoléon III a rendu à Saint-Germain ses anciens priviléges de paroisse royale et impériale.

SAINT-MERRY.

L'église actuelle est la troisième élevée sur le même emplacement. Construite en partie dans le XVe siècle, elle n'a été achevée que sous le règne de François Ier. Au XVIIIe siècle, on y ajouta la chapelle de la Communion et quelques décorations d'assez mauvais goût. L'édifice est bâti sur le type des églises nommées gothiques ; néanmoins le style ogival n'y brille pas dans toute sa pureté, et l'approche de la renaissance s'y fait apercevoir. L'intérieur est d'un aspect grave et religieux ; la longueur de la nef, l'élévation de la voûte, l'heureuse distribution de toutes les parties et de nombreux fragments d'admirables verrières du XVIe siècle y impriment un caractère de majesté qui impose à l'âme. Il faut regretter que l'harmonieux ensemble que tout cet édifice présentait autrefois ait été maladroitement rompu par les travaux de réparation exécutés sous Louis XV. A l'extérieur, le monument paraîtrait fort beau si on pouvait le voir. Le portail brille plus par l'élégance et la grâce des détails que par l'ensemble et la disposition générale. Saint-Merry est entouré d'une ceinture de chapelles presque toutes décorées de boiseries et d'autels exécutés au XVIII° siècle. Dans la première à droite, on remarque les statues de Saint-Jean-Baptiste, Saint-Sébastien, Saint-Jérôme, Saint-Antoine. Dans le transept à droite, on voit un tableau de Restout : Saint-Pierre ; dans celui de gauche, une toile de Bello : Réparation d'un sacrilége, composition pleine de verve, et Saint-Merry, par Vouët. De chaque côté du chœur, une Vierge et l'Enfant Jésus, et Saint Charles Borromée, un des chefs-d'œuvre de Carle Vanloo. Une Pieta, statue de Slodtz. La chaire est décorée de chaque côté de palmiers et surmontée d'une figure allégorique de la Religion. Les chapelles situées à gauche du chœur sont ornées de peintures décoratives. La première, consacrée à la B. Marie de l'Incarnation, représente Madame Acarie communiant avec ses fils et ses domestiques ; 2° soignant les malades et les soldats blessés ; 3° dans l'extase d'une vision céleste. Ces compositions sont sagement ordonnées et empreintes de calme et d'ascétisme.

Dans la deuxième, on voit Saint Vincent de Paul, esclave, convertissant les infidèles. La chapelle de Sainte-Marie-l'Égyptienne a été peinte par M. Chassériau dans un ton sourd et grisâtre. La muraille offre trois compartiments superposés : le moine Zozime communie la sainte dans le désert ; au milieu Marie la pécheresse dans l'église d'Alexandrie ; puis Zozime ensevelit la sainte avec l'aide d'un lion.

M. Duval a décoré la chapelle de Sainte-Philomène en quatre sujets : Sainte Philomène au tribunal de Dioclétien, — son martyre, — son arrivée au ciel, — son introduction dans le chœur des vierges. Un petit tableau montre deux anges visitant la sainte dans sa prison. Enfin M. Lehman a représenté dans la cinquième la Descente du Saint-Esprit sur la Vierge et sur les Apôtres.

SAINT-GERVAIS.

En 1616, Louis XIII posa la première pierre du portail construit par Jacques de Brosse. Ce portail appartient à l'art grec, dont il sera toujours une des plus majestueuses inspirations. Il est divisé en trois étages de différents ordres. Le premier se compose de huit colonnes doriques, dont quatre supportent un fronton triangulaire. Au-dessus règne un ordre ionique, lequel est lui-même surmonté de quatre colonnes corinthiennes. La hauteur totale de la façade est de 50 mètres. Au deuxième étage, sont deux statues : Saint-Protais et Saint-Gervais. Pour compléter la décoration, on a ajouté deux groupes de dimensions colossales. Malgré ses beautés, ce portail précède un monument gothique; les contrastes sont partout.

Longue de 84 mètres et large de 44, cette église appartient à la fin du XVe siècle : quelques-unes de ses parties sont du XVIe. Elle est cruciforme, quatre travées à la nef, deux au chœur, et cinq en pourtour à l'abside, collatéraux simples et bordés de chapelles dans tout leur développement. Quels jets lumineux se projettent à travers les prismes étincelants des vitraux du chœur et des riches verrières de la chapelle absidale ! quelles nuances variées, quel éclat, quand le soleil y lance ses rayons! Comme ces piliers fasciculés, sans chapiteaux, s'élancent légèrement vers la voûte, haute de 25 mètres. Ses nervures multiples et prismatiques se croisent avec élégance pour venir se réunir et former des clefs pendantes.

La chapelle de la Vierge, à l'abside, vient d'être restaurée et enrichie de grandes compositions peintes à fresques : avec ses nervures et son ornementation élégante, avec ses clefs de voûte, où la science du trait et la finesse du ciseau ont épuisé toutes leurs ressources, elle offre un beau spécimen de gothique flamboyant. Le pendentif, d'une hardiesse surprenante, a 2 mètres de diamètre et 1 mètre 60 de saillie. — *Chapelle Saint-Eutrope* : Descente de Croix, tableau de l'Enfant prodigue, estimé par l'agencement d'une multitude de têtes qui entrent dans sa composition ; tombeau de Michel Le Tellier; Ecce Homo. — *Chapelle Sainte-Geneviève* : Jésus chez Marthe et Marie. — *Chapelle Saint-Jean* : Décollation de saint Jean-Baptiste, excellent tableau ; magnifiques vitraux : Salomon, la Reine de Saba, par Jean Cousin. — *Chapelle du Saint-Esprit* : belles boiseries ; Saint Ambroise et Théodose, tableau de Couder ; Descente du Saint-Esprit, excellent tableau ; Immaculée-Conception, statue par Rudde. — *Chapelle des Trépassés* : les ornements funéraires sont disposés avec goût, le tableau a du mérite. Au-dessus de la porte latérale, belle copie de Rubens par Morin. Le pendant est une superbe copie de Guerchin, représentant l'Exhumation de sainte Pétronille. Au-dessus de la chapelle du Saint-Esprit se trouvent les restes des magnifiques tapisseries des Gobelins, copies fidèles des tableaux de Philippe de Champaigne et de Lesueur, que possédait Saint-Gervais.

Les vitraux modernes, et surtout ceux du chœur ont mérité les éloges de M. Ingres. Les anciens, horriblement mutilés, sont des chefs-d'œuvre de Cousin et de Pinaigrier ; celui qui est le mieux conservé c'est le Jugement de Salomon, dans la deuxième chapelle à droite du chœur. Perfection de dessin, beauté d'exécution, vivacité de coloris, tout contribue à rendre ce vitrail vraiment admirable, et à faire regretter ceux qui figuraient dans cette belle église.

Faites quelques pas dans la nef en admirant les baies et les arcs en ogive qui font du chœur un ensemble si élégant et si léger. A gauche, voici la chaire, qui a coûté 30,000 fr., avec ses quatre statues en bronze représentant les Évangélistes. En face de la chaire, le banc-d'œuvre, qui possède, au vu et su de M. Ingres, un beau tableau du maître de Raphaël (Pérugin). A gauche, en entrant, voici la copie réduite du portail, elle est surmontée de très-bonnes peintures par Caminade. Les décorations et les dorures, faites avec intelligence, seront continuées dans toutes les chapelles. Dans la chapelle Saint-Laurent, on remarque colonnes, niches, statues, style de la renaissance ; joli tableau du moyen âge ; à l'autel, bas-relief en pierre, du XIII° siècle, représentant Jésus recevant l'âme de sa sainte Mère. Voici la chapelle Sainte-Anne, même genre d'ornementation, beau tableau de Jouvenet ; en face, la Visitation, d'après Sébastien del Piombo. Au fond de cette chapelle s'ouvre un joli petit monument connu sous le nom de Chapelle-Dorée, dont les parois sont couvertes de peintures sur bois du plus grand mérite. — *Chapelle Saint-Denis*: le Martyre de saint Cyr et de sainte Juliette, bon tableau de Hemm ; au-dessous, magnifique peinture sur bois, d'Albert Durer, Entrons dans le chœur et admirons la grande croix et les six candélabres de bronze doré : ce sont des chefs-d'œuvre exécutés sur les dessins de Soufflot. Les stalles, du XVI° siècle, les seules de ce genre à Paris, offrent des personnages en pied figurés en bas-reliefs sur les panneaux. Donnons un regard à *la Pieta*; au-dessus est une Sainte-Marguerite, vis-à-vis une Descente de Croix, excellente copie de Lesueur, et, dans la chapelle de la Providence, un Moïse frappant le rocher, bon tableau de Guichard. Admirons un délicieux motif de sculpture placé à la gauche de la petite sacristie. A droite est un beau Christ. En face, Jésus marchant sur les eaux, tableau estimé.

Les personnages illustres inhumés à Saint-Gervais sont le chancelier Michel Le Tellier; son fils, archevêque de Reims; le poëte Crébillon, Scarron, Philippe de Champaigne, et bien d'autres, distingués par leur naissance, leurs grades et leurs talents. La tour renferme de belles cloches dont les sons forment une quarte d'une grande justesse. D'intelligentes combinaisons des quatre notes de cette quarte font considérer cette sonnerie comme l'une des plus belles de Paris.

SAINT-ÉTIENNE-DU-MONT.

Cette église figure au premier rang des édifices religieux de Paris. Par son architecture, elle appartient aux XVI⁰ et XVII⁰ siècles. Commencée sous François I⁰ʳ, en 1517, elle ne fut achevée qu'en 1617. Elle embrasse à la fois le dernier âge de l'art ogival, la renaissance tout entière, et le commencement de l'art froid et solennel que de Brosse inaugura. Aussi, pour les archéologues, l'étude de Saint-Étienne est des plus intéressantes. Toutes les divergences s'y fondent, en effet, dans un ensemble remarquable de grâce et d'harmonie.

La tour du clocher, flanquée d'une tourelle ronde,

est coquette, svelte, légère, percée de longues baies, les unes ogivales et les autres cintrées. Une lanterne octogone, surmontée d'une croix, domine la plate-forme. Le grand portail, élevé dans les premières années du XVII° siècle, se distingue par l'originalité de sa forme et la belle exécution de sa sculpture. Les colonnes aux fûts cannelés et coupés de distance en distance par des banderoles historiées de rosaces et de palmettes, les chapiteaux, les guirlandes, les rinceaux des frises et des encadrements, les modillons et les rosaces du fronton sont remarquables par l'ampleur du style et par le fini du travail. On vient de restaurer l'intérieur et l'extérieur. Dans l'intérieur, on retrouve le même charme d'exécution. La nef se compose de cinq travées, le chœur en compte trois, et le pourtour de l'abside cinq. Les nervures, qui s'élancent partout dans la voûte, se réunissent au milieu de chaque travée pour former des clefs pendantes d'une ornementation variée. La plus remarquable de ces clefs est celle du transept : elle a trois mètres de saillie, elle est ornée de rosaces, de guirlandes, de têtes d'anges et des symboles des quatre évangélistes. Le chœur est séparé de la nef par un jubé. Il est impossible de n'être pas saisi par l'effet de ce chef-d'œuvre, le seul en ce genre qui existe à Paris, qui en comptait plusieurs. Sa voûte en cintre surbaissé, hardiment jetée à travers le chœur, les tourelles à jour qui en contiennent les escaliers et qui montent en spirale bien au-dessus de la plate-forme, les rampes suspendues en l'air et les minces colonnettes qui forment points d'appui sont autant de difficultés que Biard s'est proposées pour mieux déployer toutes les ressources de son adresse. Des anges, des palmes, des rinceaux, des entrelacs décorent les archivoltes et les frises. Le buffet d'orgues est une immense et monumentale boiserie du xviie siècle. La chaire passe pour être la plus belle de Paris. Elle est supportée par une statue de Samson, et les panneaux ornés de bas-reliefs dont elle est formée sont séparés par des figures assises représentant des Vertus. Au-dessus de l'abat-voix est un ange qui embouche deux trompettes. Saint-Étienne est fort riche en peintures. Citons particulièrement : Saint Charles distribuant des aumônes, belle et savante composition de Varin, qui fut le maître de Nicolas Poussin ; la Peste, de Jouvenet ; la Lapidation de saint Étienne, un Jugement dernier, de Jean Cousin, et le Martyre de dix mille soldats. L'abord du chœur est grand, riant et ouvert ; on y voit des verrières des célèbres Pinaigrier et Jean Cousin.

Au xviie siècle, on y enterra Lesueur, Rollin, Tournefort etc... Pascal et Racine, dont l'épitaphe latine a été composée par Boileau. Une ravissante chapelle, élevée, sur le dessin du P. Arthur Martin, par l'Institut de Sainte-Geneviève, fait face au tombeau de sainte Geneviève, qui renferme la pierre creusée dans laquelle la sainte a été ensevelie. Le style ogival brille là dans toute sa pureté. Mais une autre décoration non moins précieuse, c'est le grand nombre d'*ex voto* qui sont suspendus aux murailles; près de l'image en cire de la jambe du boiteux et du bras du paralytique, vous y rencontrerez la croix d'honneur d'un des braves de Sébastopol ; puis, ô douloureux souvenir ! le cœur de Mgr Sibour. La cérémonie de la translation fut faite par Mgr Jacquemet, évêque de Nantes, le 12 février. Faites quelques pas dans la grande nef en entrant, près de l'orgue : c'est là que l'innocente victime a été frappée en bénissant un enfant. Puis, placez-vous sous le grand orgue, un des plus beaux de Paris, et vous observerez, comme à Saint-Germain-des-Prés, l'*inclinato capite*. Dans ces deux églises, la déviation est fort sensible.

NOTRE-DAME DES VICTOIRES.

En 1656, voulant perpétuer le souvenir de la victoire que venait de remporter le cardinal de Richelieu sur les protestants par la prise de la Rochelle, Louis XIII fit élever cette église qu'il dédia à Notre-Dame des Victoires. On l'appela aussi l'église des Petits-Pères parce que les premiers travaux en furent exécutés sous la direction d'un religieux de l'ordre des Augustins déchaussés, le père Leinnet. Elle se compose d'une nef unique, de 43 mètres de longueur et de 18 de hauteur; des chapelles l'entourent. Perrault les a dessinées et enrichies d'ornements en marbre de couleur. Les sculptures de la boiserie qui entoure le chœur méritent de fixer l'attention. Le chœur lui-même est orné de sept tableaux de Carle Vanloo. Au milieu : Actions de grâces de Louis XIII pour la prise de la Rochelle. — Baptême de Saint-Augustin. — Son Sacre. — La Prédication devant saint Augustin et la Mort de saint Augustin. — Conférences de saint Augustin avec les dynatistes. La Translation de ses reliques. — La troisième chapelle à gauche renferme le tombeau du musicien Lulli.

Ce qui fait de cette église le plus grand titre de gloire, c'est son archiconfrérie; c'est bien de ce sanctuaire qu'on peut dire: *Lapides clamant*. En contemplant tous ces exvoto et ces cierges dont la piété des fidèles entoure l'autel de Marie, comment ne pas songer que chacun d'eux est le symbole d'une espérance, d'un vœu, d'une action de grâces qui monte vers le ciel. A l'entrée, on remarque une statue en bronze de saint Pierre; elle a été modelée sur celle qu'on vénère à Saint-Pierre de Rome, et les fidèles, pour gagner les indulgences, viennent, comme dans la basilique des basiliques, prier en sa présence et lui baiser le pouce. Dans le transept à droite se trouve le bel autel consacré à Marie; il renferme les reliques de sainte Aurélie dont le corps en cire est richement décoré. Sur cet autel, trône le groupe si vénéré de la sainte Vierge et de son Fils, couronnés, aux jours de solennité, des splendides diadèmes en or que Pie IX a envoyés de Rome en 1853. Ces deux couronnes sont en or pur et mat. Celle de la sainte Vierge a 21 centimètres au bandeau, 34 dans sa plus grande largeur et 37 de haut en comprenant le globe et la croix. Le bandeau est orné de douze étoiles en émail blanc, environnées de petites pierres et de douze grosses émeraudes, saphirs, topazes, hyacinthes, aigues-marines, etc., entourées de petites perles; sept têtes d'anges supportent les sept pans de la couronne, lesquels sont flanqués de sept écussons en émaux enrichis de pierres fines. Ces écussons portent les armoiries de Pie IX et du chapitre de Saint-Pierre et diverses inscriptions. Celle de l'Enfant Jésus est aussi splendide. Le bandeau supporte douze croix en émail rouge et douze pierres fines en souvenir des douze apôtres. Le tout est environné de perles. Ces deux couronnes sont estimées 65,000 francs.

Un riche vitrail représente M. Desgenettes consacrant sa paroisse à Marie. Il nous en souvient, c'était en 1837, ce bon pasteur était désolé, son église était déserte, même aux jours de grandes fêtes, et ses paroissiens ne demandaient pas les derniers sacrements à l'heure suprême; mais poussé par une volonté surnaturelle il consacra au cœur de Marie sa paroisse et fonda pour la conversion des pécheurs cette confrérie qui aujourd'hui est archiconfrérie et étend sur le monde entier son affiliation de prières. Cette église est pour Paris un centre de dévotion et de grâces. Chaque dimanche les recommandations s'y font solennellement par milliers et les attestations de conversions et de guérisons sont nombreuses. Un bon curé écrivait ces jours-ci : « Je ne demande à Dieu qu'une grâce, celle d'aller à Paris dire une messe à l'autel de Marie pour sauver un de mes paroissiens et je consens à rentrer directement dans mon presbytère sans avoir rien vu des splendeurs de Paris. »

SAINTE CLOTILDE.

Cette église, malgré bien des défauts, est ce que l'architecture a produit de mieux à Paris depuis le commencement du siècle. Commencée en 1846 par M. Gau, elle fut achevée par M. Ballu et inaugurée par le cardinal Morlot en 1857, le 30 novembre. M. Gau laissa en mourant la façade dans une nullité glaciale, c'est son habile successeur qui l'a transformée ; il lui donna plus d'ampleur et d'harmonie ; il la décora de flèches bordées de crochets et découpées de petites ouvertures ogivales trilobées et de quatre feuilles à jour alternant avec des imbrications. Le sommet se termine à 75 mètres par une croix en fer doré entourée d'épis.

Quand on pénètre à l'intérieur, la première impression est favorable. Deux rangées de piliers flanqués de légères colonnettes s'élancent jusqu'à la voûte qui les unit en deux courbes gracieuses. La lumière dorée qui inonde les premières travées s'affaiblit graduellement jusqu'au sanctuaire enveloppé d'une pénombre mystérieuse. Des chapiteaux à deux rangs de feuillage, découpés avec une rare délicatesse, s'épanouissent à la descente des archivoltes. Des vitraux à personnages, des sculptures sur les parois, des boiseries refouillées avec un art consommé, tout cet ensemble paraît une page retrouvée de cette merveilleuse épopée lapidaire du moyen âge. Mais l'enthousiasme s'éteint dès qu'on s'avance ; il semble que les murailles vous pressent et l'on sent l'absence d'une grande idée et d'une conception hardie.

La décoration murale renferme de charmants détails. Les chapelles se composent, dans leur profondeur, d'une petite travée occupée par un confessionnal et d'une absidiale de trois pans, éclairée chacune par une longue baie ogivale trilobée, surmontée d'un trèfle. La chapelle de Marie compte deux travées séparées par des colonnettes et prend ensuite la forme pentagonale. Tous ces délicieux petits oratoires sont entièrement peints et enrichis de beaux vitraux légendaires.

La grande nef se compose d'une série de grands arcs formant les travées. Une arcature trilobée en application tient lieu de triforium. Au-dessus s'ouvre la claire-voie, composée de lancettes géminées, surmontées d'une petite rosace.

La chœur se compose de deux grandes travées parallèles, prolongées par les sept autres, beaucoup plus étroites, de l'abside. Vingt-quatre stalles en chêne sculpté en forment la principale décoration ; elles sont adossées à un mur plein. Ce mur présente sur les bas-côtés une série de hauts-reliefs très-remarquables, savoir : le Mariage de Clovis, la Guérison de Clodomir, le Baptême de Clovis, la Mort de sainte Clotilde, puis les principaux actes de la Vie de sainte Valère, sa conversion, sa condamnation à mort, son martyre, son apparition à saint Martial.

L'autel est construit en liais de Créteil, pierre remarquable par la finesse de son grain et la netteté de son poli. La table porte sur le devant une petite arcature ogivale, trilobée. Le tabernacle est couvert d'une corniche saillante supportée par des consoles feuillagées, au-dessus de laquelle s'élance un magnifique clocheton à deux étages, en chêne doré, surmonté d'une flèche à jour d'une composition ravissante. Les grilles de la clôture de l'abside et des chapelles sont d'heureuses réminiscences du XIIIe siècle.

Cette église reçoit le jour par près de 80 fenêtres, toutes ornées de verrières peintes. Mais ces verrières, confiées à plusieurs artistes, ne valent pas ce qu'on attendait de leur talent, et il résulte une discordance de tons des plus choquantes.

Les trois roses sont dues à M. Thibaud, de Clermont-Ferrand. De l'avis des hommes compétents, c'est là l'œuvre capitale de Sainte-Clotilde. Ces roses s…

peut-être la plus grande composition sur verre qu'on ait exécutée en France depuis la renaissance du style ogival.

Dans les verrières des chapelles absidales sont des médaillons semés sur un fond mosaïque, dans le style du XIIIe siècle, développant les légendes de saint Joseph, de la sainte Croix de Marie, de saint Remi et de saint Louis.

En résumé, sainte Clotilde n'est qu'un pastiche incomplet et infidèle du style ogival. Le XIVe siècle y domine sans y être nulle part assez franchement caractérisé. Le premier architecte, manquant de conviction, a produit, au total, une construction sèche que l'imagination n'a pas vivifiée.

La grande nef a 97 mètres de long et le transept 35 mètres. La superficie est de 3,800 mètres. On évalue la dépense à 6 millions.

SAINT-SÉVERIN.

Le plan de Saint-Séverin est un parallélogramme terminé par une abside demi-circulaire, sans transept. L'intérieur, malgré les disparates qu'ont produites les agrandissements successifs et les nombreuses réparations qu'on lui a fait subir, est encore un des plus beaux que vous présentent les églises de Paris. La distribution harmonieuse de l'ensemble, l'ordonnance de l'abside éclairée par un double rang de fenêtres qui, par un rare bonheur, ont conservé dans le chœur ainsi que dans la nef leurs vitraux historiés et armoriés, lui donnent un caractère grave et majestueux. La nef centrale est accompagnée de collatéraux doubles. Une ceinture de vingt-trois chapelles décorées de peintures murales vient, en outre, augmenter les proportions déjà considérables de l'édifice. Cette nef, avec sa galerie en ogives trilobées et géminées, offre avec le chœur et l'abside un ensemble de treize travées.

Dans son ordonnance générale, Saint-Séverin abonde en précieux détails d'ornementation. Les nervures croisées de la grande voûte sont toriques, et les clefs feuillagées décorant leurs intersections sont accostées entre les arêtiers de figures grimaçantes. Des feuilles à grandes côtes et d'autres à crochets ornent les corbeilles des chapiteaux. Les piliers de la galerie inférieure du chœur, dont le travail rappelle un temps voisin du xv*e* siècle, sont d'une exécution et d'une légèreté parfaite. Une grande partie de ceux du bas de la nef portent, au lieu de chapiteaux à la retombée, des arcs, des anges, des prophètes dans diverses attitudes.

Là, les arêtes des nervures prismatiques des voûtes, outre des écussons héraldiques actuellement lisses, portent aussi des figures; on y remarque entre autres un mascaron. Les collatéraux du rond-point présentent une singularité remarquable par la disparité de forme de leurs piliers isolés dont les uns sont taillés à pans et les autres cylindriques. Un

6.

seul par exception a son fût chargé de nervures disposées en spirales qui lui donnent l'air d'avoir subi une torsion violente. Les clefs de voûtes sont la plupart entourées de feuilles finement sculptées et ingénieusement agencées. En 1684, le chœur subit de regrettables modifications, les quinze ogives de l'abside furent transformées en arcades cintrées, et les tympans retaillés et revêtus en placages de marbre divisés en caissons figurant de la menuiserie. L'autel fut remplacé par celui dont on voit les restes aujourd'hui ; il est surmonté de huit petites colonnes d'ordre composite, soutenant une demi-coupole, le tout enrichi d'ornements en bronze. Cette décoration, quoique disparate, a cependant un cachet artistique. Elle est due au ciseau du célèbre Treby, qui l'exécuta sur le dessin de Ch. Lebrun. L'église Saint-Séverin a conservé une grande partie de ses vitraux peints. Cependant, au siècle dernier, on supprima les fonds et les bordures, sous prétexte que le vaisseau était trop sombre. Suivant Émile Thibault, peintre verrier, les grandes figures de la nef sont du XIVe siècle. Il y en a du XVe et du XVIe siècle, elles ont été restaurées naguère, mais avec peu d'intelligence.

Visitons les chapelles. La première représente la Prédication de saint Jean-Baptiste et le Baptême du Christ. La deuxième renferme trois compositions de M. Heim : la Naissance de la Vierge, sa Présentation au Temple, son Éducation. La troisième, le mariage de la Vierge, sa Fuite en Égypte. La quatrième saint Pierre prêchant; Arrestati le saint André, son Martyre. La cinquième, Repe de saint Pierre, Saint Pierre et saint Paul dans la prison Mamertine, Conversion de saint Paul, Glorification des deux apôtres. La sixième, le Christ chez Marthe et Marie, Marie Madeleine dans le désert, Marie répandant des parfums sur les pieds de Jésus. La septième est le coup d'essai d'Hippolyte Flandrin dans la peinture murale, la Cène, et au-dessus l'Évangéliste dans l'île de Pathmos, écrivant l'Apocalypse sous la dictée d'un ange. En face, on voit l'apôtre plongé dans une chaudière d'huile bouillante; la foi du martyr, l'effroi des assistants et l'enthousiasme des chrétiens sont rendus avec une grande puissance d'expression. La huitième; M. Hesse a représenté avec finesse et simplicité sainte Geneviève distribuant des aumônes, la Peste de Paris, Sainte Geneviève et son troupeau, sa Communion. La neuvième est consacrée aux deux saints qui portent le nom de Séverin. Le premier vivait sous Clovis, qu'il guérit de la fièvre par l'imposition de sa chasuble; le second, sous Childebert, donna l'habit religieux à saint Cloud. Tels sont les sujets des deux fresques. La dixième, peinte par Gérôme, représente Belzunce pendant la peste de Marseille, la Communion de saint Jérôme. La onzième raconte la Mort de saint Louis. Saint Louis porte la couronne d'épines à la Sainte-Chapelle. La douzième, Saint Charles Borromée pendant la peste de Milan, la Mort du saint. La treizième est décorée de plusieurs scènes de la Vie du saint par M. Steinheil.

Derrière le maître-autel se trouve la chapelle de Notre-Dame des Sept-Douleurs. Sur un pilier voisin on y lit l'inscription qui atteste que dans cette église fut érigée, en 1311, la première confrérie établie en France, en l'honneur de la très-sainte Vierge, sous le titre de sa Conception immaculée, et que là était la chapelle de cette antique confrérie dont l'institution primitive eut lieu à Londres en 1228.

A côté, on rencontre une autre chapelle toute moderne, dont la décoration fait contraste avec le style de l'édifice. C'est le sanctuaire d'un pieux pèlerinage connu sous le nom de Notre-Dame de la Sainte-Espérance. C'est un foyer de bénédictions et de grâces; de nombreux *ex-voto* font preuve de la reconnaissance des exaucés. Dans l'autel repose le corps de sainte Léa. Les statues en marbre de la Vierge et du petit Jésus qui surmontent l'autel ont été couronnées, il y a quelques années, au nom du chapitre de Saint-Jean de Latran à Rome.

LA SORBONNE.

Lemercier construisit cette église dont Richelieu posa lui-même la première pierre en 1635, et qui ne fut terminée qu'en 1653.

Cette église se compose du côté de la place, d'un portail décoré des deux ordres corinthien et composite superposés; du côté de la cour, elle est terminée également par un portail à ordre unique; il est élevé sur des marches et couronné d'un fronton qui rappelle le Panthéon de Rome. Le dôme est le premier exemple d'un véritable dôme élevé à Paris, les coupoles de l'église des Carmes et de Saint-Paul Saint-Louis n'ayant été que de timides essais. La petitesse des campaniles de ce dôme lui font perdre une grande partie de son effet monumental. Un ordre de pilastres couronné d'une corniche décore l'intérieur, rehaussé par un magnifique pavé de marbre. Philippe de Champaigne a peint les pendentifs du dôme. Sur le grand autel se dresse un Christ de Michel Anguier. Mais ce que les amateurs admirent le plus, c'est un tableau de M. Hesse, représentant Robert Sorbon avec de jeunes élèves de théologie devant saint Louis, entouré de sa mère, de sa femme et de sa fille, en costume de l'époque : c'est surtout le tombeau de Richelieu, dont le corps a été renfermé dans un caveau pratiqué dans ce mausolée. Il a été taillé dans le marbre par le ciseau souple et habile de Girardon, en 1694, d'après une composition grandiose et pittoresque de Lebrun. Richelieu est représenté à demi couché sur un tombeau de forme antique, presque entièrement couvert de deux riches tapis sur lesquels sont gravés des inscriptions latines. La Religion aide le cardinal à se soutenir. A ses côtés sont deux génies portant ses armes. Aux pieds se trouve une femme éplorée représentant la Science par son attitude; elle exprime une vive douleur d'avoir perdu son plus ferme appui. Napoléon III a rendu au culte cette église, où chaque dimanche les éloquents professeurs en théologie interprètent si bien l'Évangile du jour.

LE VAL-DE-GRACE.

En 1645, Louis XIV encore enfant posa la première pierre de cet édifice, qui ne fut terminé qu'en 1665. Le dôme n'est qu'un diminutif du Panthéon. Mignard a peint la coupole. Cette immense composition qui n'est qu'un vaste fouillis de personnages, parmi lesquels on remarque la sainte Trinité et la reine Anne d'Autriche, a inspiré à Molière son ami, une ode fort littéraire. Les Champaigne ont laissé des peintures d'un style d'où la sévérité n'exclut pas la grandeur. Michel Auguier, le sculpteur brillant et fastueux de la porte Saint-Denis, a orné les pendentifs de la coupole et les arcades des chapelles de sculptures remarquables. Là est le tombeau de l'infortunée Henriette d'Angleterre.

SAINTE GENEVIÈVE.

Louis XV posa la première pierre en 1764. On dit que l'architecte Soufflot mourut de chagrin en s'apercevant que le poids du dôme était trop lourd pour les colonnes qui le supportaient. L'architecte Rondelet pour remédier à ce vice de construction, dut remplacer les colonnes insuffisantes par des piliers reliés par des arcades massives qui ont l'inconvénient de rompre l'harmonie du dôme destiné à former un quadrilatère parfait. Le plan de l'édifice est une croix grecque formant quatre nefs qui se réunissent à un centre où est placé le dôme. Ce plan, y compris le péristyle, a 112 mètres de long sur 84 de large. La façade principale se compose d'un perron élevé sur onze marches et d'un porche en péristyle.

Elle n'était pas encore achevée quand la révolution vint l'ouvrir, sous le nom de Panthéon français, aux restes de quelques hommes qu'elle nommait grands. Pie VII, pendant et après le sacre de l'empereur, demanda et obtint qu'on rendît à la religion cet édifice profané. En effet, Napoléon décréta que le Panthéon serait rendu au culte et desservi par le chapitre de Notre-Dame ; toutefois ce décret resta sans exécution. En 1821, cette église fut confiée aux missionnaires de France. Mais elle perdit sa destination religieuse en 1830 pour la reprendre grâce à Napoléon III, qui en a eu l'initiative (nous le tenons de Mgr Sibour), et qui a établi en 1853 une communauté de prêtres composée d'un doyen et de six génovéfains dont les conférences à la jeunesse des écoles sont si suivies.

La description de ce monument, le plus beau de tous ceux que nous a légués le XVIIIe siècle, est facile, tant le plan de l'édifice est simple et sobre de détails. Une grille entoure cette église que précède un escalier de onze marches. Le péristyle, avec ses 22 colonnes cannelées et de l'ordre corinthien, supportant un fronton triangulaire, annonce et décore majestueusement l'entrée principale. Il est adossé à un mur gigantesque, sans autres ornements que de lourdes guirlandes sculptées dans l'entablement et un pilastre à chacune des extrémités. Ce mur sans refend ni bossage donne un aspect de sévère grandeur à l'ensemble de la façade, sur laquelle le péristyle se détache par des lignes nettes et fermes. Les façades latérales ont le même caractère d'austère et robuste simplicité, mais le derrière occupé par un étroit portique, décoré de pilastres mesquins, dépare l'ensemble. Le dôme repose sur un soubassement quadrangulaire à pans coupés, auxquels s'appuient quatre escaliers servant à la fois de contre-forts et d'arcs-boutants. Un second soubassement supporte un mur lisse circulaire percé de douze fenêtres, entouré d'une colonnade et couronné d'un entablement surmonté d'une galerie. Au-dessus de cette galerie s'élève un attique percé de fenêtres en arcades et supportant un dôme à seize côtes saillantes. Puis une lanterne, ornée de dix colonnes et percée de dix fenêtres, domine l'ensemble de l'édifice. Avant de pénétrer dans l'intérieur remarquons le fronton de David d'Angers. Par la pensée et par l'exécution il indique un des plus beaux ouvrages de l'art antique. C'est la Patrie qui distribue des couronnes que lui offre la Liberté et l'Histoire qui inscrit les noms des lauréats. On y voit d'un côté Malesherbes, Mirabeau, Monge, Fénelon, L. David, Cuvier, La Fayette, Voltaire, Rousseau puis Bichat, qui, mourant, dépose son manuscrit sur l'autel de la Patrie; de l'autre l'armée, à sa tête son illustre génie Napoléon; cette figure est à elle seule un chef-d'œuvre. Étrange enseigne pour un temple chrétien.

Aussi reposons-nous plus agréablement nos yeux sur un groupe de marbre blanc. Le sujet, traité par l'artiste distingué M. Maindron, est le Miracle d'Attila arrêté aux portes de Paris par l'apparition miraculeuse de l'illustre bergère de Nanterre. La sainte est représentée vêtue d'une longue robe romaine; elle porte une riche cordelière à sa ceinture. Elle tient un genou en terre devant Attila et un crucifix à la main gauche. Attila remet aussitôt son glaive dans le fourreau et jette sur la sainte un regard scrutateur; il semble tout ému.

Sainte Geneviève, patronne de Paris, portée sur des nuages et accompagnée de deux anges répandant des fleurs, descend vers les quatre rois de la France dont les actions ont fait de leur règne les quatre époques les plus éclatantes de la monarchie. La première représente Clovis et sa femme Clotilde, la deuxième Charlemagne, la troisième saint Louis, la quatrième Louis XVIII soutenu par la duchesse d'Angoulême. Il tourne ses regards vers la patronne de la France et l'invoque pour sa patrie; deux anges portent la table où est gravée la charte, deux autres déposent, aux pieds du roi et de sa nièce, le duc de Bordeaux. Cette peinture est à l'huile. Gros estimait qu'il avait employé sept années à l'exécuter lui seul. Cette coupole s'élève à 216 pieds au-dessus du niveau du sol de l'église. Afin que le public puisse voir sans danger cet important travail, une rampe en fer a été placée au bord de la galerie qui entoure l'ouverture du dôme.

On monte dans cette partie de l'édifice par quatre escaliers qui donnent dans l'intérieur même de la coupole. On compte 434 marches, mais on ne regrette pas la fatigue de l'ascension. Du sommet de la lanterne on jouit en effet du plus beau panorama.

Paris, la Seine et les coteaux qu'elle arrose se déroulent à vos pieds. On embrasse d'un seul coup d'œil l'immense cité, on en compte tous les monuments, autour desquels se pressent des maisons entassées comme les alvéoles d'une ruche dont les bourdonnements confus de sa population montent jusqu'à votre oreille. D'aucun point du monde on ne plane sur un aussi vaste assemblage de clochers, de dômes, de palais, d'arcs de triomphe, etc. Certes si le tentateur pouvait renouveler sur un mortel l'épreuve qu'il fit subir au divin Maître, il ne choisirait pas d'autre emplacement pour montrer de là l'image la plus frappante des grandeurs, de la puissance et de la richesse humaine.

Des constructions souterraines furent pratiquées dans toute l'étendue de cette vaste église. On descend dans la crypte où sont les caveaux par un escalier à deux rampes circulaires. Les voûtes de cette chapelle sont supportées par des murs et des piliers carrés, correspondant aux colonnes de l'édifice supérieur et décorés de pilastres d'ordre toscan, accouplés sans bases. Le caractère mâle et l'harmonie des parties sont remarquables et produisent à la lueur des flambeaux un très-grand effet. Le sol de cette chapelle est de 5ᵐ 30 au-dessous de la nef supérieure. Voici les noms de quelques-uns des illustres personnages qui y ont reçu l'inhumation. Les cardinaux Caprara, Moreri, Erskine, MM. Portalis, ministre des cultes, maréchal Lannes, les sénateurs Choiseul-Praslin, Albert de Luynes, Tronchet, Vien, les généraux Leblond de Saint-Hilaire et Lariboisière, l'architecte Soufflot, Voltaire et J.-J. Rousseau dont il ne reste plus que deux cénotaphes vides de leurs reliques. Chose bonne à méditer, ces philosophes, intrépides démolisseurs du christianisme, servent de piédestal à l'humble, à l'ignorante, à la faible bergère qui est la patronne de la ville la plus orgueilleuse, la plus savante et la plus puissante de l'univers. Le gardien ne manquera pas de vous faire remarquer un effet d'écho très-curieux. En entrant dans l'église, remarquez l'autel de Sainte-Geneviève surmonté de quatre anges supportant une châsse en forme de tabernacle. Ces figures ont été moulées sur celles de Germain Pilon qu'on voit au Louvre. La véritable châsse, celle qui renferme les reliques, est fort riche, du matin au soir vous y verrez des pèlerins et des croyants venant faire toucher qui des chapelets, médailles; qui du linge, etc.

Tous les autels et les décorations du cœur sont provisoires. C'est là qu'ont lieu les plus touchantes fêtes religieuses. Les jours de la neuvaine à la sainte sont surtout célébrés avec une piété et une pompe imposante. Le soir, la croix du dôme est seule illuminée, on dirait une apparition céleste. Cette croix, comme le phare divin est le point le plus culminant de la capitale.

L'église de Sainte-Geneviève se compose de quatre nefs, chacune de ces nefs est bordée d'un bas-côté; un rang de colonnes en marque la séparation. Ces colonnes, d'ordre corinthien, cannelées, qui ont 13m25 de hauteur et 1m20 de diamètre, sont au nombre de 130. Les péristyles supportent un entablement dont la frise est enrichie de festons formés par des rinceaux et des enroulements découpés en feuilles d'ornement. Au-dessus de l'entablement est une balustrade. Les plafonds des nefs et des bas-côtés se font remarquer par le goût et l'élégante simplicité des décorations. Le pavé est d'une grande beauté de dessin ; il est exécuté en marbre de diverses couleurs. La longueur de l'édifice, y compris le péristyle, est de 110 mètres, la largeur 82 mètres, la hauteur totale du dôme mesure 83 mètres. Le point culminant de la lanterne est de 117m 60 du 0 du pont de la Tournelle, et à 143m86 au-dessus du niveau de la mer. Cette basilique a coûté près de 30 millions.

Les nefs sont décorées d'un certain nombre de tableaux composés par Raphaël et copiés à Rome par M. Balze. En voici la nomenclature : l'École d'Athènes, le Miracle de la messe de Bolséna, l'Entrée de Léon X à Rome, la Discussion des théologiens sur la présence réelle, les Infidèles d'Héliodore chassés du temple, le Parnasse, la Jurisprudence et les Décrétales, Saint-Pierre avec ses trois effets de lumières. Le fond de l'abside représente en style byzantin une fresque figurant Notre-Seigneur Jésus-Christ, saint Pierre, saint Denis et sainte Geneviève. La frise inférieure représente douze agneaux symboliques des douze apôtres.

SAINT-JEAN-BAPTISTE (rue de Paris, à Belleville).

Cette église a été bâtie en douze ans, c'est le dernier chef-d'œuvre de M. Lassus, qui venait de la terminer lorsqu'il est mort. Elle a été conçue dans le style du XIIIe siècle. Elle se distingue par un remarquable caractère de gravité et d'élégance. La croix placée au sommet des deux flèches en pierre qui couronnent les deux tours de la façade sont à 58 mètres au-dessus du sol. La longueur de l'édifice est de 67 mètres 50 hors d'œuvre ; sa largeur est de 24 mètres, sa hauteur à l'intérieur 19 mètres. Une statue adossée au trumeau de la porte principale du grand portail représente le Bon Pasteur. Le tympan est divisé en trois parties ; dans les deux premières sont sculptés des sujets tirés de la vie de saint Jean-Baptiste; dans la troisième le Christ bénissant entre deux anges. Les deux autres portes sont ornées de bas-reliefs symboliques. Le portail du transept de gauche est également décoré de sculptures. Au sommet du trumeau, une niche renferme une petite statuette de la Vierge. Dans le tympan on voit au centre d'une enceinte fortifiée le plan de l'église et les figures de saint Jean-Baptiste, d'un Évêque et de la Foi. Au portail du transept de droite, la Vierge et le Christ mort occupent la niche du trumeau. La bordure du tympan figurant encore une enceinte crénelée, encadre la Résurrection des morts. Dans l'intérieur, on compte quatre travées pour la nef et trois pour le chœur et le sanctuaire. Les bas-côtés se prolongent autour du chœur. Des faisceaux de colonnes forment les piliers; quelques-unes de ces colonnes, commençant à mi-hauteur des autres, ne sont soutenues que par des têtes d'anges et de saints. Au-dessus des ogives qui séparent la nef des collatérales s'ouvrent des quatre-feuilles, puis des fenêtres ogivales géminées et enfin en cinq feuilles. La voûte est construite en petites pierres carrées. Saint Jean-Baptiste a sept chapelles absidales. Celle de la Vierge qui occupe deux travées est décorée de beaux vitraux. Parmi les autres quatre chapelles de forme pentagonale se font remarquer par la délicatesse de leurs colonnettes. La tribune de l'orgue mérite aussi d'être signalée.

NOTRE-DAME-DE-LORETTE.

Cette église commencée en 1823 fut livrée au culte en 1836. Elle présente une disposition générale qui rappelle les anciennes basiliques, et un ensemble de décorations qui paraît emprunté aux églises italiennes du XVIe siècle. La façade se compose d'un avant-corps aussi large que la grande nef, d'un portique orné de quatre colonnes corinthiennes, d'un riche entablement qui les surmonte et d'un fronton aux angles duquel sont placées les statues de la Foi, de l'Espérance et de la Charité. Dans le tympan du fronton un bas-relief représente des anges en adoration devant l'Enfant Jésus que Marie tient sur ses genoux.

A l'intérieur, quatre piliers décorés de pilastres ioniques et d'un pilier à l'autre, huit colonnes pareillement ioniques, sont unis par un entablement sur lequel repose une espèce d'attique percé de grandes croisées; sur les trumeaux qui les séparent on a représenté, dans ses traits principaux, la Vie de la sainte Vierge. Au-dessus de ces croisées et de ces peintures s'élève la voûte où brillent l'or, l'émail et l'azur disposés en figures diverses. La grande nef est terminée par un chœur assez spacieux qu'entourent des stalles habilement travaillées, et par un hémicycle où se trouve le maître-autel avec son élégant baldaquin, que supportent quatre colonnes corinthiennes de granit oriental et que surmonte un riche couronnement de sculpture. Les quatre chapelles qui occupent les angles des bas-côtés méritent des éloges. La chapelle des fonts a été décorée par M. Roger, celle des morts par M. Blondel, celle de Marie par M. Orsel, et celle du Saint-Sacrement par M. Perrin qui y a consacré vingt ans de sa vie; ces fresques se distinguent par l'élévation du style et la grandeur de conception. Les autres chapelles ont été signées par nos meilleurs peintres : — 1° à droite, on y voit la Conversion et le Martyre de saint Hippolyte, ses funérailles; — 2° deux compositions sur saint Hyacinthe; — 3° le Vœu et l'Extase de sainte Thérèse; — 1° à gauche Sainte Geneviève guérit sa mère, son Apothéose; Saint Germain bénit la sainte; — 2° Saint Philibert secourt les voyageurs et rachète les captifs; — 3° Saint Étienne distribue des aumônes; son Martyre. Dans la nef principale figurent la Naissance de la Vierge; — sa Consécration; — son Mariage; — l'Annonciation; — la Visitation; — la Nativité; — l'Adoration des Mages; — l'Assomption. — Au chœur ce sont : la Présentation au Temple; — Jésus parmi les docteurs. — Dans les écoinsons des principales arcades au-dessus des orgues et à l'entrée du chœur, M. Schnetz a représenté d'un style remarquable les quatre grands prophètes, comme M. Delorme a peint les quatre évangélistes dans les pendentifs qui supportent la coupole. M. Picot a peint sur fond d'or la composition qui occupe le fond de l'hémicycle, le Couronnement de la Vierge. Cette église a coûté 2 millions 50,000 francs.

SAINT-EUGÈNE.

Dix-huit mois ont suffi pour construire et décorer cette église, grâce à l'initiative et à l'activité de son curé M. Coquand, et à l'habileté de son architecte M. Boileau, possédant une rare intelligence de tout ce qui se rattache à l'art chrétien du moyen âge. Dans son ensemble, elle présente la forme des anciennes basiliques sans transept, et se termine par trois absides à pans coupés. On y a fait prévaloir le style ogival des XIIIe et XIVe siècles, sans s'astreindre pourtant à une imitation servile. La façade principale offre un triple portail en saillie, ayant pour cadre une profonde voussure, et pour ornements des statues installées dans leurs niches élégantes. Au-dessus brille une grande rose surmontée d'un pignon. Les façades latérales sont également couronnées de pignons; elles ont deux étages, dont le premier est percé de fenêtres à arcatures trilobées, et le second de fenêtres géminées d'un bon style. La partie la plus curieuse de l'édifice, c'est l'intérieur. Ce qui en fait une église en son genre, c'est que tout l'intérieur en colonnes, en chapiteaux, en travées, en galeries, en voûtes, se compose de fer. Du fer laminé, forgé, de la fonte de fer et tout cela coûronné par un comble en fer qui supprime toute charpente des combles. Il est vrai que les remplissages sont en maçonnerie à doubles parois renfermant une couche d'air qui conserve l'égalité de la température. Vingt-huit colonnes forment, par leur disposition sur quatre rangs, une grande nef avec deux nefs latérales à droite et deux à gauche. A cause de leur faible diamètre, ces colonnes effilées permettent à l'œil de parcourir l'église dans toute son étendue. On compte quarante-six fenêtres garnies de vitraux peints, qui font honneur au talent des artistes qui les ont dessinés ou qui en ont exécuté les différents sujets. Par une combinaison très-différente de celle exécutée à Sainte-Clotilde, la lumière est ici plus affaiblie dans la nef et plus brillante dans le chœur comme étant à la source même de la lumière.

A l'éclat des verrières se joint celui des peintures qui recouvrent toutes les parties du temple. Les colonnes sont bleu d'azur et bronze florentin. Les arcs, les nervures sont également riches de teintes. Les voûtes sont semées d'étoiles. Nous n'avons point à discuter ici l'emploi des couleurs comme effet monumental, nous ne pouvons qu'en constater la variété et la richesse. L'ameublement se ressent du goût qui a généralement présidé à l'œuvre. L'orgue, la chaire, les stalles, les confessionnaux, les escaliers des tribunes se distinguent comme tout l'édifice par leur élégance. Le maître-autel est orné de treize niches trilobées garnies de statuettes, et il est surmonté d'un retable à jour dans lequel les chandeliers sont remplacés par des ornements d'architecture. Tel est Saint-Eugène, monument original et neuf, création toute spontanée de l'intelligence et de la science française. Il est placé comme celui de la place Bellechasse sous la protection d'un des saints de la patrie.

SAINT-VINCENT DE PAUL.

Cette église offre par sa construction et par sa décoration un spécimen assez complet de l'architecture religieuse des premiers siècles. L'art byzantin s'y montre dans l'éclat des enluminures, dans la forme de la toiture et du plafond surchargé de rosaces, dans l'arrangement du vaisseau lui-même ou d'ensemble et de détail. La façade est flanquée de deux tours de 40 mètres de hauteur à quatre faces, partagées en étages et ornées de pilastres. L'édifice est élevé, on y parvient par un escalier en pierre d'une assez grande largeur. M. Lemaire a tracé en relief une Apothéose de saint Vincent de Paul sur le fronton, soutenu par une triple rangée de colonnettes d'ordre ionique. Entre les deux tours les statues des quatre Évangélistes s'élèvent sur des pilastres qui divisent l'attique par distances égales.

On remarque dans le chœur un Calvaire en bronze par Rudde; les boiseries des stalles représentent des saints choisis parmi les patrons de la famille d'Orléans. Les vitraux sont de Maréchal de Metz. Mais ce qui mérite le plus l'admiration, c'est l'abside et la frise, où Picot et Hippolyte Flandrin ont déployé des qualités éminentes. Voici le plan.

Sous l'orgue est un autel symbolique. Debout près de cet autel, saint Pierre et saint Paul sont tournés vers les peuples assemblés et leur prêchent la bonne nouvelle. C'est de ces deux groupes d'auditeurs convertis que s'écoulent comme deux grandes sources le long des frises de la nef deux longues files parallèles de saints et de saintes. D'un côté, les apôtres, les martyrs, les docteurs, les prélats, les religieux, les princes, les artisans. De l'autre, les saintes martyres, les solitaires, les mères et les veuves, les pénitentes. Cette procession solennelle et sublime, au regard paisible et ferme, au front inspiré, s'avance d'un pas grave et sûr, guidée par des anges et la palme à la main vers le séjour céleste (figuré par l'abside), où Jésus-Christ, adoré par ses anges et environné de ses prophètes, les attend sur son trône pour les récompenser. Au pied du Sauveur, saint Vincent de Paul agenouillé lui présente de tout petits enfants. Puis au dessus sont représentés les Sept sacrements.

On compte dans l'hémicycle de Picot une centaine de figures, la plupart colossales, et dans la frise de Flandrin plus de cent quatre-vingts personnes divisés en quatorze groupes. Que l'on juge par ces chiffres de la grandeur des travaux, de la multiplicité des épisodes, de la richesse presque infinie des détails.

SAINT-BERNARD.

Commencée le 10 août 1858, d'après les plans et sous la direction de M. Magne, architecte, cette église a été consacrée le 29 octobre 1861. Le caractère général de son architecture est celui de l'art ogival du XIVe siècle; pinacles avec arcs-boutants, trèfles, quatre-feuilles, crochets, ogives accouplées, galeries et rosaces sont merveilleusement exécutés. Le porche, dans lequel s'ouvrent trois ogives ornementées, est surmonté d'un pignon à jour très-élégant, qu'une balustrade également à jour relie à deux autres pignons du même genre, élevés au-dessus des portes latérales. Deux tourelles octogones flanquent à droite et à gauche le pignon supérieur de la façade, et une flèche en bois et en fonte, remarquable par la pureté de ses formes, s'élance du faîte de l'édifice.

L'intérieur se compose d'une nef, de deux bas-côtés qui font le tour du chœur, d'un transept et de douze chapelles latérales fort étroites dédiées aux apôtres. Au-dessus des collatéraux règne une galerie à ogive trifoliée formant tribune et se continuant dans les transepts et autour du chœur. Les nervures de la nef sont d'une grande hardiesse. La chaire est l'œuvre de M. Parfait. Elle est surmontée d'un baldaquin finement sculpté en pierre de liais. Les piliers sont en pierre de Chauvigny. Les vitraux des fenêtres du transept, ainsi que ceux du chœur et des chapelles latérales, ont été exécutés par MM. Oudiné, Laurent et Exelle. Les peintures murales sont de M. Franz Petro. Dans la chapelle de la Vierge quatre peintures à l'huile représentent la Vierge visitant sainte Anne, l'Annonciation, l'Adoration des bergers et l'Ascension.

SAINT-DENIS DU SAINT-SACREMENT.

Sur ce même terrain où, dans le cours du XVIIe siècle, les calvinistes avaient tenu l'un de leurs prêches et nié la présence de Notre-Seigneur dans l'Eucharistie, on a construit de 1826 à 1835 une église dédiée sous le vocable de Saint-Denis du Saint-Sacrement. Élégante, simple, bâtie sur un plan régulier, elle se compose de trois nefs. La voûte en plein cintre est divisée en caissons peints et dorés. On remarque des peintures d'Abel de Pujol dans le chœur, de Court dans la chapelle de la Vierge, de Picot dans la chapelle Saint-Denis et de Decaisne dans la chapelle des fonts baptismaux. On y voit une *Pieta* magnifique d'Eugène Delacroix.

SAINTE-ÉLISABETH.

Marie de Médicis posa la première pierre de cette église; elle fut bâtie en 1628, pour des religieuses du tiers ordre de Saint-François et consacrée en 1646. Le portail orné de pilastres doriques et ioniques est à peu près le seul reste des constructions primitives. L'intérieur a été reconstruit en 1829. Dans la chapelle des catéchismes on remarque trois fresques assez belles : Jésus-Christ au milieu des docteurs ; Jésus-Christ bénissant les enfants et le Sermon sur la montagne. Dans la coupole du chœur une peinture représente l'Apothéose de sainte Élisabeth. Le pourtour du sanctuaire est orné de tableaux et de boiseries de la fin du XVIe siècle : c'est une suite de bas-reliefs représentant des scènes de l'Ancien et du Nouveau-Testament.

SAINT-JACQUES DU HAUT-PAS.

Cette église a une double origine aristocratique et populaire, qui mérite d'être signalée. La fameuse duchesse de Longueville paya une partie des dépenses qu'entraîna sa construction, les carriers fournirent gratuitement la pierre, et les ouvriers des divers corps de métiers domiciliés sur la circonscription de la paroisse consacrèrent une journée de travail par semaine à l'achèvement de l'édifice, dont Gaston d'Orléans posa la première pierre.

Cette église, outre une statue de saint Jacques par Foyatier, possède un Christ aux enfers du baron Gérard, et un Saint-Pierre de Restout ; la Foi, l'Espérance, la Charité, la Religion, de Lesueur. On y voit aussi les tombeaux de l'astronome Cassini, de Cochin, qui a donné son nom à un des hôpitaux de Paris.

SAINT-MÉDARD.

C'est une ancienne chapelle du XIVe siècle, qui successivement réparée et transformée, est devenue l'église actuelle. Cette église a conquis une grande célébrité dans l'histoire religieuse de la France par les miracles dont son cimetière devint le théâtre.

Située dans la rue Mouffetard, une des plus pauvres de Paris, cette église ne serait qu'un nom de plus sur le catalogue des monuments religieux de la capitale sans les souvenirs du fanatisme religieux que les adorateurs du diacre Paris y ont attachés. L'avocat Patru et le grand moraliste de Port-Royal y furent enterrés. On y voit un tableau de Sainte-Geneviève par Watteau.

NOTRE-DAME DE L'ABBAYE-AUX-BOIS.

Le séjour de madame Récamier dans les bâtiments qui formaient l'ancien cloître de cette église, et le souvenir de M. de Chateaubriand lui ont donné un vernis littéraire et poétique tout particulier. Un Christ de Lebrun est le seul tableau digne d'être nommé qu'on voit dans cette église, élevée en 1718 par la duchesse d'Orléans; elle tire son nom des religieuses de l'abbaye de Notre-Dame aux Bois près

Noyon, qui vinrent se fixer à Paris sous la régence d'Anne d'Autriche. Là, se trouve une naïve image qui représente N.-D. de Toute-Aide, tenant sur ses genoux l'Enfant Jésus assis et dont la voix semble nous dire : Adressez-vous à ma mère. Cette statue a été en grande vénération pendant plus de deux siècles, à raison de nombreux prodiges tant spirituels que temporels. Saint François de Sales bénit cette statue en 1618.

LES MISSIONS ÉTRANGÈRES.

Mgr Bernard, évêque de Babylone, fonda de ses propres deniers le séminaire des Missions étrangères, établissement destiné à former des prêtres chargés de prêcher l'Évangile aux nations païennes. L'église dont nous parlons remplaça en 1683 la modeste chapelle des premiers missionnaires. Cette nouvelle chapelle est double et n'offre rien de bien remarquable, sauf le beau tableau de l'Adoration des Mages par Carle Vanloo.

C'est dans cette église qu'a lieu ce si touchant spectacle, la cérémonie des adieux, la veille du départ des missionnaires pour l'étranger. Le séminaire qui est contigu renferme une salle où se trouvent des instruments et des reliques des martyrs.

SAINT THOMAS D'AQUIN.

Cette église est située sur la place à laquelle elle donne

son nom. Le plan est d'un religieux jacobin nommé
Pierre Bulet. La première pierre fut posée en 1682,
et le monument fut achevé en 1740. Les proportions sont assez médiocres. Une ordonnance de colonnes doriques surmontée d'une autre de colonnes
ioniques caractérise sa façade. A l'intérieur règne
l'ordre corinthien. Cet intérieur était riche de tableaux et de tombeaux qui disparurent après 1790,
époque où le couvent des Dominicains, connu sous
le nom de Jacobins à Paris, fut supprimé.

L'église a conservé l'intégrité de son architecture,
elle a été reblanchie et décorée de quelques peintures murales de Blondel. On y voit aussi une Descente de Croix, de Guillemot ; Saint Thomas apaisant
la tempête, d'Ary Scheffer, et le Christ sur la montagne, paysage de Bertin ; mais la Transfiguration de
Lemoine est encore aujourd'hui le principal ornement de cet édifice.

SAINT-LAURENT.

Cette église a été rebâtie presque entièrement au
commencement du règne de Henri IV, au moyen
de quelques libéralités de ce prince, ainsi que des
aumônes et charités des bourgeois de Paris. On reconstruit sur le boulevard de Strasbourg sa façade,
à l'intérieur l'église appartient au style ogival. Saint-Laurent possède neuf fenêtres ornées des vitraux
modernes, de Galimard ; le chœur a été décoré par

Blondel, et le maître-autel par Lepautre; on y remarque un tableau par Greuze, le Martyre de saint Laurent.

La chapelle de la Vierge est sous le vocable de Notre-Dame des Malades, association qui va progressant, sous la direction de M. Duquesnay.

NOTRE-DAME-DES-BLANCS-MANTEAUX.

Cette église a pris son nom d'un ancien monastère de religieux appelés les Serfs de Marie ; ils portaient le manteau blanc. Ils furent remplacés au XIIIe siècle par des ermites de Saint-Guillaume. Les bâtiments sont aujourd'hui affectés au mont-de-piété. L'église, reconstruite en 1687, possède une belle peinture de Sainte-Pétronille et un tableau de la Multiplication des pains.

NOTRE-DAME DE BONNE-NOUVELLE.

Deux colonnes doriques et deux pilastres supportent un fronton triangulaire. L'intérieur est partagé en trois nefs. Le bras gauche de la croix est formé par la chapelle de la Vierge. Cette chapelle est ornée de fresques représentant celles de l'entrée; l'Annociation et la Visitation, les autres des saints et saintes dans des niches de style grec. Plusieurs de ces figures ont une expression remarquable.

NOTRE-DAME DE CLIGNANCOURT.

Belle église dont toutes les voûtes sont à nervures et les arcs en plein-cintre. La sobriété des ornements et la non-interruption des grandes lignes architecturales donnent à l'ensemble de l'édifice un caractère de simplicité et d'élégance vraiment remarquable.

SAINTE-MARGUERITE.

Bâtie en 1752, cette église se recommande à l'attention par quelques œuvres assez remarquables de peinture et de sculpture. Nous citerons d'abord une Descente de croix, de Lesueur, deux grisailles de Brunetti, savoir : Adam et Eve chassés du paradis et la Mort des patriarches. Des élèves de Girardon ont exécuté sur les dessins de ce maître le bas-relief du maître-autel, dont le sujet est une Descente de croix. Le célèbre mécanicien Vaucanson est enterré dans cette église ; un petit cimetière y attenait encore à l'époque de la Révolution, et c'est là, assure-t-on, que furent ensevelis les restes du dauphin fils de Louis XVI.

SAINT-NICOLAS DES CHAMPS.

Cette église est une des plus longues de Paris ; elle a deux rangs de collatéraux bordés de trente-trois chapelles. On compte neuf travées à la nef, quatre au chœur, et trois au fond de l'abside.

La partie antérieure de la nef conserve les formes de la dernière période du style ogival, 1480 à 1520. La grande nef et ses collatéraux sont accusés sur la façade par des pignons et des fenêtres, les vantaux des portes en chêne sculpté de draperies, d'arcatures en ogive trilobées, de petites feuilles et d'animaux fantastiques, sont un curieux modèle de la menuiserie monumentale du XV° siècle. La façade est assez bien par la variété et la beauté des détails. Vingt-cinq belles et hautes fenêtres éclairent la nef principale. Les flancs de l'église ne présentent que quelques crossettes, quelques pinacles découpés, et de petits feuillages disposés en frise. L'architecte a reservé toute la richesse sculpturale pour le portail latéral du midi. On y voit une profusion de guirlandes, rinceaux, niches, figures d'anges et incrustations de marbre. L'arc est en plein cintre; quatre pilastres corinthiens portent une magnifique corniche surmontée d'un fronton. Les figures d'anges rappellent le style de Germain Pilon. Les vantaux sont d'une grande beauté, c'est le chef-d'œuvre de Collo. Cet artiste les a couverts d'anges, de sirènes portant des corbeilles de fleurs et de fruits ciselés avec une admirable finesse.

L'intérieur est un vaisseau immense, mais d'un aspect froid et sévère. Le style de la dernière période ogivale s'y trouve mêlé à celui de la renaissance. La grande voûte repose sur vingt-six piliers; les arcs latéraux sont en ogive ainsi que leurs fenêtres dont les tympans sont remplis, de meneaux flamboyants. Quatorze piliers sont des colonnes cannelées, couronnées de chapiteaux doriques. Or, ce contraste architectural frappe d'autant plus brusquement qu'à la septième travée on voit l'arceau latéral s'appuyer d'un côté sur un pilier gothique, et de l'autre sur une colonne dorique : c'est là qu'on découvre le point de la soudure du gothique et de la renaissance opérée au moment où le moyen âge, avec sa foi et son esthétique, touchait à une réaction malheureuse pour l'art catholique. Dans les nefs collatérales et les chapelles règne la même disparité. D'abord ce sont des piliers fasciculés, des voûtes ogivales, des travées régulièrement croisées de nervures, puis une longue file de colonnes isolées à chapiteaux doriques sépare les deux allées du collatéral et les voûtes ; des chapelles rayonnent autour de basses nefs en berceau. La chapelle dédiée à Marie est couverte d'une voûte à nervures multiples.

La tribune et le buffet d'orgue se font remarquer par un grand luxe de sculpture en bois. Dans la chapelle, sous le vocable de Saint-Martin, le tableau représente le saint (au moment d'entrer dans Paris) guérissant un lépreux en le pressant dans ses bras.

SAINT-LOUIS DES INVALIDES.

Nous dirons d'abord que l'hôtel royal des Invalides est assurément l'une des plus grandes pensées de Louis XIV. Quoi de plus digne et de véritablement grand que cet immense palais consacré aux débris mutilés de nos victoires! Cette majestueuse esplanade, cette ligne de fossés bordée de canons pris à l'ennemi et qui désormais proclament nos fêtes et nos victoires; cette façade de 200 mètres, ces grandes statues de Louis XIV et de Napoléon Ier, cette vaste cour entourée d'une double rangée d'arcades, cette église toute de marbre et d'or dont la voûte disparaît sous les plis flottants des drapeaux conquis sur tous les champs de bataille, ce dôme svelte et majestueux qui domine la ville entière, tout cet ensemble de richesse et de gloire exalte l'imagination et nourrit l'enthousiasme.

L'église est formée de deux parties complétement distinctes, la nef et les collatéraux sont de l'architecte Bruant, et le dôme qui fut construit par Mansard. Au point de jonction de ces deux parties s'élève le maître-autel, couronné d'un baldaquin de bronze doré que soutiennent six colonnes torses. Du côté de la nef l'ordonnance est du XVIIe siècle, arceaux décorés de pilastres. Au-dessus règne une longue suite de tribunes. L'entrée du dôme est au sud.

LA TRINITÉ.

Cette église, actuellement en voie de construction d'après les plans et sous la direction de M. Ballu, architecte en chef des monuments religieux de la ville de Paris, est située dans l'axe de la Chaussée-d'Antin. La surface qu'elle occupe est de 2,900 mètres. Des constructions particulières, à façades d'architecture uniforme, s'élèvent à l'extrémité de ces deux rues, tout en laissant l'église parfaitement isolée. Un square de 2,500 mètres de superficie formera une vaste place en avant de l'édifice et une fontaine monumentale d'un bel effet, placée au centre dans l'axe, de l'édifice achèvera de donner à l'espace vide un aspect des plus agréable. Sur les côtés deux rampes douces faciliteront l'accès des voitures, pour lesquelles il y aura une descente à couvert sous le porche. L'édifice a 90 mètres de développement en longueur, sur 30 mètres de large. Il est percé de trois grandes portes à la façade, de deux portes plus petites à ses faces latérales, et de quatre autres à la partie postérieure.

L'intérieur se compose d'une grande nef de 18 mètres de large. De chaque côté de cette nef, un passage facilite la circulation et sert au service des chapelles latérales. A la partie postérieure, le chœur, exhaussé de quelques marches, précède la chapelle de la Vierge et communique à deux grandes sacristies. Dans toute cette partie du monument se trouve une vaste crypte affectée aux cérémonies funèbres. On y descend par deux escaliers intérieurs. Au premier étage, de grandes galeries formant tribunes règnent tout autour de la nef.

La façade, du style de la renaissance, se compose d'un grand porche surmonté d'un étage percé d'une rosace et d'un clocher de 65 mètres d'élévation ; en second plan du grand mur-pignon, couronné d'une balustrade découpée à jour et de deux tourelles dans lesquelles sont placés les escaliers conduisant aux tribunes et aux parties supérieures de l'édifice. L'ensemble de l'église et de son entourage formera un point de perspective infiniment pittoresque. M. Ballu a choisi le genre favori d'un siècle où l'on veut avant tout de la variété et de la décoration.

La dépense prévue s'élèvera à 3,600,000.

SAINT-AUGUSTIN.

Cette nouvelle église qui s'achève est l'œuvre de M. Baltard, architecte en chef de la ville de Paris.

Le portail aussi élevé que la nef est pourvu d'un porche dont la disposition rappelle celui de Saint-Germain-l'Auxerrois. Au-dessus de trois grandes arcades à plein-cintre, ouvertes depuis le sol jusqu'à la première corniche, une large frise présente les figures des douze apôtres. D'autres statues ainsi que les images traditionnelles et emblématiques des dogmes de la religion, accompagnent une grande rose découpée à jour. Un pignon triangulaire forme le couronnement du portail. La base de ce pignon coupée par les décorations accessoires de la grande rose s'appuie sur deux colonnes corinthiennes ; son sommet est surmonté de deux anges soutenant une croix.

Sur le vaste rond-point pratiqué dans la partie reculée de l'espace triangulaire occupé par l'édifice, s'élève un dôme surmonté d'une élégante lanterne, et qui n'aura pas moins de 50 mètres de hauteur sur 25 de diamètre. Quatre tourelles à deux étages, terminées elles-mêmes par une petite coupole, flanquent le dôme.

L'exécution des statues est confiée aux premiers artistes et nous donnerons de suite une idée de l'importance que M. Baltard attache à cette partie de la décoration en citant les noms de MM. Jouffroy, Bonassieux, Lequesne. Les peintures extérieures seront exécutées par MM. Signol, Jeanneau et Bouguereau. Deux artistes d'un grand talent, MM. Claudius Lavergne et Maréchal de Metz sont chargés des vitraux. La sculpture d'ornement aura une large place dans la décoration intérieure. Les orgues seront disposées au-dessous de la rose sans en cacher l'effet. Elles sont de la maison Backer-Verschneider d'après leurs procédés électriques. Ils comprennent notamment les dispositions suivantes : 1° un petit soufflet moteur, dit levier pneumatique, établi au-dessous de la soupape et lié avec celle-ci ; 2° un électro-aimant établi de manière à ce que son armature, lors du passage du courant électrique, fasse jouer la soupape du levier pneumatique ; 3° un filet conducteur partant du système commutateur, établi sous la touche de manière que l'abaissement de celle-ci fasse passer dans le fil et l'électro-aimant qui y correspond un courant électrique; 4° une pile disposée automatiquement de manière à ce que ses électrodes ne plongent dans le liquide excitateur qu'au moment où l'on fait jouer l'orgue, ce qui réduit à une somme fort minime la dépense des réactifs et diminue d'une manière notable les soins d'entretien.

L'ornementation des pendentifs du dôme formera la partie prépondérante de la décoration. Une foule de motifs heureux donneront à cette partie de l'édifice un grand air d'élégance. Le maître-autel sera surmonté d'un riche baldaquin ; l'effet de ces belles draperies a un aspect majestueux, qui manque à la plupart de nos autels découverts. Enfin la coupole sera ornée de peintures à l'intérieur et se terminera à son sommet par une couronne à jour, au-dessus de laquelle dominera la croix. La hauteur totale du dôme, du niveau du sol à la naissance de la croix, est de 100 mètres.

Si l'on considère l'ensemble de l'édifice, on est frappé d'une certaine originalité; on se sent embarrassé de définir le style de cette architecture. Ce n'est plus le type des églises du XVII° siècle, quoique le dôme semble le rappeler ; ce n'est pas davantage le style intermédiaire du XVIII°, dont les églises de Saint-Sulpice et de Sainte-Geneviève vous offrent les modèles les mieux réussis. Une grande liberté dans les détails, une certaine hardiesse dans leur agencement, voilà ce qui donne à l'architecture de M. Baltard un caractère d'indépendance, et à son œuvre un air de nouveauté qui surprend, comme tout ce qui est imprévu et charme comme tout ce qui porte l'empreinte d'un véritable talent.

Actuellement les offices ont lieu dans la belle crypte qui s'étend sous l'édifice.

SAINT-LEU.

La restauration de cette église, qui date du commencement du XIV° siècle, est à tous les points de vue une œuvre d'art recommandable. Elle fait le plus grand honneur au talent déjà fort apprécié de M. Baltard. Il est parvenu à force d'art et d'adresse à donner à l'ensemble de l'œuvre un aspect agréable. Le sanctuaire a été refait en entier; il est élevé au-dessus du chœur par neuf grandes marches en feston. Deux ambons d'un charmant travail marquent les côtés à l'épître et à l'évangile et décrivent le sanctuaire. L'autel est précédé de trois marches; il forme ainsi un point culminant que l'on aperçoit facilement de toutes les parties de la nef. Il est construit en pierre blanche et décoré à sa face de la figure emblématique de l'Agneau et de douze couronnes symbolisant les apôtres. Au-dessus de l'entrée du chœur, l'architecte a suspendu un jubé d'une exquise élégance de dessin. Cette gracieuse construction se développe sur le mur plein faisant face à l'autel, en suivant la pente du comble le plus élevé et se termine des deux côtés, en une petite tribune arrondie, très-agréablement ornée. Trois peintures murales de M. Cibot ornent le pourtour du sanctuaire. Dans l'entre-deux il a peint aussi la Foi, l'Espérance et la Charité. On retrouve dans ces panneaux le sentiment profond et le style élevé qui caractérisent les œuvres religieuses du même artiste. Les verrières de l'abside sont d'une remarquable exécution. Elles sont peintes par MM. Oudinot, Nicod et Lafaye. Le dessin de M. Oudinot est correct, mais un peu trop vigoureusement accentué. Cette vigueur ne peut être mise en saillie que par des dessous opaques, ce qui ôte tout naturellement au verre sa transparence; aussi ses peintures paraissent sourdes et manquent complétement de l'éclat chatoyant qui fait le mérite des belles verrières. Les vitraux de M. Lafaye offrent les qualités et les défauts opposés. Le dessin en est moins pur, mais ils sont si richement peints !

SAINT-ANTOINE (rue de Charenton).

C'est la chapelle des Quinze-Vingts qui sert en même temps d'église paroissiale. On y voit la liste des fondateurs; le nom le plus ancien date de 1481.

SAINT-AMBROISE (boulevard du Prince-Eugène).

Avant la révolution elle servait de chapelle au

couvent des Annonciades. Elle renferme plusieurs tableaux et statues assez remarquables.

SAINT-JEAN SAINT-FRANÇOIS (rue Charlot).

Ancienne chapelle des Capucins dédiée à saint François d'Assise. Sa décoration est assez riche; elle compte plusieurs bons tableaux, citons un Saint-Louis d'Ary Scheffer. Deux belles statues en marbre, Saint-François par G. Pilon et Saint-Denis par Sarrazin.

La plupart des églises de la banlieue récemment annexées à Paris appartiennent au style pseudogrec des XVIIe et XVIIIe siècle, plusieurs sont provisoires; nous citerons parmi les plus remarquables Saint-Lambert (à Vaugirard), style roman elle est précédée d'un porche que surmonte une belle tour. A l'intérieur, le maître-autel est estimé; Saint-Jacques et Saint-Christophe (à la Villette). L'intérieur, composé d'une nef, de deux bas-côtés sans chapelles, d'un chœur et de deux chapelles absidales, a été orné de peintures à fresques. Les tableaux sont remarquables. Notre-Dame-de-la-Gare, à Ivry, mérite l'attention; elle est d'un beau style et nous regrettons de ne pouvoir la décrire. Saint-Marcel et Notre-Dame-des Champs sont provisoires.

SAINT-PIERRE (de Montmartre).

En 1534, dans l'humble chapelle qui occupait le sommet de cette montagne qui a vu martyriser saint Denis et ses compagnons, Ignace de Loyola vint avec ses six premiers compagnons sceller avec eux par la communion la pensée qu'ils avaient tous de former désormais un bataillon d'élite sous le nom de Compagnie de Jésus.

Construite au XIIe siècle, l'église actuelle fut consacrée par un pape (Eugène III) en présence de saint Bernard et de Pierre le Vénérable. L'abside conserve tout le caractère de son ancienne architecture; on doit la rendre au culte. Les voûtes des collatéraux ont été tristement défigurées par les restaurations modernes. On remarque dans l'église une cuve pour les fonts baptismaux qui rappelle les bonnes sculptures de la renaissance, un chemin de croix artistement peint et près de la porte, deux colonnes de marbre vert, débris du temple païen. Mais ce qui fait deux fois chaque année l'objet d'un pieux pèlerinage pour les paroisses de la capitale, c'est le calvaire; il s'élève près de l'église.

En avant, se déroulent des deux côtés du jardin les stations d'une voie douloureuse, dans de petites chapelles ogivales ou romanes.

Au fond du jardin est une grotte surmontée d'un rocher où l'on parvient par deux escaliers dont les marches, également en pierres de roche, viennent aboutir à une petite plate-forme sur laquelle se dressent trois croix élevées sur un second rocher. Sur la gauche est une seconde grotte souterraine qui reproduit la forme et les dimensions du saint Sépulcre. On y voit un Christ au tombeau et un reliquaire enrichi de nombreux souvenirs des martyrs. Pie VII, Grégoire XVI et Pie IX ont accordé de nombreuses indulgences, notamment aux fêtes de l'Invention et de l'Exaltation de la croix.

SAINT-PIERRE (du Gros-Caillou).

Cette église a été consacrée sous le vocable de Notre-Dame de Bonne-Délivrance. Elle est plus connue sous le nom de Saint-Pierre; elle n'a rien de remarquable.

SAINT-PHILIPPE (du Roule).

Cette église, construite au XVIIIe siècle, sur les dessins de Chalgrin, a été agrandie il y a quelques années. On y voit le Martyre de saint Jacques et d'autres beaux tableaux. M. Chassériau a exécuté dans la coupole de l'hémicycle une descente de croix. Les fresques de la chapelle des catéchismes sont de M. Jacquard.

SAINT-LOUIS D'ANTIN (rue Caumartin).

Cette église a été construite en 1783 pour un couvent de Capucins. Il y a des fresques remarquables. Les peintures du chœur sont de Signol. Les bâtiments du couvent sont occupés par le lycée Bonaparte.

SAINT-ANTOINE.

C'est une annexe de l'hospice des Quinze-Vingts. Cette église, bâtie au commencement du dernier siècle, offre peu d'intérêt. C'est au presbytère que fut porté Mgr Affre après le coup fatal qui l'atteignit le soir du 25 juin 1848, et ce fut là qu'il prononça ces mots inscrits sur sa tombe : « Mon Dieu, que mon sang soit le dernier versé ! »

SAINT-ÉLOI (rue de Reuilly).

Elle est située dans ce quartier du faubourg Saint-Antoine, encore tout rempli du souvenir de ce bon roi Dagobert, et où saint Éloi avait fait bâtir pour son prince bien-aimé un château dont il reste quelques vestiges, les salles des gardes, les cuisines et leurs dépendances. L'architecte a si bien tiré parti du local que l'on peut voir le prêtre à l'autel de toutes les parties de l'église. Entièrement isolée, longée par une avenue et entourée de jardins, cette église a un caractère à la fois élégant et éminemment religieux.

SAINT-PAUL SAINT-LOUIS.

Cette église de la rue Saint-Antoine, ancienne chapelle des Jésuites et cadeau de Louis XIII, a peu de droits, comme monument, d'attirer l'attention. C'est une de ces fabriques italiennes avec colonnes engagées, frontons, enroulements, vastes arceaux, comme le XVIIe siècle les sema avec une désespérante uniformité sur le sol de la France.

Richelieu, voulant s'associer aux libéralités de son maître, fit construire le portail. Saint-Louis fut la seconde église de Paris ornée d'une coupole. Pendant longtemps cette église resta une des plus importantes de la capitale. Louis XIII et Louis XIV voulurent qu'après leur mort leur cœur demeurât dans cette église. Des princes de la famille royale les imitèrent. Le grand Condé leur légua son corps tout entier. Le tombeau du héros a disparu ; l'église conserve encore les cendres de Bourdaloue. Le Christ au jardin des Olives est d'Eugène Delacroix ; c'est une œuvre d'art.

Cette église aimée des rois n'est plus qu'une simple paroisse ; de même que la maison professe du cardinal de Bourbon n'est plus, sous le patronage de Charlemagne, qu'un simple lycée de l'Université.

SAINT-LOUIS EN L'ILE.

La disposition intérieure de cette église ne manque pas de grâce et d'élégance; elle est ornée de sculptures dessinées par le neveu de Philippe de Champaigne.

Coypel, Mignard, Vouet sont les principaux maîtres dont les ouvrages garnissent les chapelles de cet édifice; le premier y a laissé les Disciples d'Emmaüs, le troisième un Saint Louis mourant. La Vierge de Mignard est dans la nef. Nous signalons aussi les statues.

SAINT-NICOLAS DU CHARDONNET.

Cette église est riche en objets d'art. Le peintre officiel de Louis XIV, Lebrun, avait voulu de sa propre main dessiner le plan du tombeau de sa mère. Le monument funèbre occupe une place importante dans une chapelle de cette église dite de Saint-Charles. Il a été exécuté par Collignon. Lebrun lui-même repose à côté de sa mère, dont la place est marquée par une pyramide flanquée de figures allégoriques et dont le médaillon de Lebrun, sculpté par Coysevox, occupe le milieu. Saurin a peint pour Saint-Nicolas les Disciples d'Emmaüs; Valentin, un Christ mort; Lebrun, un Saint-Charles Borromée; Lesueur, un Saint-Bernard; Mignard, un Christ au tombeau Charles; Coypel, la Manne au désert.

LES CHAPELLES.

LA SAINTE-CHAPELLE.

Voilà l'idéal de l'imagination et de la poésie. Saint Louis nous a laissé comme un écho de sa belle âme dans ce vaste et riche reliquaire, construit pour recevoir la couronne d'épines, la lance et l'éponge du Calvaire, par un maître maçon, Pierre de Montreuil qui avait accompagné le héros à la croisade, et chez lequel semble innée cette inspiration du cœur qui donne une voix à la pierre. C'est lui qui a dessiné les splendides réfectoires de Saint-Martin-des-Champs (consacrés aux Arts-et-Métiers), et de Saint-Germain-des-Prés, que l'on prendrait pour des nefs de cathédrales, tant il y a de majesté dans le plan et d'élégante hardiesse dans l'architecture. Il n'a fallu que deux ou trois ans à cet architecte, homme de foi et de génie, pour élever ce monument (1245 à 1247) qui, contenant deux chapelles superposées sans bas-côtés apparents ni transept, semble relativement à sa largeur et à sa longueur d'une élévation extrême. Un double rang de fenêtres éclaire la chapelle basse et la chapelle haute. Des contre-forts qui portent tout le poids des voûtes s'élèvent entre les fenêtres et se terminent par des clochetons fleuronnés et des gargouilles. Des frontons délicatement sculptés surmontent les fenêtres hautes. Au-dessus, une élégante balustrade fait tout le tour de l'édifice. La charpente des combles est recouverte de feuilles de plomb dont toutes les arêtes sont dorées, ainsi que la crête dentelée du toit et toutes les lignes saillantes de la flèche.

La chapelle inférieure se compose d'une nef avec bas-côtés étroits faisant le tour du vaisseau; quarante colonnes monostyles soutiennent les arcs des voûtes, dont les clefs en bois sculpté sont très-remarquables. Un escalier de pierre conduit de chaque côté du portail à la plate-forme du porche supérieur. On entre dans la chapelle supérieure par une double porte ogivale.

Rien de plus svelte et de plus gracieux, de plus harmonieux et de plus splendide, de plus éblouissant et de plus ravissant que l'intérieur de ce sanctuaire unique au monde. On demeure étonné de la puissance de l'art qui a mené à perfection un pareil chef-d'œuvre. Les colonnettes, les sculptures sont en profusion. Toutes les parties de l'édifice, sans aucune exception, disparaissent sous les dorures et les enluminures, mais l'ornement prédominant, ce sont les vitraux. Chacune des fenêtres est un écrin éblouissant ; et elles sont si élevées et si rapprochées qu'on croirait être sous une voûte de pierres précieuses. Ces fenêtres sont au nombre de quinze dont huit divisées en quatre baies chacune, dans les quatre travées de la nef, et sept à deux ogives dans l'abside. Elles sont à peines séparées les unes des autres par des faisceaux de colonnettes supportant les arcs des voûtes. M. Lusson a réparé tous les panneaux avec un succès tel que ses verrières par le dessin, le style et le coloris ne le cèdent point aux anciennes si remarquables par la richesse et la vivacité de leurs teintes. Entrez à la Sainte-Chapelle lorsque le soleil l'illumine de ses clartés, c'est un véritable éblouissement, le jour descend jusqu'au pavé, teint des mille nuances de l'azur, du rubis, de l'émeraude. De loin, ces merveilleux vitraux semblent des tissus de pierreries suspendus sur les murs, de près l'on dirait des parterres de fleurs fraîchement écloses. La première fenêtre de la nef, à droite, est consacrée à la légende de la sainte Croix et à la translation de la sainte Couronne. Saint Louis, son frère Robert et Blanche de Castille y figurent plusieurs fois. Ces portraits et ces scènes nous sont d'autant plus précieux qu'ils sont exécutés par des artistes qui ont été témoins de ce qu'ils ont transmis à la postérité et qui ont dû tenir à conserver quelque chose de la physionomie et de l'attitude de leurs augustes personnages.

La grande rose du portail date du xve siècle ; elle se divise en soixante-dix-neuf panneaux dont les sujets sont empruntés à l'Apocalypse. L'éclat et la vivacité des tons différent de ceux des fenêtres. Les statues des douze apôtres s'élèvent sur des culs-de-lampe adossés aux piliers. Sous les fenêtres règne une arcature reposant sur un banc continu, et dont les quatre feuilles sont remplies de sculptures représentant des scènes de martyres. Deux niches rappellent les places d'honneur réservées au roi et à sa famille. Une petite ouverture grillagée tournée de biais vers le sanctuaire permettait à l'ombrageux Louis XI de suivre les cérémonies du réduit qu'il s'était fait construire contre le mur extérieur. On a restauré l'autel détruit à la Révolution. Une moulure enrichie de roses forme le seul ornement de la table. Un peu en arrière, une arcature à jour traverse l'abside dans toute sa largeur. Elle se compose de sept ogives légères portées par de fines colonnettes, rehaussées de mosaïques de verre et décorées d'anges. L'arcade médiane, plus spacieuse que celles qui l'accompagnent, est couronnée d'une plate-forme, où s'élève à une grande hauteur un baldaquin ogival sculpté en bois, à l'abri duquel la châsse des saintes reliques était autrefois exposée. Deux escaliers de bois renfermés dans des tourelles à claire-voie montent à la plate-forme. Terminons par cette flèche effilée qui s'élève dans les nues; du sol de la chapelle inférieure à son sommet on compte 75 mètres. Cette flèche due à M. Lassus, est dans le style fleuri du commencement du XVe siècle, elle est placée au-dessus d'une voûte de 17 cent. d'épaisseur, mais par une heureuse combinaison, tout le poids de la charpente et du plomb repose sur l'arbre central qui traverse la flèche dans toute sa hauteur, et qui est lui-même suspendu par un groupe de huit contre-fiches énormes s'appuyant sur les contre-forts de l'édifice. Les statues des douze apôtres sont placées dans les baies de l'étage inférieur et au dernier étage huit anges portent les insignes de la Passion. A la pointe de l'abside, un ange en plomb tourne sur son axe et montre la croix à tous les points de l'horizon successivement.

En un mot, ces hautes et larges croisées, ces trumeaux étroits que surmontent des aiguilles enrichies d'ornements, la flèche d'or qui nous indique le pôle, — mais c'est le pôle du bonheur, — la hardiesse des constructions, l'harmonie des lignes convergeant vers le ciel, impriment à tout l'édifice un tel mouvement d'ascension et symbolisent si merveilleusement les aspirations de l'âme qui se dégage de la terre pour s'élever jusqu'à Dieu dans la prière, que nous avouons notre impuissance à traduire l'impression qu'un chrétien éprouve en contemplant tant de beautés réunies.

LA CHAPELLE DU CHATEAU DE VINCENNES.

Cette chapelle est d'une architecture extrêmement délicate et riche, les voûtes très-élevées et très-légères ; leurs tombées sont soutenues par des groupes d'une grande perfection; ils représentent la Religion luttant contre la Force et la Ruse des esprits infernaux. La charpente est toute en bois de châtaignier. François 1er avait fait couper une partie du bois pour cette construction. Sur le pignon de la bâtisse on voit encore une salamandre. Cette chapelle a été restaurée il y a quelques années. Les vitraux sont d'une grande richesse de coloris. Dans le chœur il y en a cinq qui sont de Jean Cousin; ils représentent des sujets tirés de l'Apocalypse; dans la nef, deux autres dont les sujets sont les quatre Saisons et le Jugement dernier. En 1816 on y a élevé un monument à la mémoire du duc d'Enghien, fusillé en 1804 dans le fossé sud du château. C'est une œuvre médiocre qui se compose de quatre figures en marbre. Le duc s'appuie sur la Religion. Une femme éplorée représente la France en face du Crime armé d'un poignard et de serpents. On a transporté en 1851 dans l'ancienne sacristie ce triste souvenir.

NOTRE-DAME DES OISEAUX.

Dans deux ans cette église a été construite sans le secours de l'Etat avec le seul fruit des longues privations de quelques femmes vouées à la retraite la plus laborieuse et la plus utile. C'est l'édifice pieux le plus complet peut-être, le plus pur et le mieux caractérisé qui se soit élevé depuis que la renaissance, contemporaine du protestantisme, est venue opprimer l'art religieux. Ce qu'on y remarque tout d'abord, c'est une impérieuse et charmante analogie entre le caractère du monument et la piété qui vient tous les jours s'y confondre en profondes adorations. Comme cette piété est limpide et calme l'église est claire et recueillie, elle est pleine d'une douce lumière. Et de même que la foi qui règne en ces lieux de bénédiction s'alimente aux sources les plus naïves et les plus consolantes de la littérature sacrée, le monument emprunte à tous les âges de l'architecture catholique ce qu'ils ont de plus naïf, de plus simple et de plus attrayant.

Cinq siècles depuis le XIIIe jusqu'au XVIIe y ont apporté leur tribut de gracieux et de pieux détails; mais malgré cette abondance où il y a eu place encore pour quelques inventions heureuses, tout est simple, correct, harmonieux. Les vitraux de couleur, les hautes ogives très-aiguës, les trèfles, les arceaux gothiques avec clef de voûte, cul-de-lampe et pendentifs historiés, les piliers octogones à fortes nervures, les colonnettes aux stylobates formés de petites figures d'anges et de saints, tout concourt sans profusion à l'ensemble le plus grave et le mieux ordonné. Grâce à ces riches emprunts, l'édifice se lit, si nous pouvons parler de la sorte, comme un de ces beaux et savants sermons où Bossuet enchâsse dans l'or de son style les textes précieux qu'il aime à choisir partout.

L'édifice forme une croix latine parfaite. Il n'y a pas de bas-côtés ni de chœur proprement dit. Les bras de la croix composent deux chapelles éclairées chacune par une rosace à vitraux coloriés. Au centre de la nef et de ces deux chapelles s'élève, sur un exhaussement payé de marbres polychromes, le grand autel, en marbre blanc, revêtu d'un ornement de bronze aux barreaux ciselés et dorés, relevés de festons et de petites figurines chargées de listels portant des devises pieuses. Nous ne connaissons rien, dans aucune église, qu'on puisse comparer à ce chef-d'œuvre de magnifique simplicité. Derrière l'autel, l'abside configurée en double ovale coupé par le milieu, forme une troisième chapelle destinée à Marie; sa statue occupe au centre, à vingt-cinq pieds du sol, un enfoncement d'azur éclairé d'en haut. L'effet est ravissant. Marie semble apparaître dans l'air et la lumière, comme une vision ; elle domine tout le vaisseau et distribue autour d'elle un jour harmonieux. Sur les parois de l'abside on a peint des anges et les bien-aimés patrons de la jeunesse; saint Louis de Gonzague et saint Stanislas Kotska.

On remarque de belles stalles exécutées sous la direction de M. Lassus d'après celles du XIIIe siècle qui ornent le chœur de la cathédrale de Poitiers. Ces stalles peuvent être comparées aux plus beaux ouvrages de ce genre que le moyen âge nous ait laissés.

Au-dessus de la grande porte une galerie percée d'une magnifique rosace contient un très-bel orgue. Pour bien se rendre compte de cette merveilleuse chapelle construite par M. Lemarié, allez frapper rue de Sèvres, 106 et les bonnes religieuses vous la feront visiter. Vous y arriverez par un vestibule merveilleux construit par M. Lassus.

NOTRE-DAME DE BON-SECOURS (rue Notre-Dame des Champs).

Cette chapelle des Sœurs gardes-malades est un charmant vaisseau qui rappelle le gothique fleuri du XVe siècle, ce style sinon le plus pur, du moins le plus riche de l'époque ogivale. On ne voit dans cette chapelle qu'arcatures, festons, rosaces, feuillages profondément fouillés, niches, dais et pinacles. Ajoutons que rien n'y manque, ni peintures murales, ni vitraux peints, ni boiseries sculptées. La chapelle se compose d'une nef et de bas côtés surmontés de tribunes. Au-dessous de l'orgue sont deux charmants escaliers tournants à balustres découpés.

NOTRE-DAME DE CLUNY (faubourg Saint-Jacques).

Ravissant bijou gothique. Dessin noble et riche, grande majesté et parfaite harmonie. Nous la recommandons particulièrement.

NOTRE-DAME DES CARMÉLITES (rue d'Enfer).

Bâtie au-dessus d'une crypte qui, suivant les vieilles légendes du diocèse a servi de refuge à saint Denys, cette église existait déjà au commencement du VIIe siècle. Les carmélites qui se sont établies de nos jours dans le même lieu, n'ont pu recouvrer de tous les chefs-d'œuvre de leur ancien couvent que la statue en marbre du cardinal de Bérulle par Sarrazin. L'église vient d'être restaurée presque complétement.

SAINT-THOMAS DE VILLENEUVE (rue de Sèvres 27.)

Cette chapelle, qui fait partie d'un couvent de femmes consacrées au soin des malades, possède une statue dite : la

Vierge noire, provenant de l'église Saint-Etienne des Grés, où Saint François de Sales, étudiant, obtint une grâce signalée.

ÉGLISE DU JÉSUS (rue de Sèvres, 33).

Cette église a été construite de 1855 à 1858 pour les Pères de la Compagnie de Jésus sur les dessins du R. Père Tournesac, suivant le style d'architecture du milieu du xiiie siècle, après l'étude du chœur de la cathédrale du Mans.

La nef, sans transept, est accompagnée de douze chapelles établies entre chaque mur de la base des contre-forts élevés pour contenir la poussée des grandes voûtes.

Vers l'orient est le grand autel dans une abside à sept pans, et vers l'occident sont deux tribunes superposées dont la supérieure contient le buffet d'orgues.

La longueur dans œuvre est de 47 mètres 50 et extérieurement 50 m. 80.

Largeur de la nef, 12 m.; largeur intérieure de la nef et des chapelles, 23 m.; largeur totale à l'extérieur, 24 m. 24; élévation de la voûte des chapelles, 9 m. 50; élévation de la voûte de la nef, 26 m. 50; élévation jusqu'au faîte, 33 m. 50.

212 colonnes supportent les grandes arcades et les voûtes.

136 colonnes décorent la galerie située au-dessus des chapelles;

51 colonnes sont aux 17 fenêtres géminées, ayant 34 lancettes et 17 roses à six lobes.

total 399 colonnes et autant de chapiteaux sculptés d'ornements variés.

Il y a 27 voûtes ayant chacune une clef sculptée en forme de couronne.

Chaque lancette des fenêtres de la nef a 6 m. 50 de hauteur, et 1 m. 50 de largeur.

Chaque lancette dans l'abside a 6 m. 20 de hauteur et 1 m. de largeur. La surface des vitraux est d'environ 268 m.

Les douze grosses colonnes principales et les douze chapelles figurent les douze apôtres qui sont les douze fondements de l'Eglise de Notre-Seigneur Jésus-Christ, représenté par le grand autel.

Les sept arcades des sept travées autour du Sanctuaire rappellent les sept dons du Saint-Esprit.

Aux vitraux du fond de l'abside sont peints six médaillons historiés de la vie de Notre-Seigneur: Jésus-Christ en croix, le cœur percé de la lance; Jésus-Christ au jardin des Oliviers, Jésus-Christ le bon pasteur, Notre-Seigneur apparaît à la B. Marie Alacoque, La Cène, Madeleine aux pieds de N. S. Jésus-Christ.

Au côté de l'évangile sont les six médaillons de la sainte Vierge: le Crucifiement, la Nativité de Notre-Seigneur, l'Annonciation, Notre-Seigneur ressuscité paraît à sa sainte Mère, la Visitation de la sainte Vierge, Marie Immaculée, reine des anges.

Au côté de l'épître sont les six médaillons de saint Joseph: la sainte Famille à Nazareth, Jésus-Christ travaillant avec saint Joseph, Mariage de saint Joseph; Mort de saint Joseph, Fuite en Egypte, l'Ange avertit saint Joseph de partir.

Dans la galerie vitrée figurent les douze apôtres.

Les deux chapelles situées auprès du grand autel servent d'oratoire; dans les autres chapelles, le long de la nef, côté de l'évangile, sont les autels de la Sainte-Vierge, de Saint Ignace de Loyola, fondateur de la Compagnie de Jésus; de Saint Jean François Régis, apôtre du Velay et du Vivarais; du B. Pierre Claver, apôtres des nègres de Carthagène; et dans la cinquième chapelle on voit Notre-Seigneur Jésus-Christ crucifié, ayant debout, à sa droite, Marie, sa sainte Mère, et, à sa gauche, saint Jean évangéliste.

Dans les chapelles au côté de l'épître sont les autels: de Saint Joseph, époux de la sainte Vierge; de Saint François Xavier, apôtre des Indes et du Japon; de Saint Louis de Gonzague, patron de la jeunesse chrétienne; des trois saints Martyrs Japonais; et dans la dernière chapelle Notre-Dame des Douleurs.

M. Charles Fichot a publié un dessin de la vue intérieure de cette église.

CHAPELLE DES LAZARISTES (rue de Sèvres, 95).

Dans cette chapelle, où l'on respire le parfum le plus exquis de la charité se voit au-dessus d'un merveilleux autel exécuté d'après les dessins du P. Arthur Martin, une magnifique châsse en argent. Elle a la forme d'un carré long, terminé en cintre par le haut, et est enrichie de rinceaux d'ornements ; elle est couronnée par un groupe composé d'une statue principale représentant Saint Vincent dans la gloire montant au ciel, et de trois anges sur le devant ; des deux côtés sont posées sur des socles deux figures d'orphelins. L'intérieur de la châsse est garni d'une tenture de velours violet orné de broderies en or et de coussins aussi de velours violet avec garniture et glands d'or sur lesquels repose le corps du saint. La figure du saint a été représentée en cire avec une large calotte de soie noire. Les mains sont aussi en cire. La tête se compose du crâne et de la face, dont tous les os existent et sont assez bien conservés. Les dents sont au nombre de 19. La colonne vertébrale est composée de 24 vertèbres. Bref la longueur totale du squelette est d'un m. 75. Tous les os sont retenus artificiellement avec du fil de laiton.

Pour mettre le corps à l'abri de la détérioration, les os sont assujettis et maintenus dans leur position naturelle avec de la bourre de soie imprégnée de tan et de camphre. On a revêtu le saint corps : 1° d'une tunique de soie blanche ; 2° d'une aube richement brodée ; 3° d'une ceinture de soie blanche ; 4° d'une étole de moire violette, brodée en or, donnée par les filles de la Charité ; 5° d'une soutane de soie noire avec ceinture ; 7° d'un rochet en batiste fine ; 7° de bas de soie noire et de souliers de velours noir ; 8° d'une étole pastorale d'étoffe d'or, richement brodée en or, donnée par Mgr de Quélen.

Ce n'est pas sans une profonde émotion que vous visiterez ensuite la chambre du saint, qui contient sur un petit autel une châsse renfermant une partie d'une côte de son corps et une parcelle de sa chair ; deux reliquaires qui contiennent de son sang généreux, visible à travers le cristal. Au-dessus est placé le crucifix, devant lequel il ne manquait jamais de s'agenouiller en entrant et en sortant de sa chambre ; c'est à ses pieds qu'il a médité tant de saints projets et déposé toutes les amertumes dont il ne manqua pas d'être abreuvé aux diverses époques de sa vie ; son cilice, tissé moitié en crin et en grosse toile, et une foule d'autres reliques précieuses.

LA CHAPELLE DES SOEURS DE SAINT-VINCENT-DE-PAUL.
(rue du Bac).

Ici pas de groupe artistique, aucune des splendeurs qui attirent la curiosité, mais dans ce sanctuaire est apparue Marie, et cette apparition le rend à jamais mémorable.

C'était vers la fin de l'année 1830, une fille de Saint-Vincent, fatiguée comme Tobie des œuvres de la charité, était venue se reposer, par la prière, du poids qui pesait sur son âme : agenouillée, elle implorait Dieu et Marie et versait devant l'autel les tristesses et les amertumes de son âme. On venait de supprimer certaines fêtes et en particulier les fêtes de la sainte Vierge. Cette suppression était pour la pieuse sœur une source de larmes : « Ah! disait-elle, si Marie n'est plus la patronne de la France, que deviendra notre malheureuse patrie? »

Tout à coup, je ne sais quoi d'inconnu se passe dans la chapelle; un frémissement, un bruit vague comme seraient les ailes des anges et des archanges, est entendu de la sœur Sainte-Anne; ses yeux sont subitement frappés d'une lumière plus vive et en même temps plus douce que celle du plus beau jour. Des parfums comme la terre n'en a pas dans la saison des fleurs semblent descendre du ciel; d'ineffables délices inondent l'âme de la fervente chrétienne, et à travers des larmes comme elle n'en a jamais connu, elle voit des rayons éclatants briller sur le côté gauche de l'autel. Ils y annonçaient une apparition céleste.

Dans cette vision, la sœur de charité reconnut la Vierge telle que les peintres l'ont souvent représentée, debout, les pieds posés sur un globe entouré de nuages, les bras tombant vers la terre, les mains ouvertes; de ses mains partent des jets de lumière, sa tête, un peu penchée en avant semble écouter les prières des hommes; une couronne d'étoiles brille sur son front virginal.

« Tu reconnais, dit la voix d'un ange à la fille de Saint-Vincent, la Reine du ciel; les rayons qui partent de ses mains sont les symboles des grâces qu'elle obtient aux hommes. » Puis la sœur de charité voit écrit en caractères brillants

9.

« O Marie conçue sans péché, priez pour nous qui avons recours à vous. »

Révéler ce que la sœur ressentit dans ce moment, c'est ce qu'elle même n'eût pu dire, c'est ce qu'éprouva Paul sur le chemin de Damas et ce qu'ont éprouvé depuis deux enfants d'Abraham, Marie Ratisbonne à Rome, et le P. Hermann de Paris, c'est ce que nulle langue humaine ne peut redire.

La voix qui avait déjà parlé continua ainsi :

« Servante de Dieu et des pauvres, fille aimée de Marie, la charité, ta piété t'ont fait trouver grâce à ses yeux ; elle te commande de frapper une médaille qui représente fidèlement la vision qui t'a été accordée. Cette médaille, indulgenciée et bénite, sera comme un bouclier pour ceux qui la porteront et qui prieront comme tu viens de prier, qui diront comme toi : O Marie conçue sans péché, etc. »

Après ces mots, la voix fit silence et tout disparut.

Quelques heures après la vision, la sœur alla tout révéler à son confesseur, qui lui conseilla l'humilité, lui disant : « Ma fille, craignez de prendre l'ombre pour la vérité. Vous êtes le jouet de vos propres pensées. Qui êtes-vous, pauvre pécheresse, pour vous croire favorisée de grâces extraordinaires? Ma fille, soyez humble. » La sœur s'humilia profondément et suivit les conseils prudents du prêtre qui dirigeait sa conscience; mais, malgré tous ses efforts, elle ne put se défendre de la grâce qui lui descendait du ciel. Six mois après la première vision, elle en eut une seconde, puis une troisième. A chacune des apparitions, la pieuse et scrupuleuse fille allait de suite tout révéler à son confesseur et toujours le saint prêtre lui recommandait l'humilité et la défiance d'elle-même. A la troisième vision, la sœur avait entendu la voix d'en haut lui dire ces paroles : « Fille de saint Vincent-de-Paul, va de nouveau trouver ton confesseur. Je te l'annonce, il n'ajoutera pas encore à la révélation une foi pleine et entière; mais à la fin, il craindra d'offenser celle qu'il honore aussi.

« Dans ses scrupules et dans ses craintes il ira consulter son chef, le chef de l'Eglise de Paris, dont la dévotion à la sainte Vierge est connue de toute la France. Le prélat, éclairé d'en haut et inspiré d'ailleurs par sa piété filiale pour

Marie conçue sans péché, donnera son approbation ; la médaille sera frappée et une multitude d'âmes lui devront des grâces signalées et même leur entrée au ciel. »

Ainsi parla l'esprit céleste et tout disparut encore. Mais, suivant la prédiction, Mgr de Quélen approuva la médaille en l'honneur de l'Immaculée Conception, suivant le modèle indiqué par la sœur de Saint-Vincent. Cette religieuse vit encore, mais ses compagnes ignorent le nom de cette privilégiée ; c'est un secret entre elle et son directeur.

A deux pas de cette maison de la charité par excellence, visitez celle des dévoûments sublimes : le séminaire des Missions Étrangères. Une salle entière est pleine de reliques de ces apôtres intrépides, cangues : cordes, nattes ensanglantées, vêtements de Chine et du Japon portant les traces du martyre.

CHAPELLE EXPIATOIRE (rue d'Anjou).

Lorsque les Bourbons rentrèrent en France, ils voulurent élever une chapelle expiatoire, au souvenir de Louis XVI et de sa femme Marie-Antoinette, sur le lieu même où ils avaient été enterrés. Percier et Fontaine furent chargés de la construction de cette chapelle, inaugurée la seconde année seulement du règne de Charles X. Tout respire en ce lieu, la calme tristesse de la mort. Une chapelle funéraire en occupe le centre. Elle s'élève sur une terrasse entourée d'arceaux qui rappellent nos vieux charniers et des cippes de forme antique. La chapelle reproduit également les formes de la Grèce, un porche dorique, un fronton, une coupole du haut de laquelle le jour descend dans l'édifice comme au fond d'une tombe. On dirait un de ces tombeaux qui se dressent à l'une des entrées de Rome.

L'intérieur est décoré d'un autel en marbre blanc incrusté de bronze doré. Puis un groupe de Bosio représentant l'Apothéose de Louis XVI ; un ange soutient le roi et le guide vers le ciel. Marie-Antoinette consolée par la Religion forme le sujet d'un autre groupe. On y lit le testament du roi martyr, et dans une crypte souterraine vous vous agenouillerez au pied de l'autel qui occupe la place de la fosse où furent jetés les restes mutilés des royales victimes.

CHAPELLE SAINT-FERDINAND (près la porte Maillot).

Elle a été construite sur l'emplacement de la maison où mourut le duc d'Orléans, après la fatale catastrophe du 13 juillet 1842.

La chapelle appartient au style byzantin. Elle forme une croix grecque. Les vitraux ont été exécutés à Sèvres d'après les compositions de M. Ingres. Le cénotaphe a été fait d'après les dessins d'Ary Scheffer. Un piédestal de marbre noir porte la figure du prince étendu sur un matelas et revêtu du costume d'officier général. Sur un socle qui forme le prolongement du piédestal à droite est un ange en prière ; l'une des dernières œuvres de la princesse Marie.

SAINT-JULIEN-LE-PAUVRE (aujourd'hui chapelle de l'Hôtel-Dieu).

C'est un charmant petit édifice à trois nefs et trois absides, reconstruit dans le cours du XIIe siècle par les bénédictins de Longpont; monument mixte appartenant au style roman, et offrant néanmoins dans ses détails principaux les caractères du style ogival. La nef, divisée en six travées, n'en offre plus que quatre également espacées, mais singulièrement dénaturées. Cependant les deux travées du chœur, l'abside centrale et les deux absidiales latérales n'ont rien perdu de leur disposition primitive. Elles conservent leurs gracieuses piles, les unes monostyles, les autres fasciculées; leurs chapiteaux à feuillages, avec des motifs puisés dans la flore indigène, et traités par des mains habiles; leurs voûtes portées sur des arceaux en pierre de taille, disposés diagonalement, agrandis en forme de tores avec clefs historiées. Cette partie de l'église offre un aspect noble et spacieux, unissant au caractère mâle de son époque, une élégance toute particulière, due assurément au génie incontestable de l'architecte inconnu qui l'a édifiée. C'est là un témoignage de plus en faveur des artistes du moyen âge et des ressources que présentait l'art inspiré par la foi. La sculpture, dans tous ses détails, y est traitée avec un goût exquis. On y compte plus de cent cinquante chapiteaux, tous variés dans leur ornementation végétale ou historiée;

mais le plus remarquable existe sur le côté méridional du chœur. Des feuillages perlés l'enveloppent ; aux angles de sa corbeille se dressent sur les volutes quatre figures à tête de femme au corps emplumé ; les ailes sont étendues et les pieds armés de griffes. Dans la boiserie du maître-autel est encastré un bas-relief en pierre, œuvre de la fin du xive siècle, représentant Jésus crucifié : les vierges et saint Jean pleurent au pied de la croix ; un bourgeois et sa femme prient agenouillés et les mains jointes. Ce monument était un débris de l'ancienne chapelle fondée par le changeur Oudard de Mocreux et sa femme, vers 1380 ; il est probable que ce sont eux qui y sont ainsi représentés.

ÉGLISE ARMÉNIENNE (rue de Monsieur, 12).

Parmi les églises catholiques, nous pouvons signaler aussi l'église du séminaire arménien. Toutes les cérémonies du culte s'y font suivant le rite oriental.

TEMPLES PROTESTANTS.

La confession d'Augsbourg a deux oratoires : celui de la rue Chauchat, 5, de construction moderne et insignifiante ; celui de Sainte-Marie, rue Saint-Antoine, 23, qui rappelle par son histoire comme par son nom les plus pieux souvenirs du catholicisme. Cette gracieuse rotonde, l'œuvre remarquable de F. Mansard, fut édifiée en 1634 par les religieuses de Saint-François de Sales, sous le vocable de Notre-Dame-des-Anges.

L'ORATOIRE (rue Saint-Honoré).

Le cardinal de Bérulle ne se doutait pas que sa chapelle deviendrait la principale église des calvinistes. La façade se compose de deux ordres de colonnes isolées doriques et corinthiennes, surmontées par un fronton. L'intérieur est orné d'un ordre corinthien de belle proportion, et le chœur se fait remarquer par la parfaite exécution de son plan elliptique. Là, pria saint Vincent de Paul ; là, médita Malebranche ; là, prêchèrent Mascaron, Massillon et Bossuet ; là aussi furent consacrés par Talleyrand les premiers évêques schismatiques.

Les autres temples sont, pour les anglicans : l'église épiscopale, rue d'Aguesseau, 5 ; la chapelle Marbeuf, avenue Marbeuf, 10. Pour les luthériens, rue des Billettes, 18. l'église des Carmes; l'église de Pantemont, 106, rue Grenelle-Saint-Germain ; l'église des Suisses, rue Saint-Honoré, 357 ; l'église des Frères moraves, rue Miroménil, 75, etc.

L'ÉGLISE RUSSE (rue de la Croix-du-Roule).

Cette église a été construite dans le style byzantin ; elle a la forme d'une croix grecque. Elle est dominée par une grande coupole dorée de forme pyramidale, surmontée d'un petit dôme doré et d'une croix étincelante. Aux quatre angles, s'élèvent aussi des coupoles. La riche ornementation de ces coupoles, leur élévation, leurs fenêtres élégantes, donnent à l'ensemble quelque chose d'élancé, quoique dans sa construction on ait conservé le plein-cintre. L'église est divisée en trois parties : le vestibule, la nef et le sanctuaire; elle est entièrement décorée de fresques remarquables. Les quatre évangélistes sont peints sur les pendentifs. On voit sur l'iconostase, c'est-à-dire cette cloison en bois sculpté qui sépare la nef du sanctuaire, Jésus-Christ et la Vierge, saint Michel et saint Étienne, saint Alexandre Newsky, patron de l'église, et saint Nicolas, évêque de Mire, dont la mémoire est en grande vénération parmi les Russes ; puis, la sainte Trinité. La hauteur totale de cet édifice est de 48 mètres.

LA SYNAGOGUE (rue Notre-Dame-de-Nazareth).

Le sanctuaire, plus élevé que la nef de quatre marches, en est séparé par une grille en fonte dorée. Il renferme la *théba*, ou autel sur lequel se fait la lecture des livres saints. Six marches de marbre blanc conduisent au tabernacle, dont l'intérieur est décoré de colonnes supportant des arcades dans lesquelles s'ouvrent de petites croisées ornées de vitraux de couleur. C'est dans le tabernacle que sont renfermés les livres sacrés, le chandelier d'argent à sept branches, et les autres objets du culte israélite. L'entrée en est fermée par une porte bronzée, recouverte d'un rideau dont la richesse varie selon les fêtes. La porte du tabernacle est encadrée par un plein-cintre au-dessus ; les tables de la loi couronnent un pignon interrompu.

LES CIMETIÈRES.

En général, les cimetières de Paris sont plutôt de riants jardins que des champs funèbres. Le plus remarquable de tous est assurément celui du Père-Lachaise, situé à l'extrémité de la rue de la Roquette. Il faudrait de longues journées pour visiter en détail ce vaste champ de la mort. De différents points, et surtout de la terrasse de la chapelle, la vue plane sur tout Paris, et s'étend au loin sur les campagnes environnantes. Les monuments sont fort nombreux. Toute la partie nord est consacrée aux fosses communes ; elles ont 80 mètres de longueur sur 4 de largeur.

Citons encore le cimetière Montmartre, situé sur le boulevard de Clichy. Une avenue de 100 mètres précède l'entrée. Il occupe d'anciennes carrières à plâtre et forme une vallée profonde entourée de trois coteaux.

Le cimetière Montparnasse, sur le boulevard de Montrouge, est moins remarquable que les deux autres. Il est très-vaste, et situé dans une plaine, et n'offre ni accidents de terrain ni points de vue. Là reposent le P. de Ravignan et la sœur Rosalie.

LES CATACOMBES.

Ce sont des carrières exploitées depuis la domination romaine, et creusées au sud de la Seine, depuis le Jardin des plantes jusqu'à l'ancienne barrière de Vaugirard. Soixante-dix escaliers donnent accès dans ces cavernes mystérieuses. La légende du plan dressé en 1857 évalue à trois millions le nombre des morts dont les derniers restes se trouvent aujourd'hui dans cet ossuaire. On marche longtemps entre trois ou quatre étages de têtes rangées symétriquement. On rencontre des piédestaux, des colonnes, des obélisques d'ossements avec moulures faites de tibias et de formes imitant l'antique. Il y a aussi des échantillons de toutes les espèces de minéraux que renferme le sol de ces vastes carrières. Crainte d'éboulements, les visites y sont rares. Une commission s'est formée récemment, sous l'inspiration de M. de Cormenin, pour l'érection d'une chapelle funéraire à l'entrée même des Catacombes, à la barrière d'Enfer.

II

Monuments civils.

LES THERMES.

Sur la pente du coteau de Sainte-Geneviève s'élèvent d'antiques débris dont le caractère imposant frappe tous les passants, depuis surtout qu'on les a exposés plus visiblement en créant le boulevard Sébastopol. C'est dans ce vieux palais romain, dont l'architecture indique les premières années du IV° siècle, qu'ont habité les gouverneurs romains.

La salle grandiose, qui seule est demeurée intacte, paraît avoir été destinée aux bains froids, c'était le *frigidarium*. Elle a résisté à l'action dissolvante de quinze siècles et au poids d'un jardin qui, il y a trente ans encore, la recouvrait.

Clovis y établit le siége de l'empire des Francs. Childebert y résida. Là s'est accompli un des plus grands crimes de l'histoire : le meurtre des enfants de Clodomir par Clotaire, leur oncle ; là aussi la lutte fratricide entre Chilpéric et Sigebert; Brunehaut et Frédégonde. Puis le silence envahit ces vastes salles, et le palais démantelé par le temps et les Normands devint un repaire au crime et à la débauche.

En 1340, l'ordre de Cluny en fit l'acquisition, et cent cinquante ans après s'éleva un élégant hôtel sur une partie des ruines romaines. En 93, ce fut un magasin à l'usage d'un tonnelier. Depuis, la ville de Paris acheta ce palais et le céda à l'État, qui en a fait un musée consacré surtout aux antiquités gallo-romaines, dont il est lui-même le plus glorieux débris, tandis que l'hôtel de Cluny, l'un des plus gracieux monuments de la Renaissance, se trouve non moins heureusement transformé en musée du moyen âge. Parmi les antiquités conservées aux Thermes, on voit l'autel dédié à Jupiter par les nautes de la Seine et un petit nombre de bas-reliefs et de tombeaux. Quant au musée de Cluny, qui dira toutes les richesses artistiques et archéologiques qu'il renferme en fragments d'architecture et de sculpture, en ivoires surtout, albâtres, bois sculptés, vieux imprimés, vieux manuscrits, vieilles miniatures, riches vitraux, émaux incrustés, orfévrerie, bijouterie, broderie, armurerie, serrurerie, etc. ?

Nous conseillons le catalogue pour comprendre la valeur et étudier ces œuvres d'art. A la mort de M. du Sommerard, homme de science et de goût qui consacra près de cinquante ans d'étude et d'investigations à créer son œuvre, l'État acheta ce musée. Il renferme plus de 2,000 objets. Nous appelons particulièrement l'attention sur les émaux, les tableaux sur bois, les ivoires, les fers ciselés et repoussés, les dressoirs et les petits meubles dits cabinets, les croix, custodes, crosses, reliquaires qui occupent la première pièce, les ornements religieux qui sont dans la grande salle du rez-de-chaussée, le magnifique retable d'or donné en 1019 par l'empereur saint Henri à la cathédrale de Bâle. Ce qui mérite de fixer les regards, c'est la plupart des ornements extérieurs. Les fenêtres des mansardes, décorées chacune d'après des dessins différents, sont surtout d'un travail de la plus rare délicatesse. La tourelle qui se détache en avant du principal corps de logis est d'un aspect élégant et pittoresque; elle renferme un très-bel escalier à vis qui conduit aux appartements. La *chapelle*, située au premier étage sur le jardin, est un chef-d'œuvre du genre gothique. Les nervures des voûtes retombent en faisceaux sur un pilier central complétement isolé, qui s'appuie sur la colonnette de la salle dite chapelle basse. Douze niches en relief, de la plus belle exécution, décorent les murs, mais, par malheur, elles ont été dépouillées des statues de la famille d'Amboise, pour lesquelles elles avaient été faites. A la voûte, on voit le Père éternel bénissant son Fils mourant et des anges qui portent les instruments de la Passion; enfin, l'autel est situé dans une abside en encorbellement, presque entièrement peinte à fresque. On a disposé des jardins anglais d'un style sévère et parfaitement d'accord avec l'architecture des constructions voisines; les colonnes et les statues antiques qui les décorent proviennent, pour la plupart, de l'ancienne demeure abbatiale. On y voit trois arcades romaines d'un bel effet; une croix de pierre enlevée à l'église Saint-Vladimir de Sébastopol, etc.

PALAIS DE JUSTICE.

La magistrature a été bien inspirée en choisissant pour tribunal de ses arrêts la demeure de celui qui, sous le chêne de Vincennes, savait si bien rendre justice à ses sujets. Sous Louis IX, ce palais devint donc le centre de l'administration et de la justice. Il donnait audience publique dans ces grandes salles, toutes pleines encore de son souvenir et de son nom. Philippe le Bel agrandit ce palais et en fit le centre d'une organisation toute nouvelle pour la justice. A partir du règne d'Henri II, le parlement qui, depuis saint Louis partageait le palais avec les rois, en demeura seul possesseur.

Le palais actuel forme un vaste quadrilatère. Vu du côté de la cour d'honneur, il a quelque chose de sérieux et d'imposant; à chaque extrémité de la grille sont deux pavillons d'ordre dorique supportant un fronton triangulaire. Entre ces pavillons s'étend la cour du palais. Au fond se développe un bel escalier conduisant au vestibule et sur lequel donne l'avant-corps du bâtiment principal, composé de quatre colonnes doriques supportant un entablement à balustrade orné de quatre statues : la France, l'Abondance, la Justice, la Prudence. Au-dessus s'élève un dôme quadrangulaire dont la base, ornée de sculptures, est d'un effet pittoresque.

La tour de l'horloge, complétement réparée, attire les regards par ses proportions élégantes et sévères et par l'énorme cadran dans le style de la Renaissance. En tournant sur le quai on jouit d'une belle vue d'ensemble sur une partie des quais de la rive droite, depuis la galerie du Louvre jusqu'au delà de l'hôtel de La Valette.

La face latérale du Palais de Justice se présente en regard de la Seine, et ce qui tout d'abord fixe l'attention, ce sont les trois tours raides qui font saillie sur le quai, dont elles sont séparées par un fossé surmonté d'une griffe. Voyez dans l'intérieur la salle la plus remarquable: voici la salle des Pas-Perdus, qu'on pourrait aussi bien dénommer la salle des Paroles-Perdues. Elle frappe par la hardiesse de ses dimensions, la coupe heureuse de sa voûte, par les larges ouvertures qui y versent la lumière et qui l'éclairent dans toutes ses parties, malgré son étendue. En 1821, on a érigé contre la muraille un monument à la mémoire de Malesherbes, composé par Bosio. La statue du défenseur de Louis XVI, représenté debout, en robe de magistrat, ayant à ses côtés la France et la Fidélité, en forme le motif principal.

Un bas-relief montre Louis XVI dans sa prison avec son défenseur et le fidèle Cléry. Presque en face se trouve la salle des audiences solennelles de la Cour de cassation ; c'était le local qu'occupait autrefois la grand'chambre du parlement. C'est un imposant spectacle que celui de tous ces présidents en robe rouge et herminées, réunis à certains jours. Les statues de L'Hôpital et de d'Aguesseau et un magnifique tableau du Christ ornent la salle. La galerie de Saint-Louis, ouverte au public, se compose de dix travées, indiquées chacune par une arcade en plein-cintre, fortement surbaissé, dont les extrémités reposent sur trois simples colonnettes, accouplées avec chapiteaux et feuillage; elle est entièrement et richement peinte. Sa décoration générale offre un fond rose très-pâle avec ornements bleu et or. A gauche s'ouvrent des portes en chêne sculpté conduisant à différentes salles. A l'extrémité de la galerie on voit quatre médaillons sur fond d'or représentant Charles V, Justinien, Louis XII, Charlemagne. Puis on remarque, dans un couloir qui s'ouvre du même côté, les portraits de Cujas, Molé, Patru, d'Aguesseau, La Vacquerie, l'Hôpital, etc. En rentrant dans la galerie de Saint-Louis, on aperçoit à l'extrémité la statue peinte du saint roi. On visite, avec permission, le cachot où Marie-Antoinette a passé de si cruels moments. C'était la prison de la Conciergerie. Là, Malesherbes, Cazotte, madame Élisabeth, Custine, etc., ont laissé des souvenirs de leur passage. On montre une chambre où notre souverain actuel a médité avant d'arriver au trône.

PALAIS DU TRIBUNAL DE COMMERCE.

Ce monument touche à sa fin ; il s'élève en face le Palais de Justice.

Voici la cour d'honneur avec ses deux portiques superposés que surmonte un attique orné de cariatides. C'est une des parties les mieux réussies de l'édifice. La façade du quai est ornée de quatre colonnes isolées sur lesquelles sont des statues allégoriques représentant la Justice, la Foi, la Prudence et la Fermeté. La salle d'audience est une vaste pièce carrée, éclairée par de larges baies et une grande verrière. La salle du conseil est décorée d'une boiserie en chêne sculpté d'un travail admirable; le plafond, bois et or, est orné d'une grande peinture architecturale. On y voit une magnifique cheminée, vieux style, en marbre rouge antique. Dans les murailles des vestibules sont enchâssés de grands panneaux de marbre vert d'Égypte avec écoinçons en porphyre; cette décoration à vives couleurs rompt agréablement la monochromie de la pierre. Le grand escalier s'ouvre au fond du porche occidental et fait ses révolutions dans une grande cage octogone. A hauteur du premier étage, chacune des huit faces est occupée par une arcade décorée d'une statue; au-dessus de cette arcature règne un attique, ajouré par huit baies flanquées de cariatides, puis au-dessus se courbe la coupole avec ses huit œils-de-bœufs. L'ensemble a un caractère de grandeur et d'élégance.

PALAIS DU QUAI D'ORSAY.

Ce palais, qui tire son nom du quai dont il est le plus magnifique ornement, fut commencé sous l'empire, est occupé par la Cour des comptes et le conseil d'État. Il consiste en une vaste cour entourée d'ailes grandioses.

L'entrée d'honneur est rue de Lille. La cour est entourée d'une double série d'arcades italiennes, au-dessus desquelles sont des galeries. Les vestibules sont ornés de sculptures d'une rare élégance; l'escalier d'honneur est surtout d'une extrême richesse. La façade bordant la Seine présente une longue ligne de croisées formée par des arches sous une colonnade toscane, au-dessus de laquelle est une autre colonnade, mais de l'ordre ionique, et celle-ci est couronnée par un attique corinthien. Le rez-de-chaussée est flanqué d'une balustrade en plate-forme conduisant à un jardin, et sur laquelle règne une grille en fer.

L'intérieur répond par le luxe de ses décorations à sa magnificence extérieure.

La salle des Pas-Perdus est ornée de douze sujets allégoriques représentant l'Aurore, le Matin, le Midi, le Soir, les Quatre Ages de la vie, etc. Les grandes compositions centrales sont d'un style facile et élégant. Au-dessous de ces peintures, qu'il faut voir de la galerie, s'épanouit tout le luxe de la décoration; plus bas encore, de grands ronds de marbre rouge s'encadrent de marbre blanc dans des tympans de marbre jaune. La salle du comité de commerce contient une belle vue du port de Marseille, par Isabey.

La salle du contentieux possède trois grandes toiles : Mathieu Molé, arrêté par les barricades de la rue Saint-Denis; Bussy-Leclerc, gouverneur de Paris; Mort du président de Renty. Dans la grande salle du conseil on voit vingt colonnes de marbre blanc. Entre ces colonnes on a représenté les grands hommes d'État de la France : Sully, Colbert, d'Aguesseau, etc. Au-dessus figurent les conseillers d'État du premier empire. Tout est encadré d'or et de marbre. Un beau tableau de Flandrin représente Napoléon Ier, législateur.

COUR DES COMPTES.

Son escalier d'honneur est orné de vastes compositions peintes à la cire; celle qui représente la Paix protégeant les arts et l'agriculture, offre surtout des groupes d'un agencement ingénieux et d'un beau style. La salle d'audience est ornée de deux tableaux : Saint Louis entre la Justice et la Sagesse; Napoléon entre la Guerre et les Arts. Le plafond, œuvre remarquable de menuiserie, est orné de trois tableaux : l'Abondance, la Justice, le Travail.

PALAIS DES BEAUX-ARTS.

En 1816 Louis XVIII affecta l'ancien couvent des Petits-Augustins aux écoles de dessin. Après avoir franchi une grille dont les deux pilastres sont ornés des bustes de Pujet et de Poussin, vous entrez dans la première cour et vous avez à droite le portique d'Anet, chef-d'œuvre de Jean Goujon et de Delorme ; l'ancienne chapelle, dont quelques dispositions nouvelles rappellent celles de la Chapelle-Sixtine. Comme à Rome, le fond de la nef est occupé tout entier par une copie du Jugement dernier de Michel-Ange. On y voit des copies de la Pieta et du Moïse de Michel-Ange, les tombeaux de Julien de Médicis, enfin les moulages des portes en bronze du baptistère de Florence, dont Michel-Ange disait qu'elles étaient dignes de décorer l'entrée du paradis.

Au fond de cette cour, séparée de la seconde par une balustrade, s'élève une des façades du château de Gaillon, construit par le cardinal d'Amboise, ses arcades sont richement ornementées. La seconde cour s'arrondit en hémicycle ; elle est décorée de fragments de sculpture et d'architecture, formant une sorte de musée-spécimen de l'art français, depuis l'époque gallo-romaine jusqu'au XVIe siècle. La façade principale, due à M. Duban, est regardée comme une des plus belles productions de l'art architectural au XIXe siècle. Une cour intérieure, décorée des bustes de Léon X, François Ier, Périclès, Auguste, des inscriptions des artistes les plus illustres et des statues, précède le bâtiment principal. L'entrée, ornée de deux médaillons sur fond d'or, représentant Michel-Ange et Raphaël, conduit à une salle demi-circulaire formant amphithéâtre. La coupole est décorée d'une vaste et magnifique peinture à la cire, où Delaroche a représenté les peintres, les sculpteurs et les architectes les plus célèbres de toutes les écoles et de tous les siècles, groupés autour d'Apelles, le génie de son époque, de Phidias et d'Ictinus, le sculpteur et l'architecte du Parthénon. L'intérieur du palais est remarquable par les galeries ornées de cinquante-deux copies des fameuses loges de Raphaël au Vatican, par M. Balze sous la direction d'Ingres. La salle des modèles a reçu les modèles en plâtre du Parthénon, du temple de Palmyre, du Propylée, du théâtre d'Ephèse, des jardins de Sémiramis, etc. Les ruines en liège du Colysée, des amphithéâtres de Nîmes et d'Arles sont d'une imitation surprenante. Dans la galerie des prix, on a installé la collection de presque toutes les toiles qui ont obtenu le grand prix de Rome. Sur le quai Malaquais M. Duban vient d'élever un bâtiment bizarre destiné à l'exposition des ouvrages exécutés pour les concours.

PALAIS DE L'INSTITUT.

Voici le lieu de réunion des quarante immortels

et des principaux savants dont s'honore la France et le monde scientifique. Ce monument s'élève à la place même de la tour de Nesle. La façade sur le quai présente au centre un pavillon en forme de dôme avec péristyle à colonnes, et deux ailes en demi-cercle sont terminées par deux gros pavillons.

Ce dôme, ancienne chapelle du collége fondé par Mazarin, renfermait le tombeau du cardinal. Là se tiennent les séances solennelles de l'Institut et de l'Académie française. L'ensemble du palais est une des erreurs de l'habile architecte Levau, et peu digne de faire pendant au Louvre.

HÔTEL DES MONNAIES.

L'abbé Terray, le contrôleur général des finances, administrateur intelligent, voulant centraliser dans un établissement unique la fabrication des monnaies et toutes les opérations qui y ont rapport, jeta les yeux sur l'emplacement occupé par l'hôtel de Conti. On démolit ce palais en 1791, l'abbé Terray posa la première pierre de l'édifice actuel, qui mesure sur le quai 120 mètres de longueur et compte trois étages.

Un entablement à consoles sépare l'ordre ionique d'un attique orné de six statues représentant la Loi, la Prudence, la Force, le Commerce, l'Abondance, la Paix. L'entrée principale se compose d'un vestibule décoré de vingt-quatre colonnes cannelées d'ordre dorique formant galerie. Le plan de l'édifice consiste en huit cours. On voit les salles des laminoirs, — de recuit — des ajusteurs, du blanchiment et du monnayage.

Un escalier, décoré de soixante colonnes, dont le sommet présente un magnifique salon orné de vingt colonnes en stuc, supportant une belle galerie. Dans des vitrines sont disposées : 1° les médailles depuis Charlemagne jusqu'à nos jours; 2° les jetons particuliers; 3° les monnaies, celles de France, puis, selon l'ordre chronologique, celles de tous les États européens et même d'Afrique. Le tout forme une collection sans rivale dans le monde.

LE PALAIS DU CORPS LÉGISLATIF.

La façade du sud date de la première moitié du XVIII° siècle. On reconnaît facilement une demeure princière : porte majestueuse, riches colonnades, vaste cour, élégants portiques, c'est bien là l'envieuse habitation des Condé. La façade du nord fut construite sous Napoléon Ier; elle fait, avec son péristyle, pendant à la Madeleine. Un perron divisé en deux rampes larges d'environ 33 mètres, conduit au portique composé de 12 colonnes corinthiennes qui supportent un entablement et un fronton. Sur ce perron sont les colossales statues de la Force et de la Prudence, et plus loin celles de Sully, Colbert, L'Hôpital, d'Aguesseau. Le bas-relief représente la

France entre la Liberté et l'Ordre public, et appelant à elle les génies du Commerce, de l'Agriculture, de la Paix, de la Guerre et de l'Éloquence.

C'est en 1795 que ce palais devint propriété nationale, à la suite de l'émigration des Condé, et reçut la destination qu'il a toujours conservée depuis. Le conseil des Cinq Cents est la première assemblée qui y ait tenu ses séances. Que de célébrités ont apparu sous ces voûtes qui retentissent encore de la sublimité de leurs accents!

On pénètre dans le palais par la salle des Quatre-Colonnes. Le salon de la Paix précède la salle des séances, il contient une copie du Laocoon, et le plafond d'Horace Vernet représente la Paix, les divinités de la mer fuyant devant la navigation à vapeur : les progrès des sciences et de l'industrie figurés par un génie qui médite, appuyé sur une enclume et par un homme dirigeant une locomotive.

La salle des séances forme un hémicycle orné de vingt colonnes ioniques de marbre, à chapiteaux de bronze, supportant une voûte éclairée par le haut et décorée de caissons et d'arabesques par Fragonard. On y voit les statues de la Liberté, l'Ordre public, la Raison, la Justice, la Prudence, l'Éloquence, la Renommée et l'Histoire.

Les députés, au nombre de 261, siégent sur des banquettes garnies de velours et disposées en amphithéâtre.

La salle des conférences possède des peintures de

M. Hein, représentant Charlemagne dictant ses capitulaires ; Louis VI affranchissant les communes, Saint Louis donnant ses Établissements; Louis XII présidant la chambre des comptes. Sur un fond d'or figurent les allégories de la Prudence, la Justice, la Vigilance, la Force. Des médaillons offrent les portraits de L'Hôpital, Montesquieu, Suger, Sully, Colbert, etc. Au fond de la salle, qui est éclairée par le haut, une belle cheminée en marbre vert de mer est décorée des deux statuettes, de la Renommée et de l'Histoire, exécutées dans le style du XVIᵉ siècle.

LE LUXEMBOURG.

Ce palais est l'œuvre de Jacques Debrosse. Deux ans après l'assassinat de Henri IV, Marie de Médicis devenue régente du royaume et se souvenant des grandeurs de Florence, demanda à cet architecte français un palais à bossages qui lui rappelât le palais Pitti. Jamais imagination d'artiste ne répondit à la fois avec plus d'exactitude et plus d'indépendance à un programme.

Le portail, avec ses terrasses à balustres et son dôme entouré de statues et de colonnes, est une création neuve dont on ne peut trouver le modèle nulle part. Nul plan plus riche de détails et dont les membres s'agencent avec une plus parfaite harmonie. Commencé en 1615, ce palais fut achevé cinq ans après ; il s'élève sur une surface de 5,168 mètres. Nous ne raconterons pas toutes les scènes de joie et de deuil qui ont eu lieu dans ce palais. Marie n'y passa que quelques années, moins en reine qu'en prisonnière. Exilée, Marie, lorsqu'elle mourut à Cologne, n'avait plus ni argent, ni serviteurs. En 93, ce palais devint une prison, puis à l'avénement du directoire, Barras, Sieyès l'habitèrent. Devenu consul, Bonaparte s'établit au petit Luxembourg, et le sénat occupa le grand. C'est de la salle du sénat que partirent les premiers vœux officiels qui portèrent Bonaparte à l'empire, et c'est d'elle qu'en 1814 partit l'arrêt de sa déchéance. Sous la Restauration et Louis-Philippe, ce palais fut affecté à la chambre des pairs. Magnifique à l'extérieur, le Luxembourg l'est encore plus à l'intérieur. Vastes galeries, pompeux amphithéâtres, riches peintures, stucs, marbres, boiseries, tous les talents, toutes les richesses y ont été prodigués.

Montez au premier étage par l'escalier d'honneur bâti par Chalgrin, vous arriverez dans la salle des gardes. Elle renferme des trophées d'armes et les statues de Cicéron, Léonidas, Périclès, Cincinnatus, Aristide, Solon. Vous trouverez un guide qui vous conduira dans la salle des messagers d'État, où se trouvent les statues en marbre de Jules-César, de Napoléon Ier, une table monstre d'un seul pied d'arbre. Le plafond représente l'Aurore.

Dans le salon de Napoléon Ier, sont quatre beaux tableaux : Entrevue du duc de Guise et du président

Achille de Harlay; Charlemagne dictant ses Capitulaires; Saint Louis dictant ses Établissements; le chancelier de L'Hôpital remettant les sceaux au roi Charles IX. Le plafond représente la Loi, entourée de la Justice, la Force, la Gloire, la Bienfaisance.

Voici la salle du trône. M. de Gisors, l'architecte du palais, a déployé dans l'ornementation de cette salle une grande abondance de savoir et d'imagination. Empruntant ses motifs au style décoratif de différentes époques, aux fantaisies ingénieuses et élégantes de l'art de la Renaissance, aux somptuosités du XVIIe siècle, il a semé à profusion les détails, accumulé toutes les formes, et fait preuve d'habileté dans l'art de combiner des éléments si variés et souvent disparates. L'or ruisselle de toutes parts; les décorateurs y ont associé l'argent, et le plafond semble être une vaste pièce d'orfévrerie.

Au milieu, le trône, dont les draperies sont supportées par des cariatides, est resplendissant de richesse. La coupole représente l'Apothéose de Napoléon Ier. Les peintures des trumeaux nous montrent diverses scènes du premier et du second empire.

Aux deux extrémités de la salle, M. Lehmann a représenté dans deux hémicycles deux magnifiques sujets : la France, sous les Mérovingiens et les Carlovingiens, naît à la foi et à l'indépendance ; la France sous les Capétiens, les Valois et les Bourbons.

On passe ensuite dans le salon particulier de l'empereur. On y voit le Traité de Campo-Formio, la

Constitution de l'an VII; l'Entrée de Napoléon III à Paris; la Cérémonie du mariage.

En traversant la galerie des bustes, ainsi nommée des bustes des anciens pairs et sénateurs qui la décorent, on arrive à la salle des séances. Elle est formée de deux hémicycles. La statue de saint Louis, par Dumont, et celle de Charlemagne, par Etex, sont placées de chaque côté du grand hémicycle. Dans le petit, les statues de législateurs remplissent les autres colonnes. La voûte cylindrique percée dans sa voussure de deux larges baies vitrées, offre un fond d'or semé d'arabesques; celle du petit hémicycle est ornée de caissons dorés. Dans les pieds-droits des voussures sont exécutées des peintures à la cire, représentant les Pairs offrant la couronne à Philippe le Long, et les États de Tours décernant le titre de Père du peuple à Louis XII.

Dans la bibliothèque, la coupole est remarquable par ses peintures. Delacroix y a laissé une de ses œuvres les plus éblouissantes par l'éclat et l'harmonie de la couleur.

Elle est disposée en quatre groupes principaux. Dans la première, on voit Homère accompagné des poètes Ovide, Lucain et Horace, et accueillant Le Dante qui lui est amené par Virgile. Achille, Pyrrhus et Annibal sont de ce groupe. Le second est celui des Grecs illustres. Alexandre, s'appuyant sur Aristote tourne le visage vers le peintre Apelles : près de lui, Platon, Alcibiade, Socrate, Xénophon et Démosthène. Le troisième groupe se compose d'Orphée, d'Hésiode et de Sapho. Le quatrième est consacré aux Romains

Delacroix a peint aussi dans cette salle Alexandre après la bataille d'Arbelles.

Descendons à la chapelle, qui a été terminée en 1844. Elle est décorée de peintures modernes. M. Gigoux a peint les quatre grands tableaux : Saint Philippe guérissant un malade ; Saint Louis pardonnant aux révoltés après la bataille de Taillebourg ; Saint Louis en Palestine enterrant les morts sur un champ de bataille ; le Mariage de la sainte Vierge. Au-dessus du maître-autel, Abel de Pujol a représenté les Vingt-quatre vieillards de l'Apocalypse. Un autre tableau adossé représente l'Adoration des bergers. La première salle de réunion attenant à la chapelle renferme des tableaux de Philippe de Champaigne, le Christ en croix, la Vierge au pied de la croix, la Cène.

Auprès de la chapelle se trouve aussi une curieuse pièce dont les murs sont couverts d'arabesques et les plafonds peints dans le style de Rubens.

Dans une autre salle voisine on admire une décoration contemporaine de la fondation du palais, transportée là pièce à pièce des anciens appartements de Marie de Médicis. La salle se compose de deux parties. La première est une petite galerie à pilastres d'ordre corinthien et décorée de neuf panneaux à glaces, dont les médaillons ont été peints par des maîtres allemands. Le plafond représente l'Apothéose de Marie de Médicis.

La partie principale de la salle est carrée. Jean d'Udine passe pour avoir peint les arabesques sur fond d'or, qui ornent les boiseries. Le plafond, attribué à van Hoeck, est une grande peinture allégorique, représentant Marie de Médicis rétablissant en France la paix et l'unité de gouvernement.

LOUVRE.

Le Louvre a été commencé sous François I*er*.

Examinons d'abord ce magnifique péristyle qu'on appelle colonnade du Louvre, l'une des merveilles de l'architecture moderne. C'est l'œuvre de l'habile médecin Perrault, frère de celui qui a écrit les *Contes de fées*. Cette colonnade, sur son développement de 142 mètres, se compose de trois avant-corps et de deux péristyles élevés sur un soubassement. La hauteur totale de la façade est de 28 mètres. Les avant-corps latéraux sont ornés de pilastres et de colonnes corinthiennes. L'avant-corps du milieu est lié par deux péristyles composés chacun de douze colonnes corinthiennes, derrière lesquelles règne une galerie; cet avant-corps lui-même, huit colonnes analogues et un fronton au-dessus de la porte d'entrée, enrichie d'un bas-relief de Cartelier, représentent la Renommée montée sur un char conduit par des génies et distribuant des couronnes. Les portes de bronze sur l'une desquelles se déploie un grand aigle, sont dues à Napoléon qui eut la gloire d'achever le Louvre. Pour jouir du coup d'œil d'ensemble de l'extérieur du Louvre, il faut se placer d'abord sur le pont Neuf près de la statue d'Henri IV, puis sur le quai, et sur le pont des Arts. De ces trois points la perspective est vraiment magique.

Entrez dans la cour du Louvre, une des merveilles de l'architecture, et pénétrez sous ces voûtes, montons ces rampes sans rivales, celle du musée des tableaux surtout, monument grandiose du temps de l'empire; celle de Henri II à la voûte finement sculptée comme toutes les œuvres de la renaissance, celles de la colonnade majestueuse comme toutes les pensées du grand roi. Parcourez ces appartements, ces immenses galeries, tantôt vous rencontrerez la salle des Gardes, où les États de la Ligue s'assemblèrent, et où la Restauration tenait ses séances royales; tantôt la salle des Cent-Suisses immortalisée à jamais par les cariatides de Jean Goujon, qui le premier en France fit usage de ce système d'ornementation, et dont le coup d'essai n'a jamais été surpassé ni même égalé. Elles supportent une tribune ornée par Benvenuto Cellini d'un bas-relief en bronze; tantôt les galeries de marbre des antiques, qu'habitèrent successivement Charles IX et Anne d'Autriche, tantôt les boiseries ouvragées des chambres d'Henri II et d'Henri IV.

Vous marcherez deux ou trois heures parmi les

colonnes, les pilastres, les dorures, sous des voûtes sculptées ou peintes et entre deux rangées de merveilles de tous les pays, de tous les temps et de toutes les écoles.

Enfin, le Louvre n'est plus aujourd'hui qu'un immense musée où vous trouverez des tableaux, des statues, des myriades de dessins échappés à la plume et au crayon des maîtres, puis de souvenirs sans nombre de l'antique Égypte, de colossales divinités de la grande Ninive, etc., etc.

Vous voici parvenus à la *Galerie d'Apollon*. Elle est tout entière l'œuvre de Ch. Lebrun; c'est lui qui a fourni le dessin de toutes les compositions peintes sur les voûtes, excepté celle du milieu, de tous les groupes de sculptures qui ornent les voussures, de l'ornementation touffue et pleine de verve suspendue aux plafonds, des arabesques qui décorent les panneaux et les portes. Cette salle magnifique, à laquelle rien ne peut être comparé, même à Versailles, a été restaurée avec beaucoup de goût, de savoir et d'intelligence par M. Duban, après avoir été abandonnée pendant plus de deux siècles. C'est Delacroix qui a peint au centre du plafond une coupole représentant Apollon, vainqueur du serpent Python, composition splendide, digne de Lebrun par l'abondance pittoresque, digne de notre temps par un sentiment plus profond et plus dramatique, et digne surtout de son auteur par une science et un éclat de couleur qu'il est fort difficile d'égaler de nos jours. La forme des montagnes a quelque chose d'antédiluvien ; pour tout dire l'œil est aussi satisfait que la pensée. Vous entrez ensuite dans le salon carré où ne sont exposés que des chefs-d'œuvre, il précède immédiatement la grande galerie du Louvre où se trouve l'entrée de la salle des États, dont le plafond par Müller est si remarquable. Voici, au bout de cette salle, la splendide galerie de l'École française. Dans ces immenses salles les genres les plus divers se succèdent. Citons quelques noms français et leurs œuvres; Cousin et son Jugement dernier; Lesueur et sa saisissante épopée de saint Bruno; la Prédication de saint Paul à Éphèse est le plus beau chef-d'œuvre de nos peintres français; Poussin et son Déluge et toute cette poésie biblique qui s'écoulait à flots de son âme douce et pieuse; Lorrain et ses perspectives virgiliennes; Vernet et ses admirables marines; David et ses académies; Gros et la fougue de ses batailles; Jouvenet, Lebrun, Mignard.

Tel est le Louvre! on dirait la voie triomphale de l'art. Le palais lui-même compte à bon droit parmi les monuments les plus célèbres. Nulle part au monde, la royauté du sceptre ne s'est montrée plus prodigue envers la royauté du génie.

N'oubliez pas ce qu'on peut appeler le vestiaire des souverains. Les appartements qui forment ces salles sont ornés de boiseries d'une très-belle décoration. Elles offrent un curieux spécimen du goût et de la richesse d'ornementation adoptée par Pierre Lescot.

Il est impossible de voir un ensemble plus magnifique que celui que présente la première de ces trois salles avec son lambris, ses portes et son superbe plafond en bois. On voit l'alcôve où Henri IV rendit le dernier soupir. Des armoires vitrées contiennent divers objets ayant appartenu à nos rois. Ce sont des armures splendides. La chapelle de l'ordre du Saint-Esprit sous Henri III ; de belles panoplies ; le fauteuil du roi Dagobert ; la couronne de Harold ; le psautier de saint Louis et sa cuve baptismale ; les bibles et les heures de plusieurs souverains. Une cinquième salle a été réservée aux souvenirs de Napoléon I*er*. Près du manteau de son sacre, de la couronne de fer, dite de Charlemagne, se trouve le chapeau de Sainte-Hélène. On voit la redingote grise que son neveu a donnée au musée. Il y a dans cette exposition, sujet aux plus profondes méditations sur les vanités de la grandeur, de la puissance et sur les vicissitudes de la gloire et de la renommée.

L'HOTEL DE VILLE.

Visible les jeudis de 1 h. à 4 h.

En 1337, une grande maison de la place de Grève fut achetée par le corps municipal, dont le pouvoir et l'influence grandissaient tous les jours. On décida que cette maison et d'autres constructions contiguës seraient jetées bas pour faire place à un monument digne de son importante destination. Voilà l'origine de l'Hôtel de Ville actuel. Le 15 juillet 1533, le prévôt des marchands posa la première pierre de cet édifice, qui ne fut terminé qu'en 1605.

Du règne de Louis-Philippe date, au point de vue monumental, une ère toute nouvelle. On agrandit et on isola le palais. Les deux principaux côtés du rectangle sur la Grève et vers Saint-Gervais n'ont pas moins de 120 mètres et les deux autres 80. La forme actuelle de l'édifice est celle d'un immense parallélogramme que des bâtiments transversaux divisent intérieurement en trois cours parallèles. Le corps de logis central de la façade sur la place se compose d'un rez-de-chaussée et d'un étage supérieur, les pavillons ont un étage de plus. Les fenêtres, les unes carrées, les autres cintrées, sont pour la plupart surmontées de frontons et divisées en croix par des meneaux de pierre. Des colonnes cannelées, d'un ordre composite, s'ajustent entre les baies et vont se relier par des consoles renversées à des niches placées entre les fenêtres du premier étage. Sous les niches, des culs-de-lampe historiés présentent des génies, des têtes d'anges, le vaisseau des armoiries de la ville. Les niches sont remplies par quarante-six statues d'hommes illustres de l'histoire parisienne. Au-dessus de la porte est une figure équestre de Henri IV coulée en bronze. De grandes fenêtres de pierre coupent les combles au-dessus de la corniche; elles sont ornées d'enroulements. Au milieu un attique contient le cadran de l'horloge environnée de statues de pierre : La Seine — la Marne — la Force — la Justice — la Ville de Paris. Un campanile à huit pans renferme les timbres. Le plan et les élévations des bâtiments réunissent harmonie et richesse : ces arcades à colonnes engagées ou isolées, ces balustres à jour, ces hauts pavillons, d'angle, ces larges perspectives ménagées autour du monument offrent incontestablement le plus grandiose aspect.

Le perron du milieu, du haut duquel sont acclamés les gouvernements, mène à un vestibule qui aboutit à la cour centrale nommée cour Louis XIV, elle forme un trapèze entouré de portiques. Au-dessus de l'ordre ionique règne un ordre corinthien non moins riche. Les hautes lucarnes sont décorées de magnifiques sculptures. La cour entière est recouverte d'un vitrage. Au fond, un bel escalier en fer à cheval conduit à la galerie des Fêtes. Les principales salles de réception de l'Hôtel de Ville sont : la salle du Trône — la salle aux Arcades — celle de l'Empereur — les salons : Jaune — Bleu — du Zodiaque — la grande galerie des Fêtes — les deux salons des Arts — la salle des Cariatides — le salon de la Paix et les deux salons des Prévôts, qui contiennent la série des bustes de ces dignitaires municipaux depuis le règne de saint Louis jusqu'à la régence du duc d'Orléans.

Nous n'essayerons pas de vous en décrire les beautés, car aucune description ne saurait donner une juste idée de cet entassement de merveilles et de cette opulence décorative qui prodigue à pleines mains les stucs et le marbre, le velours et la soie, l'or et le génie, car les deux plus grands artistes Ingres et Delacroix ont peint les plafonds. Le premier a consacré sept mois à représenter l'Apothéose de Napoléon; le second a reproduit les Travaux d'Hercule, et au plafond du salon de la Paix la Terre éplorée obtenant le retour de la Paix. Dans la galerie des Fêtes qui a 50 mètres de longueur sur 12 mètres 50 de largeur et autant d'élévation, M. Lehmann a peint plus de cent quatre-vingts figures, il a retracé en vingt tableaux toute l'histoire de la civilisation humaine depuis Adam cultivant la terre aride, et recueillant l'épi maigre entre deux buissons d'épines jusqu'à Fulton domptant la matière avec la vapeur d'une goutte d'eau chaude. Aux jours de réception, des masses de fleurs, des bois d'orangers ornent et embaument les escaliers; les fontaines entièrement éclairées semblent verser de la lumière avec leurs flots et les blanches lueurs du gaz se répercutent et s'avivent sur l'éclat des dorures. La foule diaprée, parée, étincelante de broderies, de diamants, etc., se promène dans un palais enchanté.

LES TUILERIES.

En écrivant au gouverneur du château vous obtenez la permission de visiter ce palais tous les mardis et vendredis, l'Empereur étant absent.

Catherine de Médicis trop à l'étroit au Louvre appela Philibert Delorme, l'un des plus beaux génies de la Renaissance. Sur l'emplacement d'anciennes tuileries il édifia une gracieuse villa semi-italienne, semi-gauloise. Jean Bullant et Delorme, se proposaient de lui donner une étendue plus royale encore, mais Catherine interrompit tout à coup leurs travaux. Un astrologue lui avait prédit qu'elle mourrait près de Saint-Germain, elle se réfugia à l'hôtel de Soissons que lui construisit Bullant, sur l'emplacement actuel de la Halle aux blés. Elle ne revint aux Tuileries, désormais lieu de promenade, que pour y arrêter le massacre du 24 août 1572. Henri IV fit agrandir le palais par Du Cerceau, qui venait de construire le pont Neuf. Mais cet architecte manqua de goût d'un élégant palais; il fit une confusion de palais par le style, par les élévations et le caractère. Louis XIII et Louis XIV, Louis-Philippe et Napoléon III, l'ont continué. De l'œuvre de Philibert il reste peu de chose. L'aspect général n'a ni unité ni originalité; et sauf quelques détails élégants, la grandeur est son seul mérite (sa longueur est de 340 mètres). Mais à l'intérieur du moins la splendeur n'a fait que progresser. On remarque l'escalier d'un beau style, la vaste galerie ornée des peintures de Mignard, la salle grandiose du Dôme dénommée salle des Maréchaux; elle occupe deux étages tout entiers. La vue qu'elle offre sur le jardin et qui se prolonge jusqu'à la barrière de l'Étoile est admirable. Elle est éclairée par un lustre immense et entourée d'une balustrade à la hauteur du second étage. La tribune est soutenue par des cariatides copiées sur celles de Jean Goujon. Elle est ornée d'un grand nombre de maréchaux de France, de plusieurs bustes de généraux célèbres et de beaux trophées d'armes.—Le salon de la Paix, dont le plafond représente Apollon dieu du jour, commençant sa carrière; ce salon est meublé, avec une certaine richesse, de bronzes, de bustes, de vases, d'un lustre, mais l'ensemble manque d'unité.

La salle du Trône tendue de tapisseries des Gobelins possède un lustre célèbre; sur le plafond Flamaël a peint la Religion protégeant la France.

La salle du Conseil semble dater de Louis XIV, et en effet toutes ces dorures et cette ornementation éblouissante sont dignes du grand siècle, cependant cette décoration est moderne à l'exception des tapisseries des Gobelins. On y voit deux grands vases de Sèvres.

La galerie de Diane est ornée de tapisseries des Gobelins représentant des épisodes de la vie de Louis XIV, de huit petits tableaux retraçant des épisodes de la vie de Louis XVI, et de deux vases égyptiens de 2 mètres 60 de hauteur.

La chapelle occupe la hauteur de deux étages. Elle a été réparée par Napoléon Ier. Elle est ordonnée de deux ordres de colonnes en stuc et en pierre. Elle n'a rien à signaler, si ce n'est un tableau de Jalabert, l'Annonciation. L'empereur fait chaque année appel aux princes de l'éloquence pour ses stations de Carême. Nous y avons entendu les PP. Ravignan et Ventura; NN. SS. Lecourtier, Landriot et Darboy; MM. Deplace, Deguerri, etc.

Un seul de nos rois a rendu le dernier soupir dans ce palais, c'est Louis XVIII. Louis XIV est le premier qui l'ait habité et encore rarement. Louis XV y passa sa minorité. Louis XVI y séjourna vingt-deux mois et y fut abreuvé d'ignominies. Napoléon en fit pendant quatorze ans le rendez-vous de toutes les grandeurs et de toutes les gloires. Pie VII fut logé au palais. En 1814, la Restauration était accueillie avec ivresse sous les voûtes du vieux palais. En 1820 on y célébra la naissance d'Henri V; en 1825 le sacre de Charles X. Le 24 février 1848, Louis-Philippe, le roi des barricades, déjeunait paisiblement en famille quand la Providence sonna l'heure de sa chute.

Voici le jardin dessiné par Le Nôtre en 1665. Il est partagé en deux parties distinctes, un parterre semé de statues, de bassins et de fleurs, et deux épais massifs de verdure formés par des marronniers séculaires parmi lesquels l'arbre du 20 mars. Il se distingue par la précocité de son feuillage. Ce jardin a environ trente hectares de superficie. L'empereur y a fait opérer bien des transformations.

Sur la terrasse du côté de la Seine, dont on a refait le mur en grande partie et qu'on a terminée à hauteur d'appui d'une belle balustrade à colonnettes, s'élève une orangerie. Cette terrasse est réservée. Vis-à-vis au milieu des bosquets de la terrasse des Feuillants on a bâti un jeu de paume pour le prince impérial. Pendant l'absence de l'empereur le jardin privé est ouvert au public. Aujourd'hui les Tuileries n'offrent guère l'aspect d'un véritable jardin. On n'y trouve ni les accidents pittoresques du Jardin des plantes, ni les riantes perspectives du Luxembourg, ni les vastes pelouses ombragées du parc de Monceaux. Mais ici que de charme ! que de ressouvenirs ! Partez du palais des Tuileries et continuez votre promenade jusqu'à l'Arc-de-Triomphe : c'est une des plus agréables et des plus intéressantes que vous puissiez réaliser. Après avoir parcouru les magnifiques allées, admiré les statues de Coustou, de Coysevox, de Foyatier, de Pradier, etc., vous voici sur cette place, la plus belle de l'univers, qui a vu tomber sur un échafaud les têtes de Louis XVI, de Marie-Antoinette et de tant d'illustres victimes. Cette aiguille mystérieuse qu'on appelle l'obélisque (trente fois séculaire) en forme le centre; les colonnes rostrales, les groupes de Coustou, si célèbres sous le nom de chevaux de Marly, les huit pavillons surmontés d'une statue colossale représentant une des grandes villes de France, les deux fontaines jaillissantes lui font une décoration splendide. Nulle part on ne voit réunis sur un seul point plus de monuments dignes de fixer les regards, et le premier sentiment de l'étranger qui traverse cette place est à coup sûr l'étonnement et l'admiration. A droite, le ministère de la marine, la Madeleine, à gauche le palais législatif, le ministère des affaires étrangères, et la Seine côtoyant de ses flots placides l'immense avenue de ces Champs-Élysées que ferme si grandiosement l'Arc-de-Triomphe de l'Étoile. C'est sous Louis XV que Paris fut doté de cette place. L'avenue est longue de deux kilomètres et bordée en son entier de riches candélabres au gaz dont l'illumination produit le soir un effet magique.

En sortant par le pavillon de Sully vous vous trouvez sur la place de Napoléon III, qui a pu réunir, en cinq ans, les Tuileries au Louvre. Les façades neuves sont précédées, au rez-de-chaussée, d'un portique établissant une circulation à couvert et continué au rez-de-chaussée de la façade. Ce portique, percé d'arcades cintrées, est décoré d'un ordre corinthien que supporte un stylobate continu. Les tympans des arcades sont ornés de feuillages sculptés et la frise est richement décorée. Une corniche saillante forme le bord de la terrasse qui s'étend au-dessus des portiques. Un peu en arrière, un appui peu élevé porte à l'aplomb des colonnes corinthiennes, des portiques, des statues colossales d'hommes illustres. Les fenêtres du premier étage, en retraite sur les terrasses, sont surmontées de frontons triangulaires. Au-dessus du premier étage règne un attique surmonté d'une balustrade interrompue de distance en distance par des piédestaux sur lesquels s'élèvent des groupes allégoriques. Chacune des façades est coupée dans sa longueur par trois pavillons en avant-corps où le luxe décoratif atteint des proportions plus exagérées qu'en aucune autre partie. Dans les pavillons centraux, le rez-de-chaussée et le premier étage sont ornés chacun d'un double rang de colonnes corinthiennes accouplées, supportant, à la hauteur de l'attique, celles des extrémités des consoles renversées, celles du milieu des groupes colossaux entre lesquelles s'épanouit un écusson supporté par des figures symboliques. Le deuxième étage au-dessus de l'attique est percé de 3 baies à plein cintre, entre lesquelles se groupent, deux par deux, huit cariatides supportant un fronton richement sculpté. Un dôme à quatre pans couronne le tout.

Les pavillons latéraux et les pavillons d'angles entre la place Napoléon et les bâtiments en retour d'équerre sur la place du Carrousel, se composent seulement, comme les galeries adjacentes, d'un premier étage et d'un attique ; cette partie est assez sobre d'ornements. Mais le même luxe se retrouve dans les ouvrages en plomb repoussé qui décorent les arêtes de leurs toits aigus, dans les cariatides et autres sculptures des fenêtres des mansardes, et enfin dans les statues monumentales assises à chacun des angles. On a restauré complétement les pavillons Lesdiguières et de Rohan, et bâti les pavillons Turgot,

Richelieu, Colbert, Daru, Denon, Mollien. Soixante-trois groupes allégoriques et quatre-vingt-six statues décorent le sommet des façades et des terrasses.

Dans la cour Visconti sont des remises renfermant soixante-deux voitures, deux traîneaux et la voiture du mariage complétement dorée. La partie supérieure de cette magnifique voiture est ornée de glaces. Sur les quatre panneaux latéraux sont des figures symboliques et religieuses. Une galerie surmonte la voiture et sert de base à un groupe de bronze d'un mètre de hauteur, portant la couronne impériale. L'intérieur est garni en velours cramoisi, frangé d'or. Le poids total de la voiture dépasse 6,500 kilogrammes.

Des statues de François Ier et de Napoléon doivent être élevées dans les jardins que sépare une large plate-forme. En prenant le vestibule qui s'ouvre dans l'axe du Palais-Royal, vous arrivez à gauche à la Bibliothèque, dont l'escalier est le chef-d'œuvre d'une femme artiste. C'est de la place du Carrousel qu'il faut juger l'ensemble du Louvre et les constructions récentes. L'ornementation de cet immense palais est assurément du plus grand luxe. Mais il faut avouer que si on a dépensé beaucoup d'activité et de talent dans la multiplicité des détails à improviser, beaucoup d'habileté dans l'exécution de plusieurs parties isolées, on ne trouve pas la forte unité d'un but déterminé dans ce vaste ensemble qui cherche à vous éblouir par un étalage prétentieux de richesse. Il y a du luxe, mais le sentiment élevé ne s'y fait pas sentir.

LE DOME ET L'HOTEL DES INVALIDES.

Ce dôme s'aperçoit de presque tous les points de Paris. A part des ornements un peu trop multipliés dans sa partie inférieure, c'est une création vraiment monumentale par le mélange de solidité et de légèreté, de simplicité et de magnificence qui le distinguent. Il est d'une élévation extraordinaire que semblent accroître encore sa forme svelte et ses heureuses proportions. La partie supérieure est revêtue d'une ceinture de quarante colonnes corinthiennes, et la coupole divisée en côtes et éclairée dans les intervalles par des lucarnes qui servent d'ouvertures à autant de casques, est surmontée d'un lanternon doré et dominé par une flèche dont la croix s'élève à 108 mètres au-dessus du sol. Ce dôme avec ses belles proportions semble avoir été jeté dans l'espace pour dominer le tombeau de Napoléon, et lui fournir un couronnement digne de sa renommée.

Traversez une cour extérieure ornée de pièces de gazon gracieusement découpées, vous vous trouverez en face du monument qui renferme toutes les merveilles de la peinture, de la sculpture et de l'architecture combinées. A peine aurez-vous franchi le seuil que votre regard sera ébloui des splendeurs qu'il embrassera. L'église, en effet, étincelle de dorures et de marbres sur lesquels à travers les vitraux peints, le soleil projette des reflets fantastiques. On foule aux pieds une splendide mosaïque contemporaine de Louis XIV. Les voûtes de la nef forment quatre arcades dans les pendentifs desquelles sont peints les quatre évangélistes; aux angles l'architecte a tracé quatre chapelles circulaires, isolées les unes des autres par une croix grecque. Dans le fond, un maître-autel splendide, avec ses magnifiques colonnes torses, son baldaquin et son grand Christ dorés, aveugle, pour ainsi dire, le regard à force d'éclat. Toutes les variétés du marbre y ont été mises à contribution ; les colonnes, hautes de 8 mètres sans les bases et les chapiteaux, sont en marbre noir, veiné ou plutôt pailleté de blanc ; l'autel est en marbre noir, le soubassement en marbre vert, les cinq marches en marbre blanc de Carrare. On y a prodigué toutes les splendeurs de l'art et de la richesse : les premiers statuaires, les peintres les plus célèbres de l'époque l'ont décoré à l'envi. On ne vient pas pour prier dans cet édifice d'une si riante harmonie, où chaque détail, par son éclat semble multiplier la lumière ; on y vient pour voir et pour admirer.

Le caveau de l'église abrite les tombeaux de plusieurs guerriers illustres. Voici ceux de Turenne, (véritable chef-d'œuvre), de Vauban, de Duroc et de Bertrand, du prince Jérôme. Au milieu d'eux sous le dôme dont la coupole large de 16 mètres, illustrée par le brillant pinceau de Lafosse et Coypel, repose au fond d'une chapelle mi-souterraine la tombe de Napoléon Ier. Du centre de l'édifice le visiteur la domine et peut la contempler, appuyé sur une balustrade. Le cercueil est renfermé dans un monolithe de grès rouge, amené de Finlande et dressé à grands frais sur un socle de granit vert des Vosges. Ce monolithe, qui n'a pour ornement que des arêtes arrondies et des volutes d'une correction sévère, est d'une simplicité imposante, qui ajoute à la profondeur de l'impression produite. Autour de la crypte et faisant face au cercueil, se dressent dans leur morne immobilité douze cariatides de Pradier. Voilà tout ce que l'œil embrasse de la balustrade. Mais si vous désirez voir de près le sarcophage, prenez un des deux escaliers en marbre blanc, qui contournent chaque côté de l'autel, vous arrivez à la grande porte en bronze que gardent deux colossales statues de Duret tenant sur des coussins, l'une le globe, l'autre le sceptre et la couronne impériale. Vous vous engagez dans un obscur péristyle qui descend à la crypte par vingt-cinq marches de marbre blanc, et vous arrivez dans une galerie circulaire ornée de dix bas-reliefs symboliques, de Simart et éclairée par des lampes funéraires en bronze. On voit sur un piédestal en bronze et en porphyre l'épée et le chapeau de Napoléon.

Parcourez les cuisines, et vous y verrez ces pantagruéliques casseroles et ces marmites gigantesques où l'on peut faire bouillir un mouton tout entier. Tous les réfectoires sont décorés de grandes peintures de batailles et divisés en tables de douze couverts. On visite encore la pharmacie, l'infirmerie, desservie par vingt-cinq sœurs de la charité et organisée largement avec des jardins et des promenoirs; la bibliothèque et ses seize mille volumes, la salle du Conseil que tapissent les portraits des gouverneurs de l'hôtel, des maréchaux de France, de Napoléon, en habit du sacre, par Ingres et son buste par Bosio; enfin, les dortoirs qui sont de toute dimension et disséminés partout.

De toutes les curiosités des Invalides, l'une des plus attrayantes est bien la collection des plans en relief des principales places fortes de France, déposée dans les combles. Trois salles immenses sont consacrées à ces reproductions d'une fidélité minutieuse, d'un travail exquis, exécutées sur une échelle assez grande pour conserver jusqu'aux détails les plus pittoresques, et produire une sorte d'illusion dont n'approchent point les meilleurs panoramas. D'un seul coup d'œil on embrasse la Suisse. On a sous les yeux Constantine et la partie de Rome assiégée par nos troupes en 1849. Mais ces plans ne sont visibles que durant le mois de juin.

Il faut assister le dimanche à la messe militaire pour voir le gouverneur et les vieux de la vieille.

PALAIS DE LA BOURSE.

C'est à Napoléon 1er que l'on doit la création de la Bourse. Brongniart, architecte distingué, archéologue et esprit cultivé, posa la première pierre en 1808. Il mourut en 1813; Labarre continua sur ses dessins ce monument qu'il termina en 1825. C'est un temple périptère entouré de soixante-quatre colonnes, dont quatorze sur chacune de ses faces et dix-huit sur chaque côté latéral.

L'ARC DE TRIOMPHE DE L'ÉTOILE.

On a dépensé pour ce monument 10 millions. Ses dimensions sont : hauteur, cent cinquante-deux pieds; largeur, cent cinquante-sept; épaisseur, soixante-huit. Le grand arc a, de hauteur, quatre-vingt-dix pieds et quarante-cinq de largeur. Les fondations ont vingt-cinq pieds de profondeur au-dessous du sol sur cent soixante-sept pieds de longueur et quatre-vingt-trois de largeur. Quatre groupes de sculpture de grande proportion décorent les façades. Du côté des Tuileries, c'est le Départ (1792), chef-d'œuvre de Rudde. Le génie de la Guerre pousse le cri d'alarme, et, du bout du glaive qu'il tient étendu, montre le lieu où l'ennemi doit être rencontré. Dans cet admirable morceau, la pierre crie et marche, l'enthousiasme guerrier, l'amour ardent de la patrie éclatent avec une suprême éloquence. Le groupe de gauche est de M. Cortot, le Triomphe (1810). L'empereur est couronné par la Victoire, la Renommée publie ses hauts faits, l'Histoire les écrit. Les villes vaincues viennent se soumettre, et des figures de villes soumises sont aux pieds de l'empereur; plus loin, le prisonnier est dans les fers.

Les groupes du côté de Neuilly sont de M. Etex: l'un représente la Résistance (1814). Un jeune guerrier défend son pays; d'un côté, son père blessé embrasse ses genoux, sa femme veut l'arrêter, elle tient un enfant tué dans ses bras. Derrière, un cavalier blessé mortellement tombe de cheval; au-dessus, le génie de l'Avenir planant sur ce groupe encourage le jeune homme à résister et à combattre. La Paix (1815). Un guerrier remet l'épée dans le fourreau; à gauche, c'est une femme avec un enfant qu'elle caresse et un autre qui lit; derrière, un homme ajuste un soc de charrue; un soldat laboureur dompte un taureau. Entre l'imposte du grand arc et l'entablement sont deux bas-reliefs : l'un, par Lemaire (du côté des Tuileries), représente les funérailles du général Marceau, tué à Hoschsteinhall en 1796.

Marceau, atteint d'une balle par un chasseur tyrolien, ne put être emporté du champ de bataille. L'archiduc Charles le fit entourer de soins, mais il expira bientôt. L'armée autrichienne s'unit à l'armée française pour lui rendre les derniers devoirs;

il fut enseveli au bruit de leur double artillerie. L'autre est de M. Seurre; il représente la bataille d'Aboukir (1799).

Du côté de Neuilly, M. Feuchère a représenté le Passage du pont d'Arcole (1796). Bonaparte, s'apercevant des inutiles efforts des troupes pour repousser les Autrichiens, saisit un drapeau, se jette en avant du pont malgré les boulets et la mitraille, et arrive ainsi, suivi de ses braves, jusqu'à la bouche des canons ennemis. Muiron, son aide de camp, se place devant lui pour le protéger et tombe à ses pieds blessé d'un coup mortel. M. Chaponnière a représenté la Prise d'Alexandrie (1798). On y voit Kléber qui vient d'être blessé par un Turc dans la poitrine duquel un soldat veut enfoncer sa baïonnette.

Voici la Bataille d'Austerlitz (1805). La bataille est engagée. Napoléon arrête la garde, l'infanterie française se précipite à la baïonnette sur les Russes et les Autrichiens; le général Friand s'est emparé d'un fusil et donne l'exemple en renversant tout ce qui s'oppose à sa marche; l'ennemi, refoulé sur un étang, se défend avec opiniâtreté; l'artillerie de la garde multiplie ses ravages, et les glaces s'entr'ouvrant, les Russes disparaissent : quelques soldats cherchent à se sauver en s'accrochant l'un à l'autre. Enfin Marochetti a représenté la Bataille de Jemmapes (1792). On y voit le duc de Chartres (Louis-Philippe), charger les batteries prussiennes. Les quatre Renommées sont de Pradier.

Dans la frise du grand entablement règne, au pourtour du monument, un bas-relief du côté de Paris, c'est le Départ des armées ; du côté de Neuilly, le Retour. Sur les boucliers placés dans la hauteur de l'attique figurent trente noms de victoires choisies parmi celles qui ont le plus influé sur les destinées de la France.

Trois cent quatre-vingt-quatre noms des généraux qui ont figuré dans les batailles de la République et de l'Empire sont inscrits sous les massifs des arcades latérales ; on vient d'y ajouter ceux de Louis Bonaparte et de Jérôme : le père et l'oncle de Napoléon III.

Au point de vue de l'architecture, l'Arc de l'Étoile n'est pas un chef-d'œuvre. Mais par les souvenirs glorieux qu'il consacre, par sa magnifique situation et par sa masse imposante, il impressionne vivement. La place est devenue une des plus belles places de l'Europe par des constructions dont les façades avec pilastres, balustres, moulures saillantes, corniches et autres ornements sont complétement uniformes quant à leur élévation et leur décoration. Enfin cinquante-quatre candélabres à gaz du plus beau modèle et cuivrés par les procédés galvaniques sont élevés sur un piédestal octogone à pans coupés, ornés de moulures.

L'avenue de l'Impératrice, qui relie le Bois aux Champs-Élysées par une chaussée réservée aux équipages et des allées à double trottoir destinées l'une aux cavaliers, l'autre aux piétons, n'est pas seulement une admirable promenade, c'est encore la collection d'arbustes la plus complète et la plus riche qui soit en Europe. Elle a mis à contribution toutes les pépinières de la France, de l'Algérie, de la Belgique, de l'Allemagne, et ses quatre mille sujets différents représentent tous les arbres et tous les arbustes d'agrément qui peuvent, sous nos latitudes, embellir et charmer la demeure de l'homme. Ajoutez que les fleurs éclatantes et groupées en bouquets dans des corbeilles, des pétunias, des géraniums, des balisiers et des verveines relèvent de leurs nuances vives et tranchées la monotonie d'une verdure uniforme sur la pelouse qui se déroule devant les yeux depuis l'Arc de triomphe jusqu'à la route des Lacs.

La situation du bois de Boulogne est la plus heureuse qui se puisse souhaiter. Une ceinture de villas, de cottages et de châteaux tellement serrés, qu'on en fait des hameaux, des villages et des villes, enferment de toutes parts sa fraîche oasis. Aussi chaque jour y voit-on s'y rendre tout le luxe, tout l'éclat, toute l'élégance, toute la fortune de Paris.

BOIS DE BOULOGNE.

Qu'était naguère ce bois?

Un Sahara de poussière et de sable, une végétation chétive, une mare infecte, un horizon fermé de toutes parts, des allées qui n'aboutissaient pas, des taillis maigres et souffreteux, quelques touffes d'herbes flétries et piétinées par les chevaux, des terrains vagues semés de cailloux, un sol aride, des repaires inaccessibles, où l'on échangeait en plein jour, et à l'abri de tout contrôle et de toute surveillance, des coups d'épée et de pistolet, des arbres dépouillés, sinistres, droits comme des poteaux où on allait se pendre.

Et maintenant? il n'y a point dans toute la Suisse une vallée plus verdoyante et plus fraîche, des gazons plus épais, plus veloutés, des arbres plus touffus, des sources plus limpides, des rochers plus pittoresques, des sites plus charmants, une oasis plus délicieuse et plus idéale. Nous l'avons vue pousser sous nos yeux en moins de temps qu'il n'en faudrait pour le décrire. Les étrangers demeurent muets d'étonnement devant cette création prodigieuse qu'ils croient l'œuvre des siècles et prennent les récits qu'on leur fait pour des vanteries de Gascon.

Visitez l'île des Cèdres, — les lacs, — le pré Catelan avec ses massifs, ses corbeilles remplies de milliers d'arbustes et de fleurs, de constructions légères et charmantes, ses pavillons, ses kiosques, ses chalets. Montez sur le rocher de la cascade et vous jouirez d'un panorama aussi magnifique que complet. On a devant soi la vaste plaine de Longchamps où est établi l'Hippodrome; on aperçoit le riant château de Rothschild; l'horizon, de ce côté, est borné par les ravissants coteaux de Saint-Cloud, Meudon et Bellevue. A droite, la prairie s'arrête à la charmante petite rivière dont les capricieuses sinuosités entourent le pittoresque Moulin de la Galette et la maison de garde si coquettement construite ; en face se dresse le mont Valérien couronné de sa formidable citadelle. Dirigez ensuite votre promenade au Jardin d'acclimatation, et passez-y au moins deux heures.

La vue panoramique qu'on découvre dès l'entrée a été ménagée avec une entente parfaite. Certes, l'aspect de ce parc élégant et spacieux où les animaux peuvent à l'aise prendre leurs ébats, ne rappelle en rien une ménagerie, et comme les hôtes de ces lieux enchantés ne sont nullement féroces, on ne voit pas ici de palissades formidables, mais de simples treillages clair-semés qui permettent au regard de s'étendre au loin et disparaissent même à quelque distance pour ne laisser apercevoir que les types gracieux ou bizarres des sujets qu'ils renferment. Cette impression est surtout manifeste en regardant la vaste étendue du lac-rivière formant le centre où les oiseaux aquatiques sont distribués avec profusion.

Ce jardin remplit le triple but — de plaire au public, — d'aider puissamment au progrès de la science pratique, — et de satisfaire ses propriétaires au point de vue financier.

Il faut voir les serres. L'une est un véritable jardin d'hiver spacieux et riche. Une rivière en miniature serpente à travers ce jardin enchanté peuplé des arbustes les plus rares des pays chauds. On y remarque une collection magnifique de camélias, et une autre de bruyères arborescentes qui ne se peuvent voir nulle part ailleurs.

Voici l'Aquarium, une merveille. C'est un bâtiment de quarante mètres de long sur dix de large ; il contient quatorze réservoirs à parois de glace qui permettent d'examiner l'intérieur. Chaque réservoir est garni de rochers pittoresques ; le fond est couvert de sable et de galets. Tout a été mis en œuvre pour rappeler aux poissons les charmes de leur sombre élément. Les réservoirs sont éclairés par en haut seulement; le spectateur qui regarde à travers les glaces fort épaisses qui font parois peut voir les détails intimes de la vie des animaux sous-marins. Cet aquarium est le plus grand, le plus perfectionné et le plus complet de ceux connus jusque aujourd'hui ; il consiste en une réunion d'animaux et de plantes vivant dans l'eau de mer et l'eau douce. Les réservoirs 5 et 6 renferment une collection riche et variée d'anémones de mer, remarquables par la variété de leurs couleurs, de leurs formes, et surtout parce que rien en elles tout d'abord ne semble caractériser des animaux. D'une manière générale, on peut considérer leur corps comme une sorte de sac peu mobile adhérant au sol par une de ses extrémités, et offrant à l'autre extrémité une ouverture qui joue à la fois le rôle de bouche pour l'introduction des aliments et de conduit pour l'expulsion des excréments, et qui est entourée de plusieurs rangées de tentacules. Ces organes très-sensibles qui servent à l'animal pour saisir sa proie et la maintenir pendant la durée du repas, sont teints des couleurs les plus variées et donnent, par leur disposition radiée autour de l'orifice, un aspect semblable à celui des fleurs de nos parterres ; de là le nom d'anémones de mer qu'on leur a imposé. Ces êtres, qui ne prennent qu'une nourriture exclusivement animale, se maintiennent en très-bon état, quoique captifs, si on a soin de leur fournir de temps à autre des morceaux de viande, de poisson ou de vers, qu'ils saisissent avec avidité.

Quand on voit les actinies hors de leur milieu et telles que les pêcheurs les connaissent, elles n'offrent qu'une masse informe et gluante. Ce n'est que dans l'Aquarium que se révèle toute l'élégance de leurs formes. A travers le double cristal des eaux et du réservoir transparent, on voit s'ébattre, nager avec grâce, s'élever et redescendre à travers le milieu liquide, des animaux marins que bien peu de personnes avaient observés vivants ; et c'est ainsi que l'on découvre des formes et des aspects que l'imagination aurait été impuissante à concevoir. Les animaux les mieux connus laissent même apparaître de nouveaux traits caractéristiques, parce qu'on les surprend dans des situations impossibles à réaliser dans la mer ou les rivières. Peu de spectacles, en un mot, sont aussi variés, aussi pittoresques; il en est peu qui donnent matière à autant de réflexions, qui révèlent mieux l'inépuisable fécondité des ressources de la nature, et qui ne provoquent une action de grâces au divin Créateur.

J'oubliais de vous dire que là, comme partout, règnent la discorde et le vol. Voici cet étrange bernard-l'ermite, mollusque en quête d'une position sociale, c'est-à-dire à la recherche d'une coquille dont l'indifférente nature a négligé de le pourvoir. Malheur au frère imprudent qui s'avise de quitter momentanément sa demeure! car aussitôt il se voit exproprié sans indemnité par l'astucieux bernard, qui se glisse prestement dans la coquille vide d'où il fait la nique au dépossédé.

Le prix d'entrée est de 1 franc les jours de la semaine et de 50 c. le dimanche.

JARDIN DES PLANTES.

Son origine date de 1635. Au début, ce ne fut qu'un jardin botanique auquel on adjoignit successivement diverses branches de l'histoire naturelle; aujourd'hui ce magnifique établissement est le premier et le plus riche de l'univers; il possède des galeries de zoologie dans lesquelles sont classés méthodiquement les insectes, les papillons, les reptiles, les oiseaux et les quadrupèdes de toutes espèces, des galeries de minéralogie, de géologie où sont rassemblés à l'état brut des milliers d'échantillons de tous les produits du sein de la terre ; une galerie d'anatomie comparée, d'une richesse et d'un intérêt indescriptibles; un jardin botanique et une ménagerie d'animaux vivants; tous ces trésors sont livrés gratuitement à l'étude et à la curiosité du public tous les jours de la semaine.

Le jardin, si pittoresque et si varié, offre la promenade la plus agréable et la plus instructive pour l'observateur que sait admirer la nature. On y trouve les arbres et les arbrisseaux les plus curieux et les plus rares ; des plantes de toutes les parties du monde cultivées dans des terres spacieuses ou en plein air suivant les espèces. Des animaux des diverses contrées du globe y sont rassemblés soit parqués, suivant leur nature, ou enfermés dans des fosses ou des loges grillées. Ici, tout parle à l'intelligence et éveille dans le cœur des promeneurs une admiration profonde pour les beautés de la nature; aussi cet établissement est-il dit, entre les institutions scientifiques de Paris, le plus populaire et le mieux apprécié par le public.

Voici tout près l'Entrepôt des vins construit sur les terrains qu'occupait jadis l'abbaye de Saint-Victor.

MANUFACTURE DES GOBELINS.

Cet établissement doit son origine et son nom à Gobelin, de Reims, qui excellait dans la teinture des laines. Il vint se fixer à cet endroit en 1540. En

1662, Colbert, frappé de la beauté des ouvrages qui sortaient de cette fabrique, résolut de les mettre sous la protection du roi; il en fit l'acquisition, l'augmenta des bâtiments actuels, et en 1667, le célèbre peintre Lebrun en eut la direction. Depuis, que de chefs-d'œuvre sont sortis de ce lieu, ces tapisseries sont destinées à orner les châteaux royaux, et souvent aussi les habitations des princes de l'Europe, qui en reçurent des cadeaux du souverain français. On visite les galeries de cette manufacture, où sont exposés plusieurs de ses remarquables produits et aussi les ateliers où travaillent les artistes. Comme la Manufacture de porcelaine de Sèvres, la Manufacture des Gobelins dépend de la couronne. La liste civile du chef de l'État en fait les frais, et par conséquent le souverain dispose à son gré de leurs produits.

LES MONUMENTS DE LA SCIENCE.

Un roi a écrit : *Remèdes de l'âme :* sur la plus ancienne bibliothèque dont l'antiquité ait gardé le souvenir. Paris en compte quinze, fort remarquables, et livrées à la disposition du public.

La plus suivie est la Bibliothèque impériale, établie depuis 1724, au palais Mazarin, rue Richelieu. On y distingue 4 divisions, les imprimés et les cartes, les manuscrits, les estampes, les médailles. Charles V la créa en réunissant 910 volumes; actuellement elle en possède plus d'un million. François Ier fut l'instigateur du cabinet des antiques et médailles, on dirait un vaste musée, et des 25,000 cartons du département des estampes. La Bibliothèque possède le psautier de Fust et Scheffer de 1457, le premier livre qui porte une date d'impression. En un mot, cet établissement est un monde entier, ouvert à la science, aux lettres et aux arts.

Après la Bibliothèque Impériale, la plus remarquable est celle de Sainte Geneviève, c'est une construction qui date de 1850. Rien de plus grand, de plus confortable, de mieux approprié à sa destination. C'est d'abord un vaste vestibule au rez-de-chaussée, orné des bustes des savants et des artistes. Un double escalier conduit à la salle de lecture, dont il faut admirer la magnifique ordonnance, les deux voûtes parallèles et unies, soutenues par des colonnes en fer, ouvragé avec des arcatures qui courent dans toute la longueur de l'édifice. La lumière y abonde, tout est fenêtres dans la partie haute de la salle, les galeries des livres sont disposées avec art. En face de la porte d'entrée à l'intérieur, on voit une fort belle copie de l'École d'Athènes de Raphaël.

Limités par l'espace, nous regrettons de ne pouvoir vous entretenir des sociétés savantes, de l'Académie française, des autres académies ou classes de l'Institut; des diverses sociétés scientifiques, littéraires et artistiques de Paris, de l'Université Impériale et de l'Académie de Paris; de l'enseignement supérieur, la Sorbonne, Facultés des lettres, des sciences, de théologie, de médecine, de droit; de l'enseignement secondaire, lycées, colléges, institutions universitaires et ecclésiastiques, écoles normales; nos écoles d'enseignement supérieur et professionnel en dehors de l'Université, séminaires, Collége de France, École des langues orientales, près la Bibliothèque impériale, École des chartes, cours de l'Observatoire.

Ce grand établissement, fondé par Colbert et organisé par Cassini, est une institution hors ligne, unique, du moins, dans ses développements en Europe; le Bureau des longitudes qui y tient ses séances, est en possession d'une autorité scientifique.

L'École polytechnique, les Écoles des ponts et chaussées, des mines, l'École spéciale des arts et manufactures, le Conservatoire des arts et métiers, le Jardin des plantes, ses cours et ses collections d'histoire naturelle.

COLONNE DE JUILLET.

On a remplacé la formidable forteresse de la Bastille par une colonne commémorative des événements de juillet 1830. Ce monument a été inauguré le 28 juillet 1840 par Louis-Philippe, entouré des grands corps de l'État et d'une foule immense.

Un piédestal carré en marbre supporte la colonne. D'un côté est un lion en bronze sculpté en bas-relief, lequel est à la fois l'emblème et le signe zodiacal du mois de juillet. De l'autre, les armes de Paris, puis des palmes et des guirlandes. La colonne est de 4 mètres plus élevée que celle de la place Vendôme ; elle a 56 mètres.

Le fût se compose de 20 tambours unis ou couchés, ou chargés d'ornements ; ils servent de caveaux et contiennent quelques victimes de juillet 1830 et de février 1848. Six cent quinze noms sont inscrits en lettres d'or sur la colonne. Le chapiteau couronnant le fût est couvert d'ornements, une lanterne à coupole ornée, sur laquelle est placée une boule d'un mètre de diamètre. Le génie de la Liberté se dresse sur l'extrémité d'un pied, il tient d'une main les chaînes brisées et de l'autre un flambeau. La statue a 12 pieds d'élévation. Dans le fût de la colonne, est pratiqué un escalier à colimaçon en bronze, découpé à jour, avec des rampes du même métal. On compte 210 marches et deux personnes peuvent y passer de front.

COLONNE VENDOME.

Napoléon Ier décida en 1806 qu'une colonne triomphale serait érigée sur la place Vendôme en commémoration des victoires de la grande armée en Allemagne. Cette colonne d'ordre dorique est une imitation de celle érigée à Rome en l'honneur de Trajan ; elle est en pierre de taille revêtue de plaques de bronze. Un escalier en colimaçon conduit sur le tailloir du chapiteau entouré d'une balustrade. Le bronze employé à ce monument pèse 180,000 kilogr., il a été tiré de 1,200 pièces de canons prises à l'ennemi à Ulm et à Vienne.

On vient de rétablir la statue à la romaine que les souverains coalisés avaient abattue et détruite en 1814. M. Dumont a suivi l'idée de Chaudet : Napoléon est vêtu en empereur romain d'une simple chlamyde et la tête ceinte d'une couronne de laurier. D'une main appuyé sur son glaive, de l'autre il tient un globe surmonté d'une victoire ailée, moulée sur l'antique.

La statue de M. Seurre, qui a coûté 55,000 fr., a le mérite de l'exactitude historique. Le général Bertrand avait prêté à l'artiste le chapeau, le frac militaire, les épaulettes, la redingote à revers, les bottes à l'écuyère, les éperons d'or et la lorgnette de l'empereur. Il a même pu copier l'épée, qu'il portait à Austerlitz. Fondue avec les canons autrichiens, elle mesure 12 pieds de hauteur. Après trente ans d'exposition place Vendôme, elle figure à Courbevoie et regarde l'Arc de triomphe.

COLONNE DU PALMIER.

Cette colonne érigée en 1808 sur la place du Châtelet vient d'être transférée sur un piédestal plus élevé que le premier ; il est décoré de quatre sphinx.

Le fût représente le tronc d'un palmier et le chapiteau les branches de cet arbre d'Orient. Sur le piédestal sont quatre statues représentant la Justice, la Force, la Prudence et la Vigilance, qui joignent leurs mains et entourent la colonne. Le fût est partagé en zones de bronze doré, sur lesquelles sont gravés les noms des principales victoires de Napoléon. Les côtés sont ornés d'aigles et de couronnes de laurier. Au-dessus du chapiteau sont plusieurs têtes représentant les Vents et au centre un globe qui soutient une statue de la Victoire.

FONTAINE SAINT-MICHEL.

Le soubassement, d'une hauteur de six mètres quarante, et les quatre vasques sont en pierre de Saint-Yllie (Jura) ; le reste du monument est en pierre du banc royal de Méry. Deux piédestaux, pris de chaque côté de ce soubassement, sont surmontés de colonnes en marbre rouge du Languedoc, avec bases et chapiteaux en marbre blanc-clair. Ces quatre colonnes, dont la hauteur est de six mètres, supportent quatre statues en bronze, représentant les vertus cardinales : *la Prudence, la Force, la Justice et la Tempérance*, qui ont trois mètres de haut. Chaque panneau d'intervalle du soubassement est orné d'une table de marbre de brèche-grise taillée à facettes.

Entre ces colonnes accouplées, au centre du monument, le groupe de *Saint-Michel terrassant le démon* occupe une vaste niche dont les tympans sont ornés de Chimères, et dont la clef porte les armes de la ville de Paris avec la légende : *Fluctuat nec mergitur*. Ce groupe en bronze a cinq mètres cinquante de hauteur (plus de 19 pieds) ; il est posé sur un rocher en pierre de Soignies (Belgique), et de ce rocher s'échappent les eaux qui tombent en cascade de vasque en vasque jusqu'au dernier bassin, qui n'est élevé que de 30 centimètres au-dessus du niveau du trottoir.

Dans le panneau d'intervalle de chaque groupe de colonnes est un bouclier en bronze portant sur un champ d'abeilles, avec sceptres et palmes de chêne et de lauriers, un N sommé de la couronne impériale ; au-dessous, est un cartouche orné d'une plaque de marbre lapis-lazuli ayant au centre une tête d'ange en marbre blanc statuaire.

La frise de l'entablement est décorée de petits anges portant des guirlandes de fleurs, et, au-dessus de chaque colonne, d'un écusson à tête de lion.

Le milieu de l'attique est orné de panneaux carrés en marbre de couleur, et les parties latérales portent un cartouche au chiffre de saint Michel, entouré du collier de l'ordre de ce nom, créé par Louis XI en 1469.

Le fronton est composé d'une table en marbre vert de mer, portant cette inscription :

FONTAINE SAINT-MICHEL.

SOUS LE RÈGNE DE NAPOLÉON III, EMPEREUR DES FRANÇAIS, CE MONUMENT A ÉTÉ ÉRIGÉ PAR LA VILLE DE PARIS, L'AN MDCCCLX.

Les pilastres de côté de cette table portent le médaillon de Saint-Michel et le cordon de l'Ordre militaire institué par Louis XI. Enfin, des cornes d'abondance terminent les deux côtés du fronton qui est surmonté d'un écusson aux armes de l'empire, accompagné des figures allégoriques : *la Puissance* et *la Modération*.

Les aigles des angles de la toiture, la crête et les arêtiers sont en plomb repoussé au marteau.

Ce monument, conçu dans le style du XVIe siècle, ne produit pas l'effet qu'on en attendait, relativement à ses dimensions colossales.

PONTS.

Paris compte 27 ponts dans son intérieur et tous sont remarquables à certains titres. La Seine fait son entrée dans la capitale un peu en amont du pont *Napoléon III*. Ce pont, bâti en pierre et composé de six arches, a 400 mètres de longueur. Il sert moitié au chemin de fer, moitié à la circulation publique.

Le *pont de Bercy* offre un coup d'œil charmant. D'un côté le mouvement, l'activité, la vie du quai où les tonneaux sont par milliers, de l'autre se dessinent les bizarres profils, les silhouettes fantastiques des maisons et les édifices de la capitale.

Le pont d'Austerlitz; des noms d'officiers morts au champ d'honneur sont inscrits au milieu des ornements du pont, dont la reconstruction en 1855 a coûté à la ville 1,135,000 francs. C'est ici que Paris commence à captiver les regards. La vue de Sainte-Geneviève, le seul dôme qui dépasse l'horizon, est vraiment grandiose.

La *passerelle de Constantine* est suspendue et en fil de fer. Une estacade en bois fait suite.

Le *pont Marie* porte le nom de son entrepreneur.

Le *pont de la Tournelle* tire son nom d'une tour ou tournelle et conduit dans l'île Saint-Louis, où le calme fait contraste avec le tumulte des autres quartiers; c'est là, dit-on, que la vie se prolonge davantage. Mais déjà une partie de cette île participe à l'agitation de la grande ville par les deux nouveaux ponts qui viennent d'élargir ses communications.

Le *pont Saint-Louis*, dont l'arche unique en métal a 65 mètres d'ouverture et 16 de largeur; il unit les deux îles de la vieille Lutèce.

Le *pont Louis-Philippe*, qui vient d'être reconstruit, est un des plus remarquables de la capitale.

Le *pont d'Arcole* a été reconstruit en 1855. La travée, bien que composée d'arcs extraordinairement surbaissés, est d'une très-grande portée. Elle a résisté à une épreuve de 800,000 kilogr. Les frais ont été de 1,150,000. On découvre d'un seul coup d'œil tout l'Hôtel-de-Ville.

Le *pont Notre-Dame*. Sous Julien l'Apostat la Seine n'était traversée que par deux ponts, celui du Petit-Pont et celui-ci qui était construit en bois.

Le *pont au Change*. C'est le plus large de tous; il mesure entre parapets 30 mètres; il est formé de trois arches elliptiques de 31 mètres 60 c. d'ouverture. Les trottoirs sont bordés de granit et le garde-corps est formé de balustres carrés en pierre du Jura qui offre le poli du marbre. De ce pont la vue s'étend sur une foule de monuments et sur le boulevard Sebastopol, dont les constructions splendides se continuent au loin.

Le *pont de l'Archevêché*, près duquel se trouve la Morgue.

Le *pont au Double*, d'où l'on peut admirer à loisir le chevet, le portail méridional, la nouvelle sacristie, les tours et la flèche de Notre-Dame.

Le *petit Pont* en aval de l'Hôtel-Dieu; il est d'une seule arche en pierre meulière.

Le *pont Saint-Charles*. Il est en bois et relie les deux vastes sections de l'hôpital.

Le *pont Saint-Michel* est un des plus anciens de Paris. Comme sur le pont au Change et le pont Neuf les omnibus, les voitures de toutes sortes, les piétons s'y croisent à chaque instant; c'est un mouvement perpétuel jour et nuit.

Reconstruit en 1857, il a 54 m. 90 c. de longueur sur 30 m. de largeur. Les trottoirs de granit ont chacun 6 m. de largeur ; les parapets à balustres sont en pierre du Jura.

Le *pont Neuf.* Voilà un nom qui se trouve, depuis son origine sur toutes les lèvres. Quelles pages intéressantes son histoire fournirait ! Au milieu est un terre-plein où Marie de Médicis fit ériger en 1614 le cheval de bronze, modelé par Jean de Bologne. Henri IV n'en prit possession qu'en 1635. En 1792 on fit des canons de ce roi-cavalier. En 1818, Lemot fit la statue actuelle composée, dit-on, du bronze des statues de Napoléon et du général Desaix qui décoraient la place Vendôme et la place des Victoires. Le piédestal est orné de deux bas-reliefs en bronze ; l'un représente : Henri IV entrant dans Paris, et l'autre : Henri IV faisant passer du pain aux assiégés par-dessus les murailles. Ce pont a une longueur totale de 229 mètres 41 c. sur 23 mètres 10 c. Il a été réparé, modifié en 1852. Il est orné des deux côtés d'une corniche très-saillante, supportée par des consoles en forme de masques, de satyres, etc.

Le *pont des Arts.* Ce pont est destiné aux piétons ; sa longueur est de 130 mètres ; son nom lui vient du Louvre qu'on appela palais des Arts.

Le *pont du Carrousel,* ou des Saints-Pères, tire son nom de la place et de la rue, ses extrémités. Il a coûté un million plus 100,000 francs pour les quatre statues colossales qui l'ornent. Ces statues assises représentent l'Abondance, l'Industrie, la Seine et la Ville de Paris.

Le *pont Royal*. On dit que sous Louis XIV Catinat s'y rendait tous les jours pour y jouir d'un coup d'œil qu'il trouvait le plus beau du monde. Une échelle métrique nomme la hauteur des eaux et indique les plus fortes crues. En aval du pont se visite la frégate-école, vaisseau splendide qui s'est transformé en restaurant et en établissement de bains d'eau de mer. En face sont des bateaux à vapeur qui vous transportent jusqu'à Saint-Cloud ; c'est un voyage d'agrément qui dure une demi-heure.

Le *pont de Solferino*. On a employé pour la construction de ce pont, qui a coûté 1,170,000 f., 600 mètres cubes de bois de chêne, 2,500 mètres cubes de béton, 1,000 mètres cubes de pierre de taille, 4,500 mètres cubes de maçonnerie, moellons, briques, etc., 1,153,500 kilogrammes de fonte et fer.

Le *pont de la Concorde*. Il a été bâti en 1787-1790, principalement avec des pierres de la Bastille. Les piédestaux attendent des statues ; les douze qui le décoraient sont honorablement placées dans la grande cour du château de Versailles. C'est du milieu de ce pont qu'il faut jouir, le soir, de la splendide illumination des Champs-Élysées et de la place.

Le *pont des Invalides*, 1855. On remarque sur la pile du milieu deux statues : la Victoire terrestre et la Victoire maritime. Les quatre arches ont de 30 à 31 mètres d'ouverture.

Le *pont de l'Alma*, 1855. Il porte sur trois arches à anses de panier, dont l'ouverture varie de 39 et 43 mètres. Entre les arches, des statues représentent un grenadier, un zouave, un chasseur à pied et un artilleur. Ce magnifique pont en pierre a coûté 1,700,000 francs. C'est un spectacle intéressant que de voir, le soir, de ce pont cette immense courbe s'illuminer des mille feux qui s'allument le long des quais, aux concerts des Champs-Élysées et sur les hauteurs de Chaillot et de Passy.

Le *pont d'Iéna* conduit au champ de Mars. Ce nom faillit lui devenir funeste. Lors de l'invasion, les Prussiens, dont il rappelait la défaite, voulurent le faire sauter. Déjà les mines étaient prêtes. Louis XVIII déclara qu'il se ferait transporter sur le pont menacé. Cette résolution énergique fit échouer le projet. Quatre groupes sont placés aux quatre angles du pont ; ils représentent des personnages allégoriques domptant les chevaux.

Le *pont de Grenelle* est soumis encore au droit de péage.

Le *pont du Chemin de fer* au Point-du-Jour, près d'Auteuil, est comme le premier de cette série à double voie, l'une pour le public, l'autre pour les trains des voyageurs. De ce pont à Auteuil, où il se relie au chemin de fer, les travaux sont gigantesques ; c'est une série d'arcades qui présente un coup d'œil admirable ; ce travail coûtera près de 4 millions.

LES SQUARES.

Paris serait inhabitable l'été si l'édilité parisienne n'avait pris soin d'y ménager des places plantées d'arbres et de gazon, des allées verdoyantes, des jardins publics où l'on trouve un peu d'ombre et de fraîcheur. Les arbres viennent au mot d'ordre s'implanter dans nos promenades et étendre leurs rameaux bienfaisants; beaucoup, après cinquante ans de possession du sol, se promènent dans nos rues et veulent bien se laisser emmaillotter pour progresser au gré de nos désirs si impérieux au XIXe siècle.

Paris compte aujourd'hui quatorze squares, non compris le parc Monceaux, dont l'étendue est de 10 hectares. L'espace occupé par ces petits jardins, au grand avantage de la santé publique, est de plus de 30,000 mètres. Voici quelle est l'étendue des principaux :

Square des Batignolles, 9,030 mètres; du Temple; 7,525 mètres; de la place de Montholon, 6,540 mètres; de la Tour-Saint-Jacques, 5,786 mètres; des Arts-et-Métiers, 4,650; des Innocents, 2,057 mètres; de Sainte-Clotilde, 1,740 mètres; de la place Louvois, 1,776 mètres; de la place Vintimille, 778 mètres. Les autres sont situés sur les territoires annexés. En été, tous ces squares sont ouverts au public jusqu'à 10 heures du soir.

Nous dirons quelque chose des 3 plus remarquables.

LE SQUARE DU CONSERVATOIRE DES ARTS-ET-MÉTIERS.

Il occupe une superficie de 4,650, il est entouré d'une élégante balustrade en pierre du Jura de 216 mètres de développement et coupée par quarante-huit pilastres. Ces pilastres supportent vingt-huit coupes et vingt candélabres en bronze aux armes de la ville de Paris. Chaque côté a son bassin en pierre orné de figures en bronze représentant les Arts, le Commerce, l'Industrie et l'Agriculture.

LE SQUARE DU TEMPLE.

C'est assurément un des plus attrayants et des plus beaux de la capitale. Sa superficie totale est de 7,221 mètres carrés dont 3,209 sont occupés par des pelouses, 1,717 par des allées et 2,035 par des massifs. Sa forme est celle d'un rectangle trapézoïde de 128 mètres de longueur sur 57 de large. Une cascade tombant au milieu d'un groupe de rochers apportés de Fontainebleau alimente une petite pièce d'eau. Seize massifs se partagent 14,000 arbres ou arbustes. On y montre un vieux saule pleureur que l'on dit âgé de trois ou quatre siècles, et que la tradition donne comme ayant été planté par les chevaliers de Saint-Jean de Jérusalem.

Un souvenir vraiment historique et de deuil royal, c'est le groupe de tilleuls sous lequel Louis XVI venait donner des leçons au dauphin. Le 21 janvier 93, il passait une dernière fois entre ces arbres en quittant le Temple pour monter à l'échafaud. La grosse tour qui lui servit de prison ainsi qu'à sa famille, fut abattue en 1811. Le reste du palais reçut de grands embellissements. Le ministre des cultes dut s'y installer, mais Louis XVIII donna l'ancienne habitation de la Commanderie du Temple, devenue si riche et si puissante, à la princesse de Condé, ancienne abbesse de Remiremont, pour y établir une congrégation. On a élevé des bains publics sur l'emplacement du couvent, et c'est le jardin des bénédictines du Saint-Sacrement qui tout récemment a été converti en square.

LE SQUARE ET LA TOUR SAINT-JACQUES.

Ses frais gazons, ses massifs de fleurs et de verdure, les grandes voies qui le longent ont fait du quartier voisin, autrefois encombré de masures, l'un des plus beaux quartiers de Paris. La vieille tour Saint-Jacques-la-Boucherie, qui le domine, a été restaurée, regrattée, remise à neuf; on la dirait sortant des mains habiles des artistes qui la placèrent à l'entrée de la basilique, dont il ne reste plus une pierre. A la base on a fait circuler une balustrade percée à jour dans le goût du temps. Les fenêtres ont été ouvertes, et le jour pénètre dans le monument par les quatre points cardinaux aux quatre étages, de loin on croirait voir une dentelle de pierres.

Aux angles les sculptures ont été restaurées avec le plus complet succès. Le faîte est couronné de la statue de Saint-Jacques qui produit un merveilleux effet dans le lointain. Quand de la rive gauche de la Seine on voit, comme un phare superbe, se dresser ce géant du moyen âge, mille pensées sereines envahissent l'esprit et on est heureux de vivre dans un temps où les soucis de l'heure présente ne nuisent pas au culte du passé.

FONTAINES.

Nous approuvons fort le goût des fontaines monumentales. Une ville comme Paris surtout ne saurait jamais en avoir assez. En architecture, la fontaine doit s'adapter avec le cadre qui l'environne. En ce genre nous connaissons peu d'idées plus heureuses que celle de Saint-Sulpice, située en face de l'église et du séminaire. Visconti a élevé sur une place spacieuse une fontaine composée de trois bassins polygones dont le plus élevé sert de base à une construction quadrangulaire terminée par une calotte sphérique. Chaque face contient une niche. Dans ces niches figurent les quatre grandes gloires oratoires de l'épiscopat français : Bossuet, Fénelon, Massillon, Fléchier. Quatre lions décorent le premier bassin. L'ensemble du monument est plein de noblesse.

La *fontaine Notre-Dame* se trouve au milieu du jardin qui a remplacé l'archevêché. C'est une pyramide gothique percée à jour, avec des ornements en saillie, sur les arêtes de ses côtés. Sous les colonnettes est une statue de Marie avec l'Enfant Jésus, posée sur un socle triangulaire décoré de trois anges foulant aux pieds les Hérésies. Les Hérésies sont des monstres qui font jaillir l'eau dans deux bassins à huit pans superposés. Simple et gracieuse, cette fontaine produit le meilleur effet.

La *fontaine Louvois* fait encore le plus grand honneur à Visconti; elle se compose de deux vasques superposées dont la plus élevée est soutenue par quatre statues en bronze représentant la Seine, la Loire, la Garonne, la Saône. C'est la plus élégante de nos fontaines. A la place s'élevait la salle de l'Opéra, démolie en 1820 après l'assassinat du duc de Berry.

La *fontaine des Innocents*. Sa transformation date de quelques années, elle conserve ses sculptures de Jean Goujon (1).

LES FORTIFICATIONS.

Ce que Louis XIV avec Vauban et Napoléon Ier avaient projeté, Louis-Philippe, plus heureux, parvint, malgré bien des résistances, à faire voter, le 1er février 1841, la loi des fortifications. L'enceinte

---

(1) Citons seulement les fontaines Cuvier, — de l'Arbre-Sec, — de la rue de Grenelle, — de la Victoire, — Desaix, — Molière, — des Champs-Élysées, — de la place Royale, — de la place de la Concorde, qui rappellent la disposition des châteaux-d'eau élevés près de l'obélisque de Saint-Pierre de Rome.

continue, qui se compose d'une série de lignes brisées, à angles saillants et rentrants, se développe sur une longueur de 36 kilomètres. Elle comprend une rue militaire, un rempart, un fossé, un glacis. On compte 26 bastions sur la rive gauche de la Seine et 68 sur la droite. L'enceinte, quoique continue, laisse, par de larges trouées, pénétrer dans la capitale. Ces passages sont au nombre de 86. Puis, comme une seconde enceinte, 16 forts détachés renferment des magasins à poudre et des casernes casematées à l'épreuve des projectiles les plus destructeurs. Ce travail cyclopéen a été réalisé en trois ans, moitié par des entrepreneurs et moitié par le génie militaire. On les a construites pour défendre la ville, mais nous ne pensons pas que de longtemps on en ait besoin.

LES ENVIRONS DE PARIS.

Par delà les fortifications tout change de caractère, l'horizon est plus large, il ondule en courbes agrandies. Les habitations devenues plus rares se transforment avec le paysage, la villa remplace le cottage, et au lieu du chalet, c'est le château qu'on rencontre.

Le site est varié à l'infini, souvent pittoresque, toujours gracieux ; c'est une nature à part. Ici des taillis de deux ans, là des forêts séculaires, plus loin des ruisseaux jaseurs qui vont endormir dans un lac leurs murmures et leurs flots.

Nous ne pourrons que citer ce qu'il faudrait décrire longuement.

Voici Meudon, avec son beau château et cette terrasse, d'où on découvre de toutes parts un paysage enchanteur. Bellevue se présente au touriste quand il a passé devant la petite chapelle consacrée à Notre-Dame-des-Flammes. Nom étrange, dont la poésie, mêlée de terreur, rappelle la catastrophe lamentable du 8 mai 1842, où fut victime Dumont-d'Urville. Bellevue mérite son nom; il a des horizons à souhait pour le plaisir des yeux.

Sèvres n'est qu'une petite ville, mais c'est en même temps une grande gloire, une des plus illustres de la France industrielle.

Les beaux produits de ses manufactures sont entre toutes les mains élégantes; sa porcelaine est sans rivale, et l'on ne sait trop ce qu'on doit admirer le plus ou de la grâce de ses formes ou de la délicatesse de ses nuances.

Saint-Cloud, qui n'a pas les grandioses magnificences de Versailles, est peut-être une résidence plus agréable.

Un château de plaisance ne saurait être plus heureusement situé. Il est à mi-côte de sa colline avec de belles avenues sur le pourtour et dominant la Seine.

Un des plus grands mérites des appartements, ce sont les admirables perspectives que les architectes ont su leur ménager. Chaque fenêtre encadre un délicieux tableau.

Le parc de Saint-Cloud a vraiment droit à sa célébrité européenne. Ce chef-d'œuvre de Le Nôtre est un ensemble exquis de mouvements de terrain, de bosquets, de gazons, de bassins, de parterres, de statues et de cascades qui s'entre-mêlent par les plus ingénieuses combinaisons et présentent une multitude d'aspects d'une variété sans fin. Ce parc, qui comprend 392 hectares, se divise en deux parties, l'une publique, l'autre réservée.

Celle-ci renferme de magnifiques avenues, et des jardins devant la façade du château. Le parc ouvert au public se divise en haut et en bas parc. Sur l'esplanade se dresse un monument que le peuple appelle la lanterne de Diogène, et le bourgeois à demi lettré Démosthène, et qui est dans sa partie supérieure tout simplement la copie du monument choragique de Lysicrate dont l'original est peu distancé de l'Acropole d'Athènes.

Cinq avenues rayonnent autour, et la vue plane sur un océan de verdure semé d'îlots, de blanches maisonnettes avec Paris à l'horizon.

Les eaux de Saint-Cloud sont très-belles, elles comprennent le grand jet et la cascade. Celle-ci se divise elle-même en haute et basse cascade. C'est un véritable chef-d'œuvre monumental, l'eau rivalise avec la pierre, et la sculpture et l'architecture s'associent pour former un ensemble de décorations théâtrales auquel concourent également les jets élancés et les larges nappes qui s'étalent d'étage en étage. A côté se trouve le grand jet, qui jaillit jusqu'à 42 mètres, avec une force telle qu'il soulèverait un poids de 65 kil.

VINCENNES.

On visite tous les samedis, de midi à 4 heures du soir, avec une permission que délivre place Vendôme la direction de l'artillerie; ce château, qui contient la salle d'armes, la chapelle, le pavillon de la reine, le donjon et le pavillon du roi. Les fondations du château actuel ont été posées par Philippe-Auguste en 1183 sur l'emplacement d'une maison de plaisance que Louis VII avait fait bâtir.

Saint Louis avait une prédilection pour cette résidence.

Il y reçut en 1239 la couronne d'épines venant de la Terre-Sainte, et ce fut de là aussi qu'il partit pour ses deux croisades. Il aimait à rendre la justice sous un chêne qui a disparu du bois, où on a érigé une colonne commémorative. Jusqu'à Louis XI tous les rois avaient fait de Vincennes une habitation de plaisance; le premier il fit du donjon une prison d'État.

La salle d'armes se divise en deux parties, savoir : le rez-de-chaussée, réservé au matériel d'artillerie, et le premier. La décoration en est fort belle. Elle renferme une quantité d'armes suffisante pour 120,000 hommes. Le pavillon du roi est devenu caserne et celui de la reine est affecté à divers services.

Le donjon est composé de cinq étages. Bien des

prisonniers illustres y ont habité (nous ne pouvons pas même mentionner leurs noms) : depuis Henri IV, alors roi de Navarre, jusqu'aux complices de Georges Cadoudal ; les ministres de Charles X, et en 1848, Raspail, Blanqui, Barbès, etc. Actuellement, les anciennes prisons du château sont transformées en magasins pour l'artillerie. On voit au rez-de-chaussée, une porte (la seconde), qui provient de la tour du Temple, où elle fermait la chambre de Louis XVI. La salle dans laquelle elle donne accès passe pour avoir été la salle de la question. Mirabeau fut, dit-on, enfermé dans l'oratoire du deuxième étage, restauré il y a quelques années. Montez jusqu'à la plate-forme si vous voulez jouir d'un panorama grandiose.

Les réparations qu'on vient de faire ont rendu à la vieille forteresse son cachet moyen âge, en dissimulant les talus de ses remparts au moyen de parapets en ressaut et posés sur des machicoulis qui font office de consoles. En outre, les fenêtres des casemates ont été rétrécies et évasées en meurtrières. Il est question de donner au fort de Vincennes une nouvelle importance en y créant une fonderie de canons. Aujourd'hui Vincennes est une forteresse, une caserne, un arsenal et une école de tir ; c'est là que se font la plupart des expériences relatives au perfectionnement des armes à feu.

On connaît l'héroïque défense de Vincennes par Daumesnil (la Jambe de bois), qui se battait comme un lion en faisant des mots à l'antique : « Rendez-nous la citadelle, disait le Russe. — Quand vous m'aurez rendu ma jambe ! — Nous allons vous faire sauter. — Nous sauterons ensemble. » Et il montrait le magasin aux poudres. Voilà la vertu française : mélange de courage, d'insouciance et de gaîté.

LE BOIS.

En 1731, Louis XV fit abattre et replanter ce bois pour en rendre les promenades plus agréables aux Parisiens.

Mais depuis ce siècle, le bois a été diminué de près de moitié par le génie militaire et par le chemin de fer. L'empereur résolut d'y faire exécuter en 1857 des travaux analogues à ceux du bois de Boulogne. En moins d'un an et demi, des rivières coulèrent, des lacs furent creusés au milieu de ces terrains arides. Des chaussées macadamisées remplacèrent les routes qui traversaient le bois, d'autres furent ouvertes à travers les fourrés, dont les arbres magnifiques, habilement dégagés, forment de toutes parts d'agréables perspectives. Plus de 40 kil. d'allées tracées à l'anglaise de 4 à 8 mètres de largeur ont été ouverts pour les voitures et les cavaliers. Près de 15 kil. de sentiers de 2 mètres ont été établis pour l'usage des piétons.

Malgré toutes ses transformations, le bois de Vincennes a conservé sa physionomie de bois et n'est pas devenu parc comme l'ancien bois de Boulogne.

Les bouquets d'arbres exotiques y sont plus rares, et la végétation y conserve partout un caractère pittoresque et sauvage qui ne manque pas de charme.

SAINT-DENIS.

Si les pierres pouvaient parler, l'abbaye de Saint-Denis nous raconterait en style grandiose d'illustres épisodes de notre histoire. C'est là que trois dynasties de rois reposent dans des tombeaux somptueux. Nous ne parlerons pas cette fois de la merveilleuse basilique que M. Viollet-Leduc rend à sa première splendeur. Attendons encore quelques années pour juger cette œuvre sublime du XIII° siècle.

COMPIÈGNE, PIERREFONDS, COUCY.

Chaque dimanche un train de plaisir pour 5 fr., aller et retour, conduit des milliers de visiteurs au château et à la forêt de Compiègne et le soir les ramène à Paris. La distance par ce train de grande vitesse n'est que d'une heure trois quarts.

La ville n'a rien de particulièrement original, mais elle possède de beaux ornements, son château, sa forêt et cela lui suffit. Sa forêt lui valut dès les premiers temps de la monarchie l'avantage d'être le séjour de prédilection des rois.

Dans cette ville Jeanne d'Arc fut livrée aux Anglais; on voit encore les débris de la tour élevée pour défendre la fameuse porte qui se ferma devant elle.

La forêt compte quatorze mille cinq cents hectares de superficie. C'est la plus belle des environs de Paris, la mieux ornée d'arbres magnifiques, la plus riche en essences variées.

Sur la limite de la forêt, le riant village, les eaux salutaires et les belles ruines de Pierrefonds. A quelques lieues de là sont les ruines de Coucy, plus grandioses, mais moins pittoresques. On dirait ici que la ruine a été faite exprès et avec art pour décorer le paysage. L'imagination n'aurait rien pu créer de mieux.

C'est à Chauny qu'on descend pour aller visiter les fameuses ruines du château de Coucy. On les aperçoit de loin et leur aspect a quelque chose de saisissant. Il est peu de ruines aussi belles, aussi majestueuses, même en Allemagne. La grosse tour n'a pas de rivale en Europe.

VERSAILLES.

Cette résidence semble défier par ses magnificences les poëtes et les historiens. Ses fastes ont servi de texte à des milliers de volumes; la description de ses beautés a été faite et refaite cent fois. On sait le compte des statues, des tableaux, des bassins, des charmilles. Quand on arrive à Versailles, on est ébloui à l'aspect vraiment grandioses de ses monuments. Si l'on se place près de la statue équestre de Louis XIV, à l'entrée de la cour d'honneur du palais, on a devant soi la vaste place d'Armes, les deux bâtiments symétriques des grandes et des petites écuries, les trois larges avenues, les boulevards à gauche, les bois de Satory à droite. Versailles est devant vous tout entier, majestueux et splendide ! Avec un peu d'imagination, nécessaire partout, on peut se croire dans un autre monde, tant la vision est féerique. L'architecture prend tout à coup des proportions colossales ; la nature elle-même a un air de fête. Entrons maintenant dans les merveilleux jardins.

Pour celui qui regarde le château de Versailles du côté des jardins, la masse des bâtiments présente la forme d'un aigle aux ailes éployées. Quoique la perspective n'en soit pas variée, elle est néanmoins très-imposante. L'œil contemple avec plaisir ces grandes façades soutenues par des pavillons en saillies, dont l'ordonnance n'est dépourvue ni d'élégance ni de majesté. C'est là, il faut en convenir, le trait distinctif des constructions de Versailles. En aucun lieu du monde une cour royale n'a possédé un plus splendide abri.

Non moins que les bâtiments, les jardins de Versailles ont une réputation universellement répandue. Quoique le goût ait changé dans la décoration des jardins, on ne peut s'empêcher d'admirer les dispositions heureuses et savantes qui communiquent ici au paysage une grandeur et une noblesse extraordinaire. C'est la nature asservie, réglée, arrangée, ajustée, revêtant cet aspect solennel qui suivait partout la cour du grand roi. Le Nôtre avait le génie de son art, et il le cultivait avec enthousiasme.

L'Orangerie est réputée la plus célèbre du monde. Lorsque les orangers sont placés en ordre dans le parterre, ils présentent l'image d'une forêt dont chaque pied d'arbre serait enfermé dans une caisse. On compte douze cents orangers et trois cents caisses d'arbustes divers. Il y a plusieurs de ces orangers qui datent du règne de François Ier et proviennent de Fontainebleau. Celui qui passe pour le plus ancien a nom Grand-Bourbon. Il appartint d'abord au connétable de Bourbon, et l'on prétend qu'il fut semé en 1421.

Une des curiosités des jardins de Versailles, c'est le jeu des grandes eaux, qui attire chaque premier dimanche des mois de mai à septembre une foule de spectateurs. Ces merveilles hydrauliques sont bien propres à exciter l'étonnement, et, il faut en convenir, on ne les regarde jamais sans surprise, même après les avoir vues plusieurs fois.

Les jets d'eau sont si puissants, si nombreux, d'un effort si pittoresque et si varié, surtout au bassin de Neptune, où se tire pour ainsi dire le bouquet, qu'on regrette toujours de les voir trop tôt finir. L'eau commence à jaillir dans cette pièce dès que tous les autres bassins ont successivement épuisé leurs gerbes liquides. Il est impossible pour ceux qui n'en ont pas été témoins d'en concevoir l'effet magique au moment où, sur tout le pourtour du bassin, de toutes les bouches des dieux marins, des tritons, des naïades, des phoques et des monstres marins s'élancent, mugissent, bouillonnent, s'entrecroisent, retombent en poussière argentée et brillante des jets d'eau d'une force prodigieuse.

FONTAINEBLEAU.

Après Versailles, Fontainebleau est la première des résidences souveraines de ce pays. François Ier fut le Louis XIV de ce Versailles des Valois; il groupa autour de lui tous les grands noms de l'art français et italien, prodigua l'or et la faveur, et bientôt on vit sortir de terre un palais qui fut un musée. Pour donner une idée de l'importance et de l'étendue des bâtiments, la seule toiture présente une superficie de soixante mille mètres carrés. Mais ce grand ensemble, loin de présenter l'unité et l'harmonie, ne se compose que d'un amas confus de parties disparates dans leur genre. Louis XV, Louis XVI, Napoléon Ier, Louis XVIII, Louis-Philippe et Napoléon III ont tenu à honneur de continuer et de terminer la grande œuvre de François Ier. Nous n'entreprendrons pas de décrire ce qui demanderait des volumes.

Le parc, dont la superficie est de quatre-vingt-quatre hectares, a de grands aspects solitaires et mélancoliques; il est traversé par un large canal et une longue avenue; on cite comme une de ses merveilles la fameuse treille du Roi, qui produit annuellement quatre mille kilogrammes de raisin.

Mais le parc véritable, c'est la forêt, d'une contenance de seize mille neuf cents hectares; son pourtour est de quatre-vingts kilomètres, la somme de ses routes et de ses sentiers, ajoutés l'un à l'autre, présenterait un développement de cinq cents lieues.

C'est la plus belle et la plus poétique de nos forêts de France et peut-être d'Europe. Nulle part le sol n'est tourmenté d'une façon plus inattendue; aussi, à chaque pas, ce sont des accidents de terrain qui varient incessamment le paysage; ici des chaînes de montagnes, là des gorges profondes; plus loin, des plateaux désolés auxquels succèdent des landes arides, des steppes couverts de bruyères et d'ajoncs; ajoutez çà et là des grottes immenses formées par l'évidement du sable sous les blocs de grès, et partout des entassements de rochers volcaniques; ils occupent près de quatre mille hectares dans toute la forêt. Quatre principales essences d'arbres se partagent la forêt; le chêne, le hêtre, le charme et le bouleau. Les chênes dénommés Charlemagne, — Clovis, — Henri IV, — Sully, ont aujourd'hui une renommée européenne. Indiquons les points dignes d'intérêt pour le touriste. Voici au sud le rocher d'Avon, le mail de Henri IV et le rocher Bouligny.

On remarquera dans cette promenade les roches monstrueuses appelées les Gorgones et le labyrinthe de la petite Thébaïde. A l'ouest, le mont Aigu, la grotte du Serment, les gorges du Houx, les grottes du Parjure et du Chasseur-Noir. Au nord, le mont Ussy et le Nid de l'Aigle; où se trouve la magnifique cépée de chênes nommés les Six-Frères, le Charlemagne et le chêne des Fées, repoussant de ses bras raidis des blocs de grès qui l'enserrent. Visitez encore la vallée de la Salle, la futaie du Gros-Fouteau, la plus belle de la forêt; le Bouquet du Roc, un vieux chêne qui a le jet élancé du palmier d'Afrique; le vieux Pharamond, enveloppé dans son suaire de mousse, fortement assis sur un tronc labouré de blessures et tordant ses bras noueux. Le fort de l'Empereur, point culminant, d'où la vue embrasse une grande partie de la forêt; le fort des Moulins, le Calvaire, la caverne des Brigands, la Roche qui pleure, la Mare aux Fées, la Gorge aux Loups.

Voulez-vous voir, dans toute leur belle horreur, la désolation et la sauvagerie, c'est aux gorges de Franchard et d'Apremont qu'il faut aller. Des pins parent de leur grâce mélancolique ces déserts de sable, tapissés de bruyères, où l'on voit çà et là pointer la cime aiguë et dentelée des grands rocs de grès.

Où trouver de plus beaux groupes d'arbres mieux disposés pour l'effet pittoresque? C'est dans cette gorge que prospère la jeunesse éternelle de Jupiter, chêne robuste et sain, qui passe pour le plus bel arbre de France.

SAINT-GERMAIN-EN-LAYE.

L'imagination ne saurait rêver un site plus enchanteur que celui qu'offre sa terrasse. Sur ce plateau, dont toutes les pentes semblent adoucies de main d'homme dans un cadre embelli de toutes les grâces de la nature, quel aurait été l'aspect magique du palais de Louis XIV ? car il eut l'intention de l'y bâtir. Cette terrasse fut construite par Le Nôtre en 1676. Elle a deux mille quatre cents mètres de long et trente-cinq de large. De là le regard embrasse une vue admirable depuis le château de Maison jusqu'à l'aqueduc de Marly. Une plaine immense se déroule à vos pieds. La Seine y serpente au milieu d'un bassin fertile où cent villages pittoresques étalent leurs blanches maisons encadrées de verdure. On découvre le bois du Vésinet, avec sa situation exceptionnelle au centre du plus splendide panorama. C'est un délicieux parc. On y a creusé des lacs et des rivières. Mille ruisseaux d'eau vive forment les méandres les plus capricieux. Des ponts de différents aspects dessinent à chaque pas leur silhouette pittoresque.

De longues avenues laissent apercevoir de merveilleuses perspectives; et des trouées, habilement ménagées dans les massifs, permettent aux promeneurs d'admirer le pays environnant dans ses plus attrayants point de vue. C'est d'abord Rueil et sa jolie église, où sont enfermés les restes de la reine Hortense et de l'impératrice Joséphine! la Malmaison, séjour enchanteur; le charmant village de Bougival; Marly et sa célèbre machine hydraulique. Au-dessus se découpent les arches du gigantesque aqueduc qui verse les eaux de la Seine dans les jardins de Versailles.

En traversant la forêt, on parvient à Poissy, ville commerçante, dans une situation agréable, sur la Seine. C'est au règne de saint Louis que se rattache principalement la célébrité de la ville. Ce prince y naquit le 24 avril 1215, et conserva toute sa vie une tendre prédilection pour le lieu de sa naissance; il aimait à signer sa correspondance intime Louis de Poissy, et à ceux qui s'en étonnaient : « J'imite, répondait-il naïvement, les empereurs romains, qui empruntaient les noms des lieux témoins de leurs victoires; c'est à Poissy que j'ai triomphé de l'ennemi le plus redoutable, j'y ai vaincu le diable par le baptême que j'y ai reçu. »

TROISIÈME PARTIE

ŒUVRES
DE CHARITÉ ET DE BIENFAISANCE

Si Rome est la ville de la charité par excellence, Lyon, la ville de la propagation de la foi, Paris est la ville des bonnes œuvres.

En dehors de toutes les institutions de bienfaisance dont nous allons vous entretenir, il existe à Paris un nombre considérable d'œuvres particulières de charité soutenues par les dons des habitants et par de légères subventions de l'État et des administrations publiques.

Ces œuvres s'occupent de l'enfant pauvre pour ainsi dire avant sa naissance, puisqu'elles donnent des soins à la mère indigente avant et pendant ses couches; elles le suivent par des transformations successives dans les diverses phases de sa vie depuis la crèche et la salle d'asile jusqu'au refuge où, recueilli dans sa vieillesse, l'indigent trouve enfin le repos après tant de douleurs. A la mort du pauvre, la charité ne l'abandonne pas encore, car des œuvres se sont formées qui pourvoient à ses funérailles. Il existe plus de deux cents sociétés qui ont organisé diverses œuvres charitables sans parler des réunions de ces personnes discrètes et qui disposent de sommes considérables. Il faut le reconnaître, la charité est à l'ordre du jour. Jamais siècle ne s'est occupé des classes souffrantes avec plus de zèle et d'intelligence que le nôtre.

ASSOCIATION GÉNÉRALE DE CHARITÉ.

Cette Association, fondée en novembre 1848, par Mgr l'Archevêque de Paris, pour tout son diocèse, a pour but : 1° d'unir entre elles toutes les bonnes œuvres existantes, de manière à les soutenir et à leur donner l'occasion de se développer.

L'Œuvre se compose d'une Association par paroisse, sous la présidence du curé et d'un conseil général, siégeant à l'Archevêché et présidé par Mgr l'Archevêque.

Font partie de l'Association générale : 1° tous les ecclésiastiques du diocèse; 2° toutes les personnes qui demandent à être inscrites à leur paroisse pour les œuvres de charité de l'Association, en s'engageant à verser une cotisation mensuelle de 50 centimes.

L'Association est dirigée dans chaque paroisse par un comité formé par M. le curé et présidé par lui; ce comité distribue les fonds dont il dispose entre les différentes œuvres de la paroisse, en proportion des besoins et des ressources de chacune d'elles.

Le conseil général, présidé par Mgr l'Archevêque, est formé des vicaires généraux, des présidents de chaque association paroissiale, des présidents et présidentes de toutes les œuvres générales désignées par Monseigneur, et des membres du Conseil d'administration.

S'adresser, pour les renseignements, au secrétaire de l'Association générale de charité, à l'Archevêché.

Les œuvres de charité et de bienfaisance sont très-nombreuses dans le diocèse de Paris. Pour les bien faire connaître à nos lecteurs, nous croyons devoir adopter la division suivie par le Manuel des œuvres de charité, que Mgr l'Archevêque a fait publier, il y a quelques années (1).

CHAP. I. Œuvres qui s'occupent de l'Enfance et de l'Adolescence.

CHAP. II. Œuvres de charité libre pour la maladie, les infirmités et la vieillesse.

CHAP. III. Institutions publiques de secours et de prévoyance.

CHAP. IV. Institutions de prévoyance et de réhabilitation.

(1) Poussielgue, éditeur, 26, rue Cassette.

I

Œuvres
en faveur de l'Enfance et de l'Adolescence.

SOCIÉTÉ DE CHARITÉ MATERNELLE.
rue de Ménars, 4.

Cette société a pour but d'assister les pauvres femmes en couches, de les aider et de les encourager à nourrir leurs enfants.

Elle secourt, par année, à peu près 900 familles, en consacrant à chacune d'elles environ 80 francs, ce qui fait une somme totale de 72,000 francs, à laquelle il est pourvu par 40,000 francs de subvention de l'État, par 6,000 francs d'allocation du conseil municipal, par 12,000 francs de rente ou d'intérêts de fonds, par 14,000 francs d'offrandes et de souscriptions particulières.

Pour recevoir les secours, il faut que la famille indigente fournisse, entre autres pièces, une copie de l'acte de son mariage religieux et de l'acte de baptême de ses enfants. Ces précautions assurent la moralité de l'œuvre, qui est d'ailleurs constatée par les résultats obtenus chaque année; un grand nombre d'enfants sont légitimés et beaucoup d'unions illicites deviennent des mariages chrétiens.

ASSOCIATION DES MÈRES DE FAMILLES.

Elle accorde des secours aux pauvres femmes en couches et à leurs enfants nouveau-nés, qui ne peuvent être assistés par le bureau de bienfaisance, ni par la Société de charité maternelle, où l'on ne vient en aide qu'aux familles ayant trois ou quatre enfants.

Pour être admises au secours, les mères doivent présenter l'acte de leur mariage civil et religieux, ou la preuve qu'elles sont en instances auprès de la Société de Saint-François-Régis pour faire légitimer leur union; elles doivent présenter aussi l'acte de baptême de leurs enfants.

L'Association a été fondée en 1835; dans les vingt premières années de son existence, elle a reconnu 15,138 familles, en leur distribuant en aumônes plus de 250,000 fr.

Le principal résultat de l'Œuvre, au point de vue de l'amélioration morale des familles indigentes, c'est la réhabilitation des mariages.

SOCIÉTÉ DES CRÈCHES.

Les crèches sont destinées à recevoir des enfants, depuis leur naissance jusqu'à deux ans, quand la mère est pauvre, qu'elle a une bonne conduite et travaille hors de son domicile.

A chaque crèche sont attachés : 1° un conseil d'administration chargé du budget ; 2° un comité de Dames nommant et surveillant les inspectrices et les berceaux ; 3° un comité médical de cinq membres au moins, qui règle tout ce qui a rapport à la santé des enfants.

La mère paye 20 centimes par jour de présence, seulement 30 centimes quand elle a deux enfants ; elle fournit le linge nécessaire pour la journée ; elle vient allaiter exactement son enfant aux heures de repas, et pourvoit à la nourriture de celui qui est sevré ; elle reprend l'enfant chaque soir, et le garde chez elle tous les jours fériés et quand elle est retenue au logis.

On n'admet pas et l'on ne garde pas dans la crèche l'enfant dont la mère se conduit mal ; mais on provoque et on accueille le repentir. Par suite de ces mesures plusieurs mères ont changé de vie : telle crèche a fait réhabiliter 14 mariages en deux ans ; telle autre, dans le même temps, a fait faire 5 mariages, 8 légitimations et 2 baptêmes.

On compte aujourd'hui 26 crèches dans Paris.

SALLES D'ASILE.

Elles ont été instituées pour recevoir, pendant le jour, les enfants des deux sexes, âgé de 2 à 6 ans, que leurs parents ne peuvent garder et surveiller chez eux. On apprend là, à ces petits enfants, les premières notions de religion, de lecture, d'écriture, de calcul, de chant, et les premiers travaux manuels. L'admission des enfants dans les salles d'asile est gratuite, à Paris ; ils y passent toute la journée, ils doivent y apporter leur nourriture et être conduits par leurs parents, qui viennent aussi les chercher.

Les dépenses du loyer, les indemnités aux directrices, les frais de mobilier sont à la charge de la ville de Paris. L'œuvre reçoit aussi des dons et des souscriptions en faveur des enfants pauvres admis dans les salles d'asile.

Les salles d'asiles sont au nombre de 58 et réunissent 9,380 enfants.

Œuvres et Institutions en faveur des garçons.

ÉCOLES CHRÉTIENNES DES FRÈRES,

fondée en 1681 par le vénérable abbé de la Salle.

Les Frères des écoles chrétiennes se vouent à l'éducation des classes pauvres. Ils ont à Paris des écoles primaires où sont admis gratuitement les enfants de 7 à 12 ans. Les Frères leur enseignent la lecture, l'écriture, le calcul, l'histoire sainte et le catéchisme, la grammaire, quelques notions d'histoire, de géographie et de dessin linéaire.

Pour être admis à la classe, il faut justifier qu'on a été vacciné, qu'on n'est atteint d'aucune maladie contagieuse, et apporter son extrait de baptême.

Les écoles des Frères, dans chaque arrondissement, sont sous la surveillance des autorités instituées par la loi ; et les frais de logement, l'indemnité aux Frères, et toutes les dépenses de l'éducation sont à la charge de la ville de Paris.

Chaque soir, dans différents quartiers de Paris, les Frères font l'école aux adultes de vingt ans et au-dessus; l'enseignement est le même que pour les enfants, en y ajoutant le dessin de figure et d'ornement.

La maison principale des Frères est rue Oudinot, 27. Elle est la résidence du Supérieur général et du noviciat.

ŒUVRE CHARITABLE D'ENCOURAGEMENT POUR LES ÉCOLES CHRÉTIENNES LIBRES.

Indépendamment des écoles des Frères, qui sont à la charge de la ville, il existe des écoles soutenues par une œuvre que Mgr l'Archevêque a fondée en 1850.

Cette œuvre s'occupe d'ouvrir des écoles religieuses pour les garçons et les filles dans les quartiers qui sont privés de pareils établissements. Elle a déjà établi plus de 30 écoles, en a soutenu d'anciennes, et elle fait donner une instruction chrétienne à de nombreux enfants, qu'elle soustrait à l'ignorance et aux mauvaises habitudes.

ÉTABLISSEMENT DE SAINT-NICOLAS.
rue de Vaugirard, 98.

Cet établissement reçoit les enfants pauvres auxquels leurs protecteurs veulent donner une éducation chrétienne et l'instruction nécessaire aux classes ouvrières, et ceux que leur famille ne peut faire élever qu'à un prix très-inférieur, si on le compare aux prix des institutions et pensions de Paris. Divers ateliers existent dans la maison pour les jeunes garçons qui veulent y continuer leur apprentissage après avoir fait leur première communion. Cet apprentissage dure quatre ans.

L'établissement de Saint-Nicolas est situé, à Paris rue de Vaugirard, 98; avec la succursale qui existe à Issy, il reçoit plus de 800 enfants. Les frais de ces deux maisons sont couverts par le prix des pensions, qui se monte à 20 francs par mois pour les orphelins de père et de mère, à 25 francs pour les autres enfants; ensuite par une quête annuelle dont le produit est variable; enfin par les offrandes et les souscriptions.

De cette maison, dirigée par un prêtre aidé de plusieurs ecclésiastiques, et soutenue par le dévoûment de pieux laïques, sont déjà sortis un grand nombre d'ouvriers chrétiens.

Les parents et les protecteurs sont reçus le dimanche, de 1 heure à 4 heures.

SOCIÉTÉ FÉNELON.

Cette société n'est pas propre au diocèse de Paris, quoiqu'elle y puise une partie de ses ressources : elle étend aussi ses bienfaits au département de Seine-et-Oise, où elle a son établissement (à Vaujours, à 20 kilomètres de Paris).

Elle reçoit les enfants pauvres, orphelins ou abandonnés, du département de la Seine et du département de Seine-et-Oise, de trois à douze ans.

La pension annuelle est de 200 francs.

MAISON DES ORPHELINS DE ST-VINCENT-DE-PAUL.

Cette société dont le siége est à Vaugirard s'occupe de recueillir les orphelins de père ou de mère, de 7 à 12 ans. On les prépare à la première communion, et, après qu'ils l'ont faite et renouvelée dans l'établissement, on les place en apprentissage, et là ils continuent à être l'objet d'une paternelle sollicitude.

SOCIÉTÉ DES AMIS DE L'ENFANCE.

Cette institution est une des plus intéressantes et des plus utiles que la charité chrétienne ait fondées. Elle s'occupe de l'éducation et de l'apprentissage des jeunes garçons pauvres de la ville de Paris. Ainsi, elle prend entièrement à sa charge les enfants sans parents ou protecteurs; elle adopte ceux pour lesquels la charité particulière ou quelque association charitable consent à payer une partie des dépenses, et elle complète alors la somme nécessaire à l'éducation; enfin elle accepte le patronage d'enfants dont les frais d'éducation ne sont pas à sa charge, et leur accorde sa protection et sa surveillance tutélaire.

Les orphelins, les abandonnés, les enfants qui ne peuvent sans danger rester dans leur famille sont placés, aux frais et sous la surveillance de la Société, soit à l'établiesement de Saint-Nicolas, soit à l'asile Fénelon. Ceux qui n'ont point à craindre les mauvais exemples de leurs parents sont secourus à domicile, la Société leur désigne un protecteur qui veille à ce qu'ils fréquentent exactement l'école et l'église.

La Société tient ouverte pour ses protégés une maison de famille, c'est-à-dire un refuge où ils trouvent, à toute heure du jour ou de la nuit, pendant leur apprentissage, un abri quand l'atelier chôme, des soins quand ils sont malades, des vêtements régulièrement renouvelés toutes les semaines, et où ils passent ensemble et chrétiennement la journée du dimanche.

Cette maison est située rue Culture-Sainte-Catherine, 58.

Les membres de la Société payent 20 francs par an; les souscripteurs donnent 6 francs par an; une quête et une loterie annuelles complètent les ressources de la Société.

ŒUVRE DES APPRENTIS ET DES JEUNES OUVRIERS.

Cette Œuvre a pour but de placer chez des maîtres sûrs les enfants sortis des écoles, de les surveiller pendant leur apprentissage; d'ouvrir des écoles du soir pour les enfants occupés le jour dans les ateliers et les manufactures ; de les réunir le dimanche sous la direction et la surveillance des Frères, ce qui leur facilite l'assistance aux offices et instructions religieuses.

L'Œuvre compte 1,000 apprentis dans ses écoles du soir; elle entoure dans son patronage et reçoit le dimanche 1,500 jeunes ouvriers chez les Frères, elle a des bibliothèques pour ses protégés.

Les demandes d'admission au placement et au patronage doivent être adressées au Frère directeur de la maison principale qui se trouve dans l'arrondissement de l'enfant à placer.

ŒUVRE DU PATRONAGE DES ENFANTS DE SAINT-VINCENT-DE-PAUL.

Dans la Société de Saint-Vincent-de-Paul, des membres nommés par chaque conférence s'occupent spécialement du patronage des enfants des familles visitées par la Société, de leur surveillance aux écoles, et de leur placement en apprentissage.

Ils sont chargés de faire aller les enfants chez les Frères, de les visiter à l'école une fois par semaine, de prendre leurs notes, et, à la fin de chaque mois, de distribuer des récompenses en livres, vêtements, etc., à ceux qui l'ont le mieux mérité.

Des secours extraordinaires sont aussi accordés par les conférences aux familles des enfants dont on est le plus content.

ŒUVRE DE SAINT-JEAN.

Cette Œuvre a le même but que les précédentes, seulement elle est plus restreinte : elle s'occupe exclusivement des enfants d'ouvriers appartenant aux paroisses de Sainte-Valère et de Saint-Pierre-du-Gros-Caillou, tandis que les autres s'étendent à tout Paris.

L'Œuvre de Saint-Jean donne ses soins à plus de 200 jeunes garçons. Elle les place en apprentissage, les surveille chez les maîtres et dans leurs familles, les réunit le dimanche à l'école des Frères, pour les faire assister aux offices et à des instructions sur les devoirs de leur état. Elle récompense la bonne conduite des apprentis et leur exactitude à la réunion du dimanche par une distribution de vêtements, par des bons de pain, etc.

Les dépenses de l'œuvre s'élèvent à plus de 8,000 fr. par an.

SOCIÉTÉ POUR LE PLACEMENT EN APPRENTISSAGE DES JEUNES ORPHELINS,

reconnue comme établissement d'utilité publique en 1830.

Cette Société adopte, sans distinction de nation

ni de culte, les orphelins pauvres, enfants naturels délaissés, fils de condamnés, de pères infirmes ou corrompus, dès qu'ils ont atteint l'âge de douze ans révolus, et elle les place spécialement dans l'industrie parisienne, chez des maîtres choisis et sous le patronage d'un de ses membres.

Pendant qu'elle fait apprendre à ses protégés un état manuel, la Société pourvoit complétement à leur entretien, les envoie chaque soir et chaque dimanche dans une école spéciale, et leur fait donner l'instruction religieuse, autant que leur zèle et celui de leurs maîtres savent s'y prêter.

Œuvres et Institutions en faveur des filles.

ÉCOLE DES SOEURS.

Les Sœurs de Saint-Vincent de Paul tiennent sous l'inspection du conseil de l'instruction publique, des écoles où les jeunes filles de huit à quatorze ans reçoivent gratuitement l'éducation religieuse et l'instruction primaire.

Auprès de toutes les écoles sont établis des ouvroirs où les jeunes filles sont exercées aux travaux d'aiguille pendant une grande partie de la journée.

Il y a des classes et des ouvroirs dans tous les arrondissements de Paris.

OEUVRE DU PATRONAGE DES JEUNES OUVRIÈRES.

Cette Œuvre, associée à celle des apprentis, se

propose d'adopter les jeunes filles à la sortie des écoles primaires et des manufactures, de se charger de leur placement après la première communion, de régler les conditions de leur apprentissage ; de leur offrir, le dimanche, chez les Sœurs, une classe, une instruction religieuse et des récréations ; de donner à chacune d'elles une dame patronnesse qui la visite, encourage sa bonne volonté et environne sa jeunesse d'une vigilance toute maternelle.

Les dons et souscriptions, ainsi que les demandes pour faire partie de l'Œuvre ou pour l'adoption des enfants, peuvent être adressés à MM. les curés des paroisses sur lesquelles l'Œuvre est établie.

ASSOCIATION DES JEUNES ÉCONOMES.

Cette Œuvre a pour but de venir en aide aux jeunes filles pauvres, en les plaçant en apprentissage chez des maîtresses chrétiennes. Ainsi ses efforts consistent à préserver ou à retirer les jeunes filles de la misère et du vice, pour leur donner une éducation chrétienne, et pour les mettre en mesure de se suffire à elles-mêmes et d'aider ensuite leurs familles par le travail.

Ces efforts sont couronnés du plus grand succès, et peu de filles négligent de se conformer aux bons principes qui ont présidé à leur éducation.

L'Œuvre se compose d'un nombre illimité de jeunes personnes associées qui s'engagent à payer

30 centimes par mois, et 60 centimes pour le mois de janvier.

Un supérieur ecclésiastique, nommé par Mgr l'archevêque de Paris, préside et dirige le conseil de l'Association.

Les admissions se font sur la demande des parents.

ASSOCIATION DE SAINTE-ANNE.

Cette association place en apprentissage les jeunes filles pauvres.

Elle est composée de dames qui souscrivent à une cotisation annuelle de 6 fr. ou 50 c. par mois.

L'OEuvre est administrée par un bureau centra et des bureaux particuliers, dans chaque arrondissement de Paris.

Le siège de l'Association est à l'Hôtel-de-Ville.

MAISON DES ENFANTS DÉLAISSÉS,
rue Notre-Dame-des-Champs.

Cette maison a été fondée en 1803, par madame de Carcado, pour les orphelines de mère. Elle élève cent jeunes filles, qui sont gardées jusqu'à vingt et un ans.

L'adoption est entièrement gratuite, et n'a lieu que pour les enfants de sept à neuf ans.

MAISON DE LA PROVIDENCE,
1 rue Oudinot.

Cette maison, fondée en 1820, par M. l'abbé

Desgenettes, alors curé des missions, est dirigée par les Sœurs de Saint-Vincent de Paul.

Elle contient plus de 200 orphelines.

Le plus grand nombre des lits de cette maison est à la nomination des personnes qui ont concouru à la fondation de l'établissement. Les autres sont donnés par la sœur supérieure des sœurs de charité du quartier des missions, qui décide seule des conditions d'admissions. Les jeunes filles restent à la maison jusqu'à vingt ans.

MAISON DES ORPHELINES DE LA PROVIDENCE,
près Saint-Roch.

Trente-six orphelines y sont reçues à raison de 200 fr. par an.

Chacune coûte à la maison 300 fr.

MAISON DES ENFANTS DE LA PROVIDENCE,
rue du Regard.

Cette maison, fondée par mademoiselle Buchère, est confiée aux soins des sœurs de Notre-Dame-de-Bon-Secours, et reçoit des orphelines.

MAISON DE SAINTE-MARIE DE LORETTE,
rue de Vaugirard, 101.

Cette maison a été fondée, en 1823, par M. l'abbé de Malet, pour l'éducation des jeunes filles pauvres de douze à dix-huit ans, dans le dessein d'en faire de bonnes et honnêtes domestiques. Elle se compose de trente-cinq jeunes filles.

INSTITUTION DE SAINT-LOUIS,
rue Saint-Lazare.

Fondée en 1821, par mesdames Barthélemy et de Romieux, sur la paroisse de Saint-Louis-d'Antin, cette institution reçoit les jeunes filles pauvres, principalement les orphelines.

Elles sont reçues de neuf à vingt ans. La maison en fait élever en ce moment quarante.

Un externat ajouté à la maison reçoit les enfants indigents du quartier.

L'Œuvre se soutient par des souscriptions et une quête annuelle. Les dons et demandes d'admission doivent être adressés à la trésorière de l'Œuvre.

ÉTABLISSEMENT DES SŒURS DE SAINT-ANDRÉ,
90, rue de Sèvres.

Cette maison reçoit plus de deux cents jeunes filles externes et cent quarante internes, dont quelques-unes gratuitement, et les autres payent une pension de 240 à 300 fr., et doivent apporter leur trousseau.

La pension varie suivant l'âge, la position de l'enfant et le temps qu'il doit rester.

MAISON DU SAINT-CŒUR-DE-MARIE,
rue Picpus.

Cette maison est confiée aux sœurs des écoles chrétiennes.

Elle reçoit gratuitement les jeunes filles pauvres à l'âge de treize ans, en exigeant d'elles un trousseau seulement, et ne les garde que le temps nécessaire pour acquérir l'instruction primaire et professionnelle.

ŒUVRE DES SAINTS-ANGES,
rue de Reuilly.

Cette œuvre, fondée par madame Manuel, reçoit les jeunes orphelines de deux à huit ans, et les garde jusqu'à vingt et un ans.

ŒUVRE DE SAINT-CASIMIR,
rue de Gentilly, 8.

Cette Œuvre élève soixante-dix orphelines ou jeunes filles pauvres appartenant aux familles des réfugiés polonais. Elle leur donne une éducation chrétienne, leur apprend à gagner leur vie par le travail, et dépense à cet effet environ 20,000 fr., dont 4,000 fr. sont fournis par le gouvernement français, et le reste par la charité des particuliers.

A cette œuvre s'en rattachent deux autres qui ont pour but principal, l'une de soulager les vieillards polonais, anciens officiers, l'autre de secourir à domicile de pauvres familles polonaises. Elles sont soutenues en partie par les gens riches de cette nation, et en partie par les dons et les secours qu'elles trouvent à Paris.

ŒUVRE DE NOTRE-DAME-DE-SION,
rue du Regard, 11.

Cette Œuvre fondée, en 1844, par M. l'abbé Ratisbonne, a établi plusieurs maisons, principalement destinées aux jeunes filles israélites qui, avec le consentement de leurs parents, y sont instruites et élevées gratuitement dans la religion catholique. Ces maisons sont dirigées par les religieuses de Notre-Dame-de-Sion.

Notre saint-père le Pape, par plusieurs brefs, a concédé à cette Œuvre de nombreuses indulgences.

Les personnes qui désirent s'unir et coopérer à l'Œuvre peuvent écrire, ou à madame la supérieure de Notre-Dame-de-Sion, ou à M. l'abbé Ratisbonne, missionnaire apostolique, rue du Regard, 11 bis.

ŒUVRE DES ÉCOLES DE LA COMPASSION.

Cette Œuvre, qu'il ne faut pas confondre avec celle des orphelins, des enfants trouvés, des indigents honnêtes, et des jeunes détenus, a pour but : 1° de recueillir les enfants de la rue les plus délaissés et les plus pervertis, et que les autres établissements et œuvres ne voudraient pas recevoir, et qui sont ainsi voués inévitablement au vagabondage et même au crime ; 2° de soustraire à la flétrissure d'un jugement ceux que leurs mauvais instincts ont amenés devant les tribunaux avant qu'ils aient atteint l'âge de onze ans.

On les élève chrétiennement et on leur fait apprendre un état.

Cette œuvre produit chaque jour le plus grand bien, et c'est par centaines qu'on compte les enfants qu'elle a arrachés à la misère et au crime.

ASSOCIATION DES INSTITUTRICES.

Cette OEuvre est une société de jeunes personnes qui, se destinant à l'éducation particulière ou publique, ou s'y trouvant déjà engagées, s'encouragent et s'aident mutuellement à remplir chrétiennement leurs devoirs, et à réunir autour d'elles de bonnes élèves, en offrant aux familles toutes les garanties de moralité et d'instruction.

La société compte deux cents membres qu'elle protége, place, nourrit au besoin, visite et surveille.

SOCIÉTÉ DE PATRONAGE DES ENFANTS CONVALESCENTS.

Cette OEuvre a pour but de recueillir les enfants qui sortent de l'hôpital, afin de les préserver des maladies nouvelles qu'ils pourraient y contracter en y passant le temps de leur convalescence; elle a pour but de les former au travail et surtout de leur donner l'éducation religieuse, en même temps qu'une instruction élémentaire, de leur procurer de bons apprentissages et de les environner d'un utile patronage, soit dans les ateliers, soit dans les familles.

L'Œuvre a une trentaine de lits pour les enfants qui sortent des hôpitaux, et elle leur donne des sœurs pour les soigner; elle reçoit de trois cents à quatre cents convalescents par année, le temps de la convalescence durant, en moyenne, un mois, le patronage compte environ cent cinquante enfants.

La dépense totale de l'Œuvre s'élève annuellement à 30,000 francs; le tiers de cette somme est due aux subventions de la ville et de l'État, le reste à la charité privée.

SOCIÉTÉ D'ADOPTION POUR LES ENFANTS TROUVÉS, ABANDONNÉS ET ORPHELINS PAUVRES.

La Société recueille ces enfants, de sept à neuf ans, au Mesnil-Saint-Firmin, près de Breteuil (Oise), dans une colonie agricole, où ils sont appliqués, suivant leurs forces et leur intelligence, à toutes les parties du service intérieur et extérieur d'une exploitation rurale. Des soins réguliers leur sont donnés sous la direction de l'ordinaire dans le diocèse duquel se trouve la colonie; mais Paris est un centre où l'Œuvre puise d'abondantes ressources et où d'ailleurs elle a son siège.

ŒUVRE DES FAUBOURGS.

Cette Œuvre, fondé en 1848, s'occupe de procurer des secours de vêtements et le bienfait des écoles aux enfants des familles pauvres des faubourgs.

L'Œuvre patronne les enfants, les visite dans leurs familles, leur distribue des vêtemens, concourt à l'établissement des écoles et paye les mois d'école dans quelques pensions.

S'adresser pour les renseignements à M. le curé de Saint-Roch.

INSTITUTION DES SOURDS-MUETS,
rue Saint-Jacques, 254.

Cet établissement, sous l'autorité directe du ministre de l'Intérieur, reçoit les enfants des deux sexes.

Ils ne peuvent y être admis avant dix ans ni après quinze, à moins d'une autorisation spéciale du ministre de l'Intérieur. Pour obtenir une admission, la famille doit faire parvenir sa demande à l'Administration trois mois avant le 1er octobre de chaque année.

Cette demande doit être accompagnée : 1° de l'acte de naissance de l'enfance;

2° D'un certificat de surdi-mutisme et de ses causes, d'un certificat que l'enfant n'est atteint d'aucune autre infirmité.

Le prix annuel de la pension est de 900 fr. pour les garçons et 800 fr. pour les filles; 250 fr. pour les demi-bourses et 125 fr. pour les trois quarts de bourse.

Il y a quatre-vingt-dix places gratuites.

INSTITUTION DES JEUNES AVEUGLES,
boulevard des Invalides, 56.

L'Institution des aveugles, fondée par Valentin Haüy en 1784, est un établissement de l'État où les enfants de l'un ou l'autre sexe privés de la vue reçoivent l'éducation et sont préparés à exercer une profession utile.

Cent vingt bourses entières sont accordées à l'Institution par le ministre de l'intérieur en faveur des familles pauvres. Les familles qui ne possèdent que de faibles ressources peuvent réclamer une demi-bourse, qui laisse à leur charge une somme annuelle de 400 fr.

Les enfants ne peuvent être reçus que de neuf à treize ans.

S'adresser pour les renseignements au directeur de l'Institution.

ASILE SAINT-HILAIRE,
rue des Postes.

Cet Asile a été fondé en 1846, par M. le docteur Rattier, en faveur des petits enfants aveugles des deux sexes qui ne peuvent être admis ni à la salle d'asile ni à l'école primaire. Les enfants sont reçus à partir de trois ou quatre ans jusqu'à l'âge de dix ans, comme externes et tout à fait gratuitement; ils viennent à l'asile à huit heures du matin et y restent jusqu'à quatre heures de l'après-midi; ils y font un repas aux frais de la maison.

MAISON DE REFUGE DES SOURDES-MUETTES,
rue Neuve-Sainte-Geneviève.

Cette Maison assure un asile et de l'ouvrage à celles d'entre elles que la misère de leurs parents laisserait sans appui à la sortie de l'Institution des sourds-muets.

Cet établissement, comme le précédent, se soutient par la charité.

II

Œuvres de charité libre pour la pauvreté, la maladie et la vieillesse.

Nous devrions sans doute citer en première ligne la Société de Saint-Vincent de Paul. Mais les changements introduits depuis peu dans son mode d'existence ayant supprimé le conseil général, et réduit ainsi chaque conférence à ses ressources particulières, nous nous contenterons de citer les œuvres que ces conférences ont fondées, ou qu'elles entretiennent, à mesure que ces œuvres se rencontreront dans la nomenclature que nous allons donner.

ŒUVRE DES SOLDATS.

Elle a pour but d'aider à l'instruction et à l'éducation morale et chrétienne des militaires. A cet effet, elle leur ouvre des écoles gratuites de cinq à sept heures du soir; elle leur prête de bons livres, leur fait de temps en temps adresser des instructions religieuses, les associe aux œuvres de charité et leur procure deux retraites spirituelles chaque année.

ŒUVRE DES FAMILLES.

L'Œuvre des Familles, fondée en 1848 par M. de Melun, a pour but l'adoption d'une ou de plusieurs familles pauvres, par dix associés qui s'engagent à visiter les familles adoptées, à patroner leurs enfants aux crèches, aux asiles, aux écoles, dans les ateliers, à solliciter pour elles les soins nécessaires en cas de maladie, et à leur chercher des moyens de travail et de secours.

Cette Œuvre, qui produit le plus grand bien, est établie dans les principales paroisses de Paris.

SOCIÉTÉ DE LA MISÉRICORDE.

Cette Œuvre a pour but de secourir les familles qui, d'une position aisée, sont tombées dans l'indigence et la misère.

Elle distribue aux pauvres honteux des secours en argent, en vêtements, en chauffage et en médicaments, cherche à leur procurer du travail, poursuit leurs réclamations, fait valoir leurs droits et les protége aussi efficacement qu'il est possible.

Elle secourt ainsi, en moyenne, huit cents personnes par an, et dépense à cet effet 30,000 fr. environ, qui sont le produit de la charité privée.

ŒUVRE DES PAUVRES MALADES.

Cette Œuvre est établie pour visiter à domicile les pauvres malades de la ville de Paris. Des dames s'associent aux sœurs de Saint-Vincent de Paul et vont, avec elles ou sur leur désignation, porter aux malades les secours dont ils peuvent avoir besoin, et à cette occasion les consolent, les instruisent, les préparent à recevoir les sacrements de baptême, d'eucharistie et de mariage.

Cette Œuvre, fondée en 1840, a déjà consacré plus de 600,000 fr. au soulagement des malades, et a fait près de huit cent mille visites à deux cent mille malades.

L'Œuvre compte environ huit cents membres.

S'adresser pour les renseignements au R. Père Étienne, supérieur des Lazaristes, rue de Sèvres, 95.

ŒUVRE DE SAINTE-GENEVIÈVE.

Elle a pour but de former, dans chaque paroisse de la banlieue, un établissement à la fois religieux et charitable, qui procure des soins et des secours aux malades des familles indigentes et laborieuses, qui s'occupe des jeunes filles pour les élever dans les principes de la piété chrétienne.

Plus de vingt-cinq paroisses ont déjà ressenti la bienfaisante influence de cette œuvre si salutaire.

ASILE DU SAINT-CŒUR DE MARIE ET ŒUVRE DE LA VISITE DES MALADES DANS LES HÔPITAUX.

C'est une Œuvre dont les membres ont voulu secourir les jeunes filles honnêtes et sans ressource qui sortent de l'hôpital, et qui réclament des soins pendant le temps de leur convalescence. On s'occupe, dans l'asile, de leur donner l'instruction religieuse, et, à leur sortie, de les placer dans des maisons sûres et chrétiennes.

Cette Œuvre, du reste, n'est qu'un rameau de l'œuvre dite de la Visite des malades dans les hôpitaux, qui consiste à visiter dans les hôpitaux les pauvres femmes malades, à secourir en même temps leur famille, à les instruire et à les protéger pendant leur convalescence.

L'Asile du Saint-Cœur de Marie est située rue Notre-Dame-des-Champs.

MAISON DE SANTÉ DES HOSPITALIERS DE SAINT-JEAN DE DIEU,
rue Oudinot.

Cette maison, fondée en 1843, est établie pour le traitement des hommes malades, le soin des convalescents et des valétudinaires; elle n'en admet aucun qui soit atteint de maladie secrète, contagieuse, incurable ou mentale.

La pension varie selon la grandeur et la position des appartements.

La pension se paye par quinzaine ou par mois, et d'avance.

Les malades peuvent recevoir des visites, depuis neuf heures du matin jusqu'à huit heures du soir; mais les dames, sauf quelques cas extraordinaires, ne sont admises que de une heure à quatre heures de l'après-midi, et de plus, pendant les trois mois d'été, de six à huit heures.

L'établissement reçoit, en outre, pour les soigner gratuitement dans leurs maladies, des personnes que leur éducation, leur position, leurs habitudes éloignent des hôpitaux, et qui cependant manquent des moyens nécessaires pour se faire traiter chez elles convenablement.

SOCIÉTÉ DE LA PROVIDENCE.

Cette Société, fondée en 1805, paye des pensions ou des portions de pension pour des vieillards des deux sexes, qu'elle a placés à l'hospice de l'Asile de la Providence : elle procure une éducation chrétienne et fait apprendre des métiers à des enfants indigents; enfin elle distribue des secours à des familles malheureuses.

Ses ressources consistent dans la souscription annuelle de 20 francs versée par les sociétaires et dans le produit d'une quête.

ASILE DE LA PROVIDENCE,
chaussée des Martyrs.

Fondé le 1er septembre 1804, par M. le chevalier

de La Vieuville, et créé établissement public par ordonnance du roi du 24 décembre 1817, l'Asile de la Providence est destiné à servir de retraite à des vieillards des deux sexes de la ville de Paris, âgés d'au moins soixante ans.

Il renferme 56 lits; 4 sont accordés gratuitement, dont 2 à la nomination de la famille des fondateurs, 2 à celle du ministre de l'intérieur. Le prix de la pension pour les 52 autres est de 600 fr.

L'Asile est dirigé par un administrateur en chef sous la surveillance d'un conseil et sous l'autorité du ministre de l'intérieur.

Le service intérieur est confié aux dames hospitalières de Nevers.

Ses ressources consistent dans la moitié du produit de la quête annuelle faite par la Société de la Providence, dans une subvention du conseil municipal de Paris, et dans le payement des pensions acquittées soit par le ministre de l'intérieur, soit par la Société de la Providence, soit par les familles ou protecteurs des vieillards admis.

Pour obtenir un lit, on doit s'adresser, suivant l'origine de sa fondation, au ministère de l'intérieur, à l'administrateur en chef de l'Asile.

SOCIÉTÉ PHILANTHROPIQUE.

La Société philanthropique, fondée en 1780 et reconnue établissement d'utilité publique par ordonnance du 27 septembre 1839, a deux buts :

Le premier est le traitement à domicile des malades qui, n'étant pas inscrits au bureau de bienfaisance, se trouvent, par des pertes et l'interruption de tout travail qu'entraîne la maladie, hors d'état de pourvoir aux besoins de leur famille et aux exigences de leur traitement.

Le second est la distribution de soupes, de riz ou de haricots, à 5 centimes la portion, aux ouvriers et aux pauvres. La Société a fondé, sous le nom de dispensaires, six établissements dans lesquels les malades recommandés par les souscripteurs reçoivent des consultations et des médicaments gratuits.

La souscription est de 30 fr. par an. Elle donne droit à une carte de dispensaire et à un cent de bons de soupes et légumes.

La carte est valable pour un an ; celui dont elle porte le nom peut faire soigner par un médecin du dispensaire de son quartier tel malade qu'il désigne. Il suffit d'envoyer la carte à l'agent du dispensaire avec une lettre indicative du nom et de la demeure de la personne recommandée.

Lorsque le traitement est terminé, la carte est renvoyée au souscripteur, qui, chaque fois qu'elle lui revient, peut, dans le cours de l'année, l'appliquer à un nouveau malade, sauf le cas où elle a été appliquée à un accouchement : alors elle ne peut plus être employée que trois mois après.

Le malade auquel la carte est appliquée est visité et traité par le médecin ou le chirurgien attaché au dispensaire, qui lui fait avoir gratuitement chez les pharmaciens de la Société les médicaments dont il a besoin.

Un comité, composé de cinquante membres nommés pas les souscripteurs, est chargé de l'administration de la Société, des dépenses, de la distribution des secours et de la surveillance des dispensaires et des fourneaux.

OEUVRE DES PETITES SŒURS DES PAUVRES.

L'Œuvre des Petites sœurs des pauvres, qui a pour but de servir, de nourrir, de consoler les vieillards des deux sexes, a commencé à Saint-Servan, petite ville de Bretagne.

Fondée en 1840 par M. l'abbé Le Pailleur, elle n'avait, au début, que deux jeunes filles et une ancienne servante, Jeanne Jugan, à qui l'Académie française a accordé un prix de vertu.

La congrégation compte aujourd'hui 4 grands établissements dans Paris.

Elle n'a d'autres ressources pour se suffire que son zèle et la charité publique.

ASILE-OUVROIR DE GÉRANDO,
rue Cassini.

Cet établissement, fondé en 1839 par M. le baron de Gérando, pair de France, et reconnu comme établissement d'utilité publique par rdonnance royale du 2 août 1843, est destiné à recueillir les jeune filles victimes d'une première faute, et que leur état d'abandon, à leur sortie des hôpitaux, exposait à tous les dangers de la corruption et de la misère.

Admises sur la recommandation du directeur de l'hôpital ou du comité de l'Œuvre, elles sont nourries, vêtues, instruites, et gardées jusqu'au moment où on peut leur procurer du travail ou une place.

L'Asile leur est encore ouvert lorsque, n'ayant pas cessé de se bien conduire, elles se trouvent sans place et exposées dans le monde. Une petite association a été fondée par les soins de l'aumônier, entre les femmes sorties de l'Asile. Elles s'y réunissent une fois par mois pour recevoir des exhortations et des conseils.

La moyenne de la durée du séjour dans l'Asile a été de quarante-cinq jours.

Chaque convalescente a coûté à peu près 100 fr.

Le ministre de l'intérieur, l'administration des hospices, le conseil municipal ont concouru par leurs subventions à la fondation et au progrès de l'Asile.

Les demandes d'admission doivent être adressées à la directrice de l'établissement, rue Cassini.

MAISON DE NAZARETH,
rue Notre-Dame-des-Champs.

C'est un asile préparé par la charité de quelques familles d'ouvriers à vingt vieux ménages ou personnes isolées, qui y trouvent un logement gratuit.

Chacun d'eux a une chambre séparée. Une grande

salle, chauffée et éclairée en hiver, sert de pièce commune.

Cette retraite, fondée depuis plus de deux ans, sous les auspices de la Société de Saint-Vincent de Paul, est particulièrement destinée aux membres de la Sainte-Famille, association formée entre un grand nombre de familles ouvrières.

Tous les membres de l'association qui le peuvent donnent un sou par semaine pour l'entretien de la Maison de Nazareth, et six d'entre eux font partie du conseil d'administration.

Une quête est faite chaque année, le quatrième dimanche de décembre, à la réunion du soir, en l'église Notre-Dame des Victoires.

Le conseil d'administration, siégeant rue du Regard, 14, se compose de M. le curé de Saint-Sulpice, de neuf membres de la Société de Saint-Vincent de Paul, et de six membres de la Sainte-Famille.

SOCIÉTÉ EN FAVEUR DES PAUVRES VIEILLARDS.

Cette Société, composée de dames catholiques et de dames protestantes, existe depuis 1802 ; elle donne des vêtements aux vieillards indigents, leur fournit des draps et des couvertures.

SOCIÉTÉ DES AMIS DES PAUVRES.

Elle a pour but principal de tirer les indigents de leur position en leur faisant des avances pour achat d'outils et de matériaux, en payant leur voyage et la pension de leurs enfants.

Elle est composée de catholiques et de protestants.

Tout indigent présenté à la Société reçoit un patron, qui surveille ses intérêts, l'assiste de ses conseils et le visite au moins une fois par mois. Nul indigent n'est adopté avant d'avoir été visité par deux membres de la Société.

SOCIÉTÉ CENTRALE D'ÉDUCATION ET D'ASSISTANCE POUR LES SOURDS-MUETS EN FRANCE.

La Société a pour objet de s'occuper du sort physique et moral des sourds-muets de l'un et de l'autre sexe, et de leur assurer, dans toutes les conditions et à toutes les époques de la vie, une protection et un patronage permanents;

Elle procure aux enfants le bienfait de l'éducation, aux adultes des moyens d'existence par le travail; suit leur destinée dans le monde, les protége, les surveille, complète leur instruction, les éclaire sur leurs devoirs, défend leurs intérêts, facilite leurs rapports avec la Société;

Elle leur offre les secours de la médecine et de la religion; assure le repos de leur vieillesse;

Elle les assiste enfin dans toutes les situations difficiles où ils peuvent se trouver placés, et diminue ainsi les inconvénients de leur infirmité.

La Société est administrée par un conseil supérieur:

— Une autre Société ayant le même but a été fondée par le docteur Blanchet ; elle est présidée par M. le curé de Saint-Roch.

SOCIÉTÉ DE PATRONAGE ET DE SECOURS POUR LES AVEUGLES EN FRANCE,
boulevard d'Enfer.

La Société s'attache à protéger l'aveugle dans tous les instants de sa vie, à élever l'enfant aveugle, à donner du travail à l'adulte, à nourrir le vieillard.

Elle exclut de ses secours l'aveugle mendiant.

Elle a fondé, boulevard d'Enfer, un atelier où un certain nombre d'aveugles sont occupés à des travaux de vannerie, brosserie, pour les hospices de Paris.

Le prix de la pension annuelle est de 250 fr. ; le prix du trousseau, 150 fr.

Tout membre de le Société doit s'obliger à une cotisation annuelle de 6 fr.

L'OEuvre est administrée par un conseil élu par les membres de la Société.

SOCIÉTÉ DE PATRONAGE DES ALIÉNÉS CONVALESCENTS.

Cette Société visite à domicile les aliénés sortis guéris de Bicêtre et de la Salpêtrière, leur distribue des secours et leur assure les bienfaits d'une protection charitable.

Les ressources se composent des cotisations de ses

membres, de souscriptions tant à Paris que dans les départements, d'une subvention des hôpitaux et du ministère de l'intérieur, et du produit d'une quête faite à un sermon annuel.

Les assemblées générales ont lieu sous la présidence de l'Archevêque de Paris.

SOCIÉTÉ CHARITABLE DE SAINT-FRANÇOIS RÉGIS.

La Société de Saint-François Régis a été fondée en 1826 pour faciliter le mariage civil et religieux des pauvres du diocèse de Paris qui vivent dans le désordre, et la légitimation de leurs enfants naturels.

Elle se charge de la production de tous les actes et renseignements nécessaires à la célébration du mariage.

Elle sollicite de l'administration des hospices la remise gratuite des enfants déposés à l'hospice des Enfants trouvés et des Orphelins, qui ont été depuis légitimés par le mariage de leurs parents.

Elle s'occupe aussi de faire venir les actes de naissance nécessaires pour l'admission des infirmes et des vieillards aux hospices et maisons de retraites du département de la Seine.

Elle procure, sur la demande des Frères des écoles chrétiennes ou des Sœurs de la charité, les actes de baptême requis pour la première communion des enfants pauvres.

La Société, se chargeant de tous ces frais, ne peut

que par exception accorder des secours aux familles dont elle s'occupe.

Les pauvres qui se présentent pour la première fois doivent être porteurs d'une lettre de recommandation, soit de MM. les curés ou prêtres des paroisses de Paris, de MM. les maires et adjoints, soit des Sœurs de la charité, des membres des bureaux de bienfaisance ou d'associés aux Œuvres de charité de la capitale ; et d'une lettre constatant que les parents ont été consultés sur le mariage projeté, et qu'ils donneront leur consentement en règle lorsque la Société le leur demandera à ses frais.

A moins d'empêchements graves, il est nécessaire que le futur accompagne sa future. Si les futurs sont malades, la Société fait prendre à leur domicile les renseignements nécessaires à la levée des actes.

Dans le cours de la semaine, le bureau est ouvert de dix heures à midi, *mais pour les futurs déjà inscrits seulement.*

Les ressources de la Société se composent :

1° Des allocations faites annuellement par les hospices de Paris ;

2° D'un secours du ministre de l'Intérieur ;

3° Du produit d'une quête qui a lieu annuellement dans une des églises de Paris, à la suite d'un sermon de charité ;

4° Des cotisations des membres, des associés et des offrandes des souscripteurs.

SOCIÉTÉ DE PATRONAGE POUR LE RENVOI DANS LEURS FAMILLES DES JEUNES FILLES DE PROVINCE.

Le but de la Société, fondée en 1844 par M. de Cormenin, est de renvoyer dans leur pays et leurs familles les jeunes filles qui viennent à Paris pour trouver une place, et qui, trompées dans leurs espérances, après avoir épuisé leurs ressources, sont exposées à tous les dangers de la misère et de l'abandon, et les femmes devenues sans moyens d'existence, par suite de l'abandon ou du décès de leur mari.

L'Œuvre se charge de toutes les démarches nécessaires pour faciliter le départ, des frais de voiture et de route ; elle procure aux plus pauvres le logement et la nourriture en attendant le départ.

ŒUVRE DU MONT-DE-PIÉTÉ.

Cette Association, fondée en 1849, a pour but de venir en aide aux classes laborieuses, en dégageant les effets de première nécessité, tels qu'objets d'habillement et de literie, qu'un besoin pressant a contraint les familles indigentes de déposer au mont-de-piété.

L'Œuvre exclut absolument et sans exception tous articles de luxe, pour s'attacher uniquement à ceux dont la privation constitue une souffrance dans la saison rigoureuse surtout.

Elle fonctionne plus particulièrement, dans le semestre compris entre le 1er octobre d'une année et le 30 mars de l'année suivante.

Chaque déposant pourra remettre aux mains de la trésorière, ou de tout autre membre du comité, telles épargnes qu'il aurait pu effectuer, pour arriver, en les cumulant avec le maximum de la remise faite par l'OEuvre, à un dégagement plus élevé.

Il ne peut y avoir lieu généralement à plus d'un retrait par an, pour les mêmes déposants; mais l'OEuvre, pour les reconnaissances qui sont sur le point d'expirer, avise aux moyens d'éviter une vente préjudiciable aux intérêts des déposants.

Lss objets retirés qui n'auraient pas pu être délivrés à leurs propriétaires seront, l'an expiré, réintégrés au mont-de-piété, l'opération du retrait se trouvant ainsi comme non avenue.

Les membres de l'OEuvre s'engagent à une cotisation qui ne peut être moindre de 30 c. par mois.

Ces cotisations sont recueillies par les soins de dizainiers et de dizainières, agréés par le comité de l'OEuvre.

Toute personne qui aura cessé pendant un an de payer sa cotisation, pourra être considérée comme ne faisant plus partie de l'Association.

L'OEuvre est dirigée par un comité composé d'un président, d'un vice-président, d'une vice-présidente-secrétaire, d'une trésorière, et de cinq conseillers et conseillères.

Il se réunit tous les mois, pendant le semestre d'hiver, et tous les trois mois dans le semestre d'été.

Chaque année, a lieu une assemblée générale de tous les membres de l'Œuvre, dans laquelle le comité rend compte de ses opérations.

SOCIÉTÉ DE SAINT-FRANÇOIS-XAVIER.

La Société de Saint François-Xavier a pour but principal de procurer aux ouvriers l'instruction chrétienne, et des secours spirituels et temporels en cas de maladie. Elle est placée, dans chaque paroisse, sous la surveillance du curé et d'un prêtre qu'il désigne.

Les associés se réunissent une ou deux fois par mois, le dimanche, à sept heures du soir, dans l'église de leurs paroisses.

La séance est consacrée à des lectures faites par des membres sur des sujets d'histoire et de science, à des instructions religieuses et à des exercices de piété.

A la fin de chaque séance, des livres sont tirés au sort entre les associés présents.

A la fin de chaque année, des diplômes d'honneur sont distribués solennellement aux membres qui ont assisté régulièrement aux séances, en témoignage de leur assiduité.

L'association se compose de membres titulaires payant une cotisation mensuelle, et de membres honoraires, protecteurs de la Société.

Le produit des souscriptions forme une caisse de secours mutuels entre les associés, qui sont visités et aidés dans leurs maladies.

Pour faire partie de la Société, il faut avoir au moins dix-sept ans, et assister à trois séances consécutives.

Fondée en 1837, à l'école d'adultes des Frères des Écoles chrétiennes de la paroisse Saint-Nicolas des Champs, cette Œuvre se répandit bientôt dans les diverses paroisses de Paris, à Sainte-Marguerite, à Saint-Sulpice, à Saint-Pierre du Gros-Caillou, à Saint-Louis en l'Ile, à Saint-Laurent, à Saint-Roch, à Saint-Gervais, à Saint-Ambroise, à Saint-Jacques du Haut-Pas, à Saint-Étienne du Mont, à Saint-Eustache, etc.

ŒUVRE DE LA SAINTE-FAMILLE.

L'Œuvre de la Sainte-Famille, fondée en 1844 dans la paroisse de Saint-Sulpice, réunit les pauvres de la paroisse, une fois par mois, dans la salle basse de Saint-François-Xavier, pour y entendre la messe et suivre les exercices de piété et d'instruction.

Une loterie est tirée, à la fin de chaque séance, entre les membres présents.

Les soins des médecins et les médicaments gratuits, et quelques légers secours, leur sont donnés dans leurs maladies, et une bibliothèque de livres instructifs et amusants est mise à leur disposition.

Les personnes qui veulent s'associer à l'OEuvre peuvent se faire inscrire chez les Sœurs de Charité, rue de Vaugirard, 88, ou rue du Regard, 14.

Des Saintes-Familles ont été établies :

A Saint-Étienne du Mont (au séminaire du Saint-Esprit).

A Saint-François-Xavier (chez les Lazaristes, rue de Sèvres, 95).

A Saint-Pierre Gros-Caillou.

A Saint-Roch, chapelle des Catéchismes.

A Sainte-Élisabeth, au Temple.

A Saint-Thomas-d'Aquin, à l'église.

ASSOCIATION DES DOMESTIQUES, DITE DES SERVANTES DE MARIE.

Cette Association est placée sous la protection de Mgr l'Archevêque de Paris.

Elle est établie : 1° pour donner aux femmes qu sont en service la faculté de persévérer dans l'accomplissement de leurs devoirs de religion et d'état ; 2° pour leur fournir un asile convenable en cas de nécessité.

Des demoiselles directrices, formant entre elles une Association différente de celle des *Servantes de Marie*, sont chargées de diriger gratuitement cette Association.

Pour être reçue au nombre des associées, il faut être en place, avoir une bonne réputation et payer une cotisation de 6 francs par an.

Les associées malades ou sans place sont reçues dans la Maison, moyennant une pension de 75 centimes par jour. Elles y trouvent un travail qui paye une partie de leur dépense.

Les associées sont placées sans aucune rétribution.

L'Œuvre reçoit des jeunes filles non associées, en attendant qu'elles soient placées. Leur pension est de 1 franc par jour.

ASSOCIATIONS DE CHARITÉ DANS LES PAROISSES.
Dames de charité.

Dans un grand nombre de paroisses de Paris, il existe une Association de dames de charité, présidée par M. le curé.

Ces dames se partagent entre elles les pauvres, les visitent, leur distribuent, conjointement avec les Sœurs de Saint-Vincent de Paul, les aumônes recueillies dans l'église ou remises à M. le curé, et remplissent envers eux tous les devoirs de protection et de charité.

Elles se réunissent périodiquement au presbytère pour prononcer sur l'admission des pauvres et la répartition des secours.

Toute demande de secours doit être adressée à M. le curé de la paroisse.

Il se fait tous les ans, dans chaque église, une ou plusieurs quêtes pour les pauvres de la paroisse, et dont le produit est distribué par les dames de charité.

A Saint-Roch et aux Missions, il se fait en outre une quête pour les pauvres honteux de ces deux paroisses.

L'*Association du Bon-Secours,* sur la paroisse Saint-Eustache, visite et secourt les pauvres.

L'*Association des Dames de la Providence,* établie depuis 1822, sur la paroisse Bonne-Nouvelle, secourt les pauvres honteux, leur prête du linge, et élève douze orphelins.

CAISSE D'ÉCONOMIE POUR LES LOYERS DES FAMILLES OUVRIÈRES

La Société de Saint-Vincent de Paul (Conférence de Saint-Sulpice) a créé, en faveur des familles ouvrières ou indigentes, une Caisse d'économie, avec faculté pour elles d'y mettre en réserve, par dépôts successifs, aussi multipliés et aussi modiques qu'elles le jugeront à propos, les ressources applicables à leurs loyers.

A la fin de chaque trimestre, il est accordé à chacun des déposants une prime d'encouragement proportionnée à l'importance du dépôt total, à raison de 20 pour 100 pour les deux premiers mois, et de 10 pour 100 pour le dernier.

Un conseil d'administration est constitué pour l'examen des titres des familles, le règlement et le contrôle des opérations de la caisse.

Les primes d'encouragement sont payées par la Conférence de Saint-Vincent de Paul, au moyen des fonds qu'elle affecte à cette bonne œuvre sur ses ressources propres, et à l'aide des dons ou cotisations qui lui sont remis pour cette destination.

Les cotisations peuvent aussi être envoyées à M. le curé de Saint-Sulpice, président honoraire de l'OEuvre.

III

Hôpitaux généraux.

HOTEL-DIEU,
place du Parvis Notre-Dame.

Cet hôpital eut, dit-on, pour fondateur saint Landri, évêque de Paris. Ce que nous pouvons affirmer, c'est que saint Louis en étendit beaucoup les bâtiments qui, avant lui, avaient fort peu d'importance, et que par les priviléges qu'il lui concéda et les donations qu'il lui fit, pourrait à plus juste titre en être considéré comme le fondateur. En 1630, Geneviève Bouquet fonda l'ordre des Sœurs de Saint-Augustin, qui depuis n'a cessé de desservir l'Hôtel-Dieu. Cet hôpital contient 828 lits. Dans ces dernières années, on a réalisé toutes les améliorations désirables et possibles, cependant il n'en est pas moins resté, par sa position même, dans des conditions hygiéniques défavorables. Là est décédé le poëte Gilbert. On va construire un nouvel hôpital, qui coûtera 20 millions de francs.

HOPITAL COCHIN,
faubourg Saint-Jacques, 47.

Fondé en 1779 par M. Cochin, curé de Saint-Jacques du Haut-Pas, il est desservi par les sœurs de Sainte-Marthe. Il compte 119 lits.

HOPITAL NECKER,
rue de Sèvres, 51.

Fondé en 1779 et dirigé d'abord par madame Necker, il est établi dans l'ancien couvent des religieuses de Notre-Dame de Liesse. Les agrandissements opérés récemment en ont fait un des plus beaux établissements de Paris. Il est desservi par les sœurs de Saint-Vincent-de-Paul, et compte 286 lits.

HOPITAL DE LA RIBOISIÈRE,
près du chemin de fer du Nord.

C'est un des plus beaux et des plus vastes qui existent. Son périmètre est de 51,872 mètres ; sa construction et son ameublement ont coûté plus de 11 millions. Les constructions, terminées en 1853, se composent d'un bâtiment d'administration et de dix pavillons séparés par des préaux ou promenoirs pour les malades. La cour d'honneur est décorée de plantations et environnée d'une belle galerie vitrée. Au fond de cette cour s'élève la chapelle. Elle est ornée de peintures, de dorures, de vitraux de couleur et de boiseries sculptées. Près du chœur se dresse le tombeau de madame la comtesse de La Riboisière, qui légua en mourant, aux pauvres de Paris, une somme de 2,900,000 fr.; c'est l'œuvre de Marochetti. Le sarcophage en marbre noir supporte un groupe représentant un Ange entre un pauvre malade et un enfant orphelin, puis des figures allégoriques du Repos, de la Vieillesse et de la Sollicitude maternelle. Dans l'ensemble des pavillons il y a 432 lits de médecine et 204 de chirurgie. On dit que le loyer annuel seul du lit d'un malade coûte ici 660 fr. Trente mille malades y passent chaque année. Les murs des salles et des escaliers sont stuqués, de même que la cuisine, la pharmacie, les bains et leurs dépendances. Deux systèmes distincts de ventilation et de chauffage fonctionnent dans l'établissement. La buanderie est un type intéressant; elle possède une coulerie et des séchoirs à air chaud; on y effectue l'essangeage, le lessivage, le savonnage, le rinçage, le séchage de 1,500 kil. de linge assorti, par journée de travail, soit en été, soit en hiver. Les appareils à lessive sont chauffés à la vapeur; une machine fait mouvoir les eaux d'arrosage du linge, qui est transporté sur des chariots roulant sur des rails. L'hôpital est desservi par les Dames augustines.

HOPITAL DE LA PITIÉ,
rue Lacépède, 1.

Marie de Médicis le créa en 1612 sous le vocable

de Notre-Dame de Pitié comme refuge de mendiants. Elle avait donné l'ordre de renfermer tous les vagabonds de Paris pour en débarrasser la ville. En 1657, on le réserva aux enfants mendiants, puis aux enfants trouvés et orphelins. En 1809, il redevint ce que nous le voyons aujourd'hui, mais avec augmentation de lits (620). Il est desservi par les religieuses de Sainte-Marthe.

HOPITAL DE LA CHARITÉ,
rue Jacob, 47.

Fondé en 1602 par Marie de Médicis et actuellement l'objet d'agrandissements considérables. Il est desservi par les religieuses de Saint-Augustin. L'ancienne église sert de lieu de réunion à l'Académie de médecine. C'est là qu'Hégésippe Moreau rendit le dernier soupir.

HOPITAL SAINT-ANTOINE,
faubourg Saint-Antoine, 184.

Ancien couvent de femmes reconstruit en 1770, et affecté en 1795 à sa destination actuelle. Il est desservi par les sœurs de Sainte-Marte. Il possède 480 lits.

HOPITAL BEAUJON,
faubourg Saint-Honoré, 238.

Fondé pour vingt-quatre orphelins par M. Beaujon, financier, en 1780. Cet hôpital, construit en entier à ses frais, a été considérablement agrandi dans ces dernières années. On y remarque un excellent système d'aérage. Il est desservi par les sœurs de Sainte-Marthe, et il possède 238 lits.

IV.

Hôpitaux spéciaux.

HOPITAL SAINT-LOUIS.
rue Bichat, 40 et 42.

Fondé en 1604 par Henri IV, il est destiné au traitement des maladies cutanées. Il fut placé par ordre du roi sous l'invocation de saint Louis, en souvenir de la mort de ce prince devant Tunis. Il existe en outre à Saint-Louis un double traitement externe de la teigne. Il est desservi par les dames Augustines, et compte 853 lits.

HOPITAL DU MIDI ET DE LOURCINE,
rue des Capucins et Saint-Jacques, 15.

Cet hôpital a été établi dans l'ancien couvent des Capucins du faubourg Saint-Jacques, en vertu d'un édit du roi Louis XVI. Il est réservé aux hommes attaqués du mal vénérien; les femmes et les jeunes enfants sont traités à l'hôpital de Lourcine. Le service est confié, le premier, à des infirmiers laïques ; le second, aux dames de la Compassion de la sainte Vierge.

HOPITAL DES CLINIQUES.

Il fait pendant à l'École de médecine ; il a été bâti sur l'emplacement du cloître de l'ancien couvent des Cordeliers. 152 lits.

HOPITAL DE LA MATERNITÉ,
rue du Port-Royal, 5.

Il occupe les bâtiments de l'ancienne abbaye du Port-Royal. 402 lits.

HOPITAL DES ENFANTS MALADES.
rue de Sèvres, 149.

Cet établissement a été fondé en 1735 par M. le curé de Saint-Sulpice, avec le patronage de Marie Leczinska. 698 lits. Il est desservi par les sœurs de Saint-Thomas de Villeneuve.

HOPITAL SAINTE-EUGÉNIE,
faubourg Saint-Antoine, 124.

L'Impératrice, qui est un type de charité, est la première bienfaitrice. Il y a 405 lits. Il est desservi par les sœurs de Saint-Vincent de Paul.

ASILES DU VÉSINET ET DE VINCENNES.

Citons ici deux palais, créés pour les invalides du travail, par l'Empereur, ce noble cœur qui sympathise à tant d'infortunes : l'un dans le bois du Vésinet, l'autre à Vincennes. Là, au sortir de l'hôpital, les convalescents trouvent une bonne nourriture, un air pur et des soins généreux.

V.

Hospices et Maisons de retraite.

BICÊTRE.

Cet hospice reçoit les aveugles, les épileptiques, les cancérés incurables, les vieillards septuagénaires et les indigents incurables et invalides. Une division de l'hospice est réservée aux aliénés du département de la Seine. On y compte 3,589 lits, dont 854 pour les aliénés. C'est un immense palais situé à 3 kilom. de l'ancienne barrière de Fontainebleau, sur une hauteur qui domine Paris.

LA SALPÊTRIÈRE,
boulevard de l'Hôpital, 47.

C'est le plus vaste établissement hospitalier de l'Europe. Il couvre 30 hectares. L'Empereur vient d'augmenter encore le nombre des bâtiments. On y compte déjà 45 grands corps de bâtiments, occupant une superficie de 33,542 mètres, et 4,682 croisées. L'église, située au centre, a été construite en 1670 sur les dessins de Bruant; elle peut contenir plus de 4,000 personnes. Elle se compose de 4 nefs et de 4 chapelles rayonnant autour d'une circonférence centrale, dont le maître-autel occupe le milieu sous un dôme octogonal. La Salpêtrière est un du petit nombre des sanctuaires existant encore, où ait retenti la voix de Bossuet. La Salpêtrière est pour les femmes ce que Bicêtre est pour les hommes. L'alimentation comprend par jour 10 décagrammes de pain de moyenne qualité, 13 décagrammes de viande cuite, 45 centilitres de bouillon, une ration de légumes, un dessert et 12 centilitres de vin. Les administrés reçoivent en outre au déjeuner ou 25 centilitres de lait ou 50 de soupe maigre.

HOSPICE DES INCURABLES (hommes),
rue Popincourt, 66.

Cet hospice, fondé en 1653 par saint Vincent de Paul, contient 42 lits. Il est desservi par les sœurs de Saint-Vincent de Paul.

HOSPICE DES INCURABLES (femmes),
rue de Sèvres, 42.

On remarque dans l'église le tombeau de son fondateur, de La Rochefoucauld, cardinal et grand aumônier de France. L'hospice vient d'être transformé. Il compte 686 lits; il est desservi par les sœurs de Saint-Vincent de Paul.

HOSPICE DES ENFANTS ASSISTÉS,
rue d'Enfer, 100.

Fondé par saint Vincent de Paul sous le nom d'Hospice des enfants trouvés, cet hospice occupe depuis 1800 les bâtiments de l'ancien couvent des Oratoriens. On y reçoit les enfants abandonnés et les orphelins pauvres. On compte 609 lits. L'hospice est desservi par les sœurs de Saint-Vincent de Paul.

HOSPICE DES MÉNAGES.

Il est transféré à Issy dans des conditions plus avantageuses. Il est desservi par les sœurs de Saint-Vincent de Paul.

MAISON DE RETRAITE LA ROCHEFOUCAULD,
route d'Orléans, 15, au petit Montrouge.

Elle est destinée à recevoir les indigents âgés de soixante ans, ou perclus ou incurables. 246 lits. Elle est desservie par douze sœurs de Saint-Vincent de Paul.

INSTITUTION SAINTE-PÉRINE,
place Sainte-Geneviève, 4, à Auteuil.

Cette maison de retraite se trouve près l'église Notre-Dame à Auteuil, sur un plateau qui domine le cours de la Seine. Les bâtiments, les préaux et le parc mesurent 8,561 mètres de superficie.

HOSPICE DE VILLAS,
rue du Regard, 17.

M. de Villas voulut qu'un hospice fût établi dans sa maison, rue du Regard, 17, pour les vieillards des deux sexes, atteints d'infirmités incurables et inscrits sur le contrôle des pauvres. L'hospice date de 1835 ; il renferme 26 lits. M. de Villas mourut en 1832, laissant 1,124,000 fr.

VI.

Institutions de pénitence, de réhabilitation et de secours aux prisonniers.

CORRECTION PATERNELLE.

Lorsqu'un enfant donne à sa famille de graves sujets de mécontentement, son père peut, s'il a moins de seize ans, demander au président de première instance son admission dans une maison de correction; cette admission ne peut être refusée, mais n'excède pas un mois.

Lorsque l'enfant a plus de seize ans, sans être majeur ou émancipé, si avant cet âge il a des biens personnels, s'il exerce un état, s'il est orphelin de mère et que son père soit remarié, s'il est orphelin de père et que sa mère ait l'assentiment des deux plus proches parents paternels, le président du tribunal peut, sur la demande du père ou de la mère, le faire entrer dans une maison de correction pour six mois au plus.

La demande peut être répétée lorsque l'enfant mérite une nouvelle correction.

Les garçons ainsi détenus sont admis à la maison pénitentiaire, rue de la Roquette; ils sont renfermés dans des cellules, dans un quartier séparé des autres jeunes condamnés; ils reçoivent les leçons des Frères, l'instruction de l'aumônier, et exercent un état.

Les jeunes filles sont enfermées à Saint-Lazare, et, par protection spéciale, à la maison de la Madeleine, rue des Postes, où elles sont instruites par les Sœurs, et visitées par les Dames, qui les surveillent et les encouragent au bien.

Le président du tribunal détermine, suivant les ressources des parents, la somme qu'ils ont à payer pour les frais d'entretien et de nourriture de leurs enfants, ou si ceux-ci seront reçus gratuitement.

SOCIÉTÉ DE PATRONAGE POUR LES JEUNES LIBÉRÉS,

reconnue comme établissement d'utilité publique
par ordonnance royale du 5 juin 1843.

La Société des jeunes libérés du département de la Seine applique le système de surveillance et de placement en apprentissage aux enfants sortant de la maison pénitentiaire des jeunes détenus de la Roquette et des Madelonnettes; elle désigne à chaque libéré qui accepte son patronage un maître et un patron; le pécule gagné par le travail dans la prison est remis alors à la Société, qui l'applique à l'entretien et à l'apprentissage du jeune libéré.

Une commission de six membres de la Société est chargée d'étudier, dans la prison même, les habitudes des jeunes détenus.

Quelques jeunes détenus obtiennent leur liberté avant l'expiration de leur peine, et passent sous le patronage et à la charge de la Société.

Pour ceux-là, le gouvernement alloue 60 centimes par jour.

A la fin du patronage, des prix et encouragements sont distribués aux jeunes libérés qui ont le mieux mérité.

Depuis plusieurs années, les récidives ne dépassent pas 7 pour 100.

Le ministre de l'intérieur, le conseil général du département de la Seine et la ville de Paris donnent une subvention de 12,500 fr.

Les souscriptions, dons, etc., couvrent le reste des dépenses, qui s'élèvent à 22,000 fr.

La Société est administrée par un conseil présidé par M. le comte de Béranger.

COLONIE AGRICOLE DE METTRAY, POUR LES JEUNES DÉTENUS.

Cet établissement, fondé depuis 1837, à Mettray, dans le département d'Indre-et-Loire, est exclusivement consacré aux enfants qui, reconnus coupables d'un crime ou délit, ont été acquittés pour avoir agi sans discernement, mais sont condamnés à rester entre les mains de la justice jusqu'à l'âge de leur majorité.

La maison de Mettray retire des prisons ceux qui

montrent le plus de repentir et les meilleures dispositions.

Les jeunes colons ne sont admis que sur la présentation du directeur de la maison où ils étaient détenus, et après un examen du directeur de l'établissement. Ils sont occupés aux travaux agricoles, et dans la mauvaise saison, aux ateliers sédentaires ; ils reçoivent, en outre, l'instruction primaire. Le gouvernement accorde pour chaque enfant 80 cent. par jour et 80 fr. de trousseau. L'enfant coûte à l'établissement 290 fr. par an.

Une société de fondateurs payant 100 francs par an, nomme le conseil d'administration, et chaque année, il est rendu compte de la situation de la maison dans une séance publique à laquelle sont convoqués tous les souscripteurs.

La maison est soutenue par des subventions du gouvernement, par des dons et souscriptions

OEUVRE DES DAMES VISITANT LES PRISONS.

Cette association visite dans les prisons les femmes détenues, soit avant, soit après le jugement.

Les dames de l'OEuvre font aux prisonnières des instructions sur la religion, surveillent leurs ateliers, leur distribuent des secours et les placent à leur sortie comme ouvrières ou domestiques.

OUVROIR DE VAUGIRARD,
rue de Vaugirard.

MAISON DE NOTRE-DAME DE MISÉRICORDE,
rue de Vaugirard, à Vaugirard.

Cette maison, établie depuis plus de 20 ans par les dames de l'Œuvre des prisons, et confiée sous leur direction aux soins des Sœurs de l'ordre de Marie-Joseph, est destinée à donner asile gratuitement aux femmes libérées dont la conduite en prison a été bonne, et qui, manifestant le désir de revenir à une vie régulière, ne sauraient trouver par elles-mêmes ni protection, ni confiance dans la Société. Leur travail assidu vient en aide aux charges de la maison. Un quart du bénéfice est laissé à chaque ouvrière à titre d'encouragement.

On reçoit aussi des personnes sans ressources, des jeunes filles privées d'appui, moyennant une petite pension. L'Œuvre place ses protégées au dehors.

SOCIÉTÉ DE PATRONAGE DES JEUNES FILLES DÉTENUES ET ABANDONNÉES.

Cette Société prend sous sa protection de jeunes détenues pour les amener à une vie meilleure. Elle les réunit dans une maison, située rue de Vaugirard, 81, dirigée par des Sœurs religieuses sous l'inspection des dames de l'Œuvre.

Lorsque ces jeunes filles sont réformées, la Société les place, comme domestiques ou comme ouvrières, dans des maisons choisies avec soin. Des dames de l'Œuvre leur servent de patronnesse après ce placement, et les surveillent sans cesse pour les encourager dans leurs succès et pour les reprimander dans leurs fautes.

La Société se charge aussi des jeunes filles qui, sans avoir été détenues, sont exposées, par suite de l'abandon où elles se trouvent, à tous les dangers du vagabondage. Elle pourvoit à leur éducation, à leur placement et à leur surveillance après ce placement.

Cette Œuvre se soutient par des souscriptions. Elle reçoit, en outre, des secours du ministère de l'intérieur, du conseil municipal de Paris, et du conseil général du département de la Seine.

ŒUVRE ET MAISON DE REFUGE DU BON-PASTEUR,
rue d'Enfer.

Une association de dames, fondée en 1821 par M. l'abbé Legris-Duval, sous le nom de l'*Œuvre du Bon Pasteur*, s'occupe à ramener au bien les jeunes filles que leur déréglement a conduites à l'infirmerie ou aux ateliers de Saint-Lazare.

Les pénitentes entrent dans une maison de refuge dite du *Bon-Pasteur*, établie rue d'Enfer, et desservie par les Dames de Saint-Thomas de Villeneuve.

Elles sont reçues de seize à vingt-trois ans. Entrées volontairement dans la maison, elles y consacrent leur temps à la prière et au travail; et lorsqu'elles ont été mises en état de gagner leur vie, elles sont placées dans des maisons de confiance par les soins des Dames de l'association.

Une succursale pour les femmes plus âgées et repentantes a été établie par les soins de la même association.

L'Œuvre a pour ressources une quête annuelle, les cotisations de ses membres et des subventions du conseil général et du gouvernement.

Lorsque les pénitentes se sentent portées à la vocation religieuse, elles sont reçues à *Sainte-Marie-Madeleine*, rue des Postes, établissement fondé par M. l'abbé Desjardins, et chez les Dames de la Charité Notre-Dame, au monastère *Saint-Michel*, rue Saint-Jacques.

OEUVRE DES PRISONNIERS POUR DETTES.

La Société instituée pour la délivrance et le soulagement des prisonniers pour dettes, fondée à la fin du XVIe siècle par madame de Lamoignon, délivre les détenus pour dettes que leurs malheurs et leur probité recommandent à son intérêt; elle choisit de préférence ceux dont la liberté et le travail sont le plus nécessaires à leurs familles.

Elle a aussi pour objet de porter consolations

et secours aux familles des prisonniers, et d'assister ceux qu'elle a rendus à la liberté en leur donnant les premiers fonds nécessaires pour reprendre leur commerce ou leur état.

Plusieurs membres versés dans la connaissance des lois, des magistrats, des avocats examinent les affaires des prisonniers, et se mettent en rapport avec les créanciers pour en obtenir des remises sur la dette et des arrangements qui assurent la liberté du débiteurr

Des commissaires visitent les prisonniers et leurs familles.

Des médecins donnent leurs soins aux malades, et leur font obtenir gratuitement les médicaments.

Toute demande faite par un détenu doit être adressée au secrétaire ou à une des personnes de l'Œuvre; elle est transmise au conseil, qui charge un de ses membres de prendre tous les renseignements pour en faire son rapport dans la plus prochaine réunion.

L'Œuvre ne s'occupe que des prisonniers détenus dans le département de la Seine.

Ses ressources consistent dans une quête annuelle, qui a lieu au carême, ordinairement le premier vendredi après les Cendres, et dans des abonnements et des dons.

SOCIÉTÉ DE PATRONAGE POUR LES PRÉVENUS ACQUITTÉS,

rue d'Enghien.

La Société, fondée en 1836, prend sous sa protection les malheureux prévenus qui ont été reconnus innocents, et à qui une longue détention préventive a enlevé leurs ressources et leurs moyens d'existence; elle pourvoit pendant quelques jours à leur subsistance, et leur facilite les moyens de reprendre leur état. Une maison d'asile, située rue des Anglaises, reçoit les prévenus acquittés jusqu'à ce que la Société leur ait trouvé une place ou de l'ouvrage, les ait renvoyés dans leur pays.

ŒUVRE DES CAMPAGNES.

Cette œuvre a pour but la conservation de la foi dans les paroisses catholiques pauvres des campagnes.

La religion et les bonnes mœurs y dépérissent: presque partout, le défaut de ressources paralyse le zèle de MM. les curés. C'est donc pour nous un devoir d'unir nos efforts pour *conserver* la foi dans notre propre pays, comme nous nous unissons dans l'Œuvre de la *Propagation de la foi* pour procurer le bienfait de l'Évangile aux peuples idolâtres. Inspirée par cette pensée, l'Œuvre des Campagnes se propose de venir en aide au clergé des paroisses rurales en tout ce qui tend directement à ce but, comme les missions, les écoles, les bibliothèques, les patronages, les associations de piété et de charité.

L'Œuvre des Tabernacles ou des Églises pauvres s'occupe des besoins du temple, des ornements, des vases sacrés, etc. L'Association de Saint-François de Sales défend la foi contre le protestantisme partout où il veut s'implanter. L'Œuvre des Campagnes fournit aux paroisses catholiques pauvres les moyens de ranimer la foi dans les âmes. Ces trois Œuvres se prêtent un mutuel appui, et répondent aux plus urgentes nécessités des campagnes.

De plus, l'Œuvre des Campagnes invite ses associés à exercer personnellement leur zèle, dans les paroisses qu'ils habitent, par les soins des pauvres, des malades, des vieillards, par la préservation de l'enfance, par toutes les industries du bien que la charité chrétienne peut enfanter.

Conseil général. — L'Œuvre est administrée par un conseil général, dont le siége est à Paris, et qui choisit dans son sein un comité chargé de la représenter et de correspondre avec les conseils diocésains.

Le comité se réunit tous les quinze jours, et le conseil général une fois par mois.

Conseils diocésains. — Les directeurs des conseils diocésains sont nommés par Nosseigneurs les évêques.

Ces conseils s'efforcent de répandre l'Œuvre et de créer de nouveaux centres dans les chefs-lieux d'arrondissements et de cantons. Ils reçoivent les demandes de secours pour le diocèse, recueillent les cotisations et les aumônes, correspondent avec le conseil de Paris, et lui envoient chaque année un compte rendu de la situation de l'Œuvre.

Associés. — Les associés donnent 12 francs par an, ou recueillent douze souscriptions de 1 franc. Les personnes qui ne peuvent apporter qu'une souscription de 1 franc n'en ont pas moins droit à tous les mérites et priviléges de l'Œuvre, 36, rue de Sèvres.

Directeur de l'Œuvre, le R. P. Hubin.

ASSOCIATION CATHOLIQUE DE SAINT-FRANÇOIS DE SALES.

L'Association catholique de Saint-François de Sales a pour but la conservation et la défense de notre foi, menacée et vivement attaquée par l'impiété, l'indifférence et le protestantisme.

Pour atteindre ce but, l'Association se propose de soutenir ou de fonder des écoles catholiques, de répandre de bons livres, de faire prêcher des retraites et des missions, de soutenir ou d'aider à fonder des chapelles dans les pays où la foi est menacée, et où la pauvreté des églises ferait craindre la cessation du culte divin.

L'Œuvre de Saint-François de Sales est dirigée par un conseil central résidant à Paris, présidé par Mgr de Ségur, et composé d'ecclésiastiques et de laïques dévoués à la cause de la sainte Église.

Le directeur diocésain est le centre de l'Association pour chaque diocèse : c'est par son entremise que le Conseil de Paris reçoit et transmet les aumônes sous la haute direction de l'Évêque.

Les associés diront chaque jour un *Ave, Maria.*

L'Association de Saint-François de Sales est établie à Rome et dans un grand nombre de diocèses de France, d'Italie, de Savoie et d'Irlande.

Le conseil qui régit l'œuvre est ainsi composé :

Président. Mgr de Ségur, Prélat de la Maison du Pape, Chanoine de l'ordre des Évêques, du Chapitre impérial de Saint-Denis.

Vice-Présidents. Le R. P. Pételot, Supérieure de l'Oratoire.

M. le marquis de Brignole-Sales, ancien Ambassadeur de Sardaigne en France.

M. le vicomte de La Tour.

Secrétaire-général. M. le comte Anatole de Ségur.

Vice-Secrétaire. M. Estienne.

Trésorier général. M. le comte d'Esgrigny.

Vice-Trésorier. M. le marquis de Roys.

M. l'abbé Langénieux, Vice-Promoteur de l'Officialité de Paris.

Le R. P. Picard, Religieux de l'Assomption.

M. Guilhen, ancien receveur général.

M. le vicomte Anatole Lemercier.

M. Eugène de Margerie.

M. le vicomte de Melun.

M. Auguste Nicolas.

M. le comte Edgard de Ségur.

QUATRIÈME PARTIE

STATISTIQUE RELIGIEUSE DU DIOCÈSE

ÉTAT DU CLERGÉ SÉCULIER.

Monseigneur DARBOY (Georges), né à Fayl-Billot (Haute-Marne) le 16 janvier 1813, sacré évêque de Nancy le 30 novembre 1859, nommé archevêque de Paris le 10 janvier 1863, institué le 16 mars, a pris possession le 22 avril de la même année.

VICAIRES GÉNÉRAUX.

MM.: Surat (1), archidiacre de Notre-Dame; Véron (2), archidiacre de Sainte-Geneviève; Meignan (3), archidiacre de Saint-Denis; Icard, directeur du Séminaire Saint-Sulpice; Bautain, chanoine honoraire.

SECRÉTARIAT (4).

MM.: Lagarde (5), chanoine titulaire, secrétaire général de

---

(1) M. Surat reçoit le Mardi, le Mercredi et le Vendredi, de midi à deux heures. — Il est chargé des affaires de son Archidiaconé, et de ce qui concerne les hôpitaux et hospices, cimetières et pompes funèbres.
(2) M. Véron reçoit le Lundi, le Mardi et le Vendredi, de midi à deux heures. — Il est chargé des affaires de son Archidiaconé et de ce qui concerne les prisons, et, de plus, de tout ce qui regarde les Chapelles particulières et les saintes Reliques.
(3) M. Meignan reçoit le Mardi, le Jeudi et le Samedi, de midi à deux heures. Il est chargé des affaires de son archidiaconé, et, de plus, de tout ce qui se rapporte aux séminaires, aux conférences ecclésiastiques et à l'enseignement religieux dans les lycées, collèges et institutions.
(4) Le Secrétariat est ouvert de midi à trois heures, tous les jours excepté les Dimanches et Fêtes d'obligation, le Jour de l'an, le Mardi veille des Cendres, les Jeudi, Vendredi et Samedi saints, les Lundis de Pâques et de la Pentecôte, et le Jour des Morts.
(5) M. Lagarde reçoit le Mardi, le Mercredi et le Vendredi, de

l'archevêché; Petit, secrétaire de l'archevêché, archiviste; Pelgé, secrétaire de l'archevêché; de Cuttoli (1), chanoine honoraire, secrétaire particulier de Monseigneur.

OFFICIALITÉ MÉTROPOLITAINE.

MM.: Gaume, chanoine titulaire, official; Hiron, chanoine honoraire, curé de Saint-Jacques, promoteur; Petit, greffier.

OFFICIALITÉ DIOCÉSAINE.

MM.: Surat, vicaire général, official; Bour (2), chanoine titulaire, vice-official; N..., promoteur.

ASSESSEURS.

MM.: Molinier, chanoine titulaire; Dedoue, chanoine titulaire; Faudet, chanoine honoraire, curé de Saint-Roch; de Rolleau, chanoine honoraire, curé de Notre-Dame de Lorette; Pelgé, greffier.

Chapitre de l'Église de Paris.

NOTRE-DAME.

Érigée en basilique mineure par N. S. P. le Pape Pie VII, le 27 février 1805.

DIGNITAIRES.

MM. les archidiacres et M. l'archiprêtre.

CHANOINES D'HONNEUR.

Nosseigneurs: le cardinal Mathieu, archevêque de Besançon; Jaquemet, évêque de Nantes; Dupanloup, évêque d'Orléans; de Dreux-Brézé, évêque de Moulins; Gerbet, évêque

---

midi à deux heures. — Il est chargé des affaires concernant les dons et legs faits aux fabriques et aux établissements religieux.

(1) M. de Cuttoli reçoit le Mardi et le Samedi, de midi à deux heures.

(2) M. Bour reçoit le Lundi, le Mercredi et le Vendredi, de midi à deux heures. Il est chargé de tout ce qui concerne les causes matrimoniales.

de Perpignan; Sibour, évêque de Tripoli; de la Bouillerie, évêque de Carcassonne; Plantier, évêque de Nimes; Ravinet, évêque de Troyes; Le Courtier, évêque de Montpellier; Cruice, évêque de Marseille; Maret, évêque de Sura; Buquet, évêque de Parium.

CHANOINES TITULAIRES.

MM : Molinier; Églée, maître de cérémonies; Gaume, Bonnafous; Dedouc, secrétaire du chapitre; De Place, théologal, archiprêtre; Demerson; Cayla; Lequeux, pénitencier; Forgue; Gaudreau; Bour; Serreau; Moreau; Louvier; Lagarde.

CHANOINES PRÉBENDÉS.

MM.: Deleau, ancien curé de Neuilly; Portal, ancien supérieur de la Maîtrise; Adam de Saint-Remi, ancien curé de Suresnes; Trigneaux, ancien vicaire de chœur du chapitre; Le Clerc, ancien aumônier des Sœurs Hospit. de Charenton; May-Macarthy, ancien aumônier des Sœurs de Bon-Secours; Jammes, ancien premier vicaire de Saint-Laurent.

ANCIENS CHANOINES TITULAIRES.

MM.: Morel, ancien archiprêtre de Notre-Dame, ancien curé de Saint-Roch; Deguerry, ancien archiprêtre de Notre-Dame, curé de la Madeleine; Legrand, ancien archiprêtre de Notre-Dame, curé de Saint-Germain l'Auxerrois; Castan, curé de Saint-Pierre du Gros-Caillou; Gabriel, curé de Saint-Merry; Coquand, curé de Saint-Eugène.

CHANOINES HONORAIRES RÉSIDANT DANS LE DIOCÈSE.

MM.: Hamelin, curé de Sainte-Clotilde; Chossard, curé de Saint-Vincent de Paul; Téretot, supérieur de l'Oratoire; Martin de Noirlieu, curé de Saint-Louis d'Antin; Ausoure, ancien curé de Saint-Philippe du Roule; Russeau, curé de Saint-Pierre de Montmartre; Vétu, supérieur de l'infirmerie Marie-Thérèse; Glaire, ancien doyen de la Faculté de théologie; Chennailles, curé de Saint-Gervais; de La Couture;

---

(1) Les anciens Chanoines titulaires prennent rang immédiatement après les Chanoines prébendés.

Mgr Jager, ancien professeur à la Faculté de théologie; Millault, curé de Notre-Dame de Bonne Nouvelle; Debeauvais, curé de Saint-Thomas d'Aquin; Hiron, curé de Saint-Jacques du Haut-Pas; Morel, premier vicaire de Saint-Jean-Saint-François; Hubault-Malmaison, curé de Saint-Louis en l'Ile; d'Aulteroche, ancien vicaire de Notre-Dame, Notellet, aumônier de la Conciergerie; Gratry, prêtre de l'Oratoire; Delage, ancien secrétaire de Monseigneur Affre; Guesnier, chanoine du chapitre impérial de Saint Denis; du Chesne, curé de Notre-Dame des Champs; Faudet, curé de Saint-Roch; Jaquemet, chanoine du chapitre impérial de Saint-Denis; Laurentie, curé de Saint-Nicolas des Champs; Hanicle, curé de Saint-Séverin; Heuqueville, curé de Saint-Nicolas du Chardonnet; de Rolleau, curé de Notre-Dame de Lorette; Duquesnay, curé de Saint-Laurent; Celhatin, premier vicaire de Saint-Leu; Mege, curé de Vincennes; Delamarre, curé de Saint-Antoine; Jousselin, curé de Sainte Élisabeth, Bautain, vicaire général; de Girardin, directeur de l'œuvre de la Sainte-Enfance; de Borie, curé de Saint-Philippe du Roule; Chirac, second vicaire de Saint-Augustin; Delhom, ancien aumônier du lycée Louis-le-Grand; Flandrin, aumônier de l'École normale; Hugues, ancien curé de Sainte-Valère; Fabre, second vicaire de Saint-François-Xavier; Reboul, curé de Saint-Paul-Saint-Louis; Bourgoing, curé de Saint-Augustin; Barges, professeur à la Faculté de théologie; de Bussy, directeur au petit Séminaire; Simon, curé de Saint-Eustache; Cauvin, curé de Saint-Denis du Saint-Sacrement; Hamon, curé de Saint-Sulpice; Roquette, curé de Saint-François-Xavier; Levêque, supérieur de l'institut Notre-Dame à Auteuil; Charles, premier vicaire de Saint-Eustache; de Cuttoli, ancien curé de Vitry; Héri, aumônier du noviciat du Sacré-Cœur; des Courtils de Montbertoin; de Valois, curé de Gentilly; de Cuttoli, secrétaire particulier de Monseigneur; Suquet, vicaire à Saint-Germain l'Auxerrois; Le Rebours, ancien vicaire général; Noirot, ancien recteur de l'Académie de Lyon; Langénieux, curé de Saint-Ambroise; Hugonin, supérieur de l'école des Carmes; Foulon, supérieur du petit Séminaire; Choque, curé de Sainte-Marguerite; Freppel, professeur à la Faculté de théologie.

CHANOINES HONORAIRES NON RÉSIDANTS.

MM.: Trébuquet; Rivière, vicaire général de Bayeux; Juste, recteur de l'Académie de Clermont; Michel, vicaire général de Bayeux; Canillac; Estève, Jésuite; de Ram, recteur de l'Université catholique de Louvain; Garibaldi; Borrel, curé de Vogelenzand, diocèse d'Harlem; de Conny, chanoine de l'Église de Moulins; Castan (Émile), chanoine de l'Église de Moulins; Chassay, du diocèse de Bayeux; Pennon, curé de Chambourcy, au diocèse de Versailles; Canon, curé de Saint-Paul-Trois-Châteaux, au diocèse de Valence; Mgr Place, auditeur de Rote à Rome.

FABRIQUE DE NOTRE-DAME.

Monseigneur l'Archevêque, président; l'un de MM. les archidiacres, vice-président. — MM.: Egléo, chanoine titulaire, trésorier; Gaume, chanoine titulaire; de Place, chanoine titulaire, archiprêtre; Lagarde, chanoine titulaire, secrétaire; le comte de Montalembert, ancien pair de France, membre de l'Institut; Thayer, sénateur; Lambert, ancien magistrat à Paris.

VICAIRES DE CHŒUR DU CHAPITRE.

MM.: Lépicier, régulateur; Simouet; Benoît; Andrieu.

MAITRISE DE NOTRE-DAME (rue Massillon, 8).

MM.: Pimont, directeur; Lemarchand, diacre, sous-directeur.

FACULTÉ DE THÉOLOGIE (à la Sorbonne).

Mgr MARET, évêque de Sura, doyen.

PROFESSEURS:

Dogme: Mgr Maret, évêque de Sura; M. Hugonin, chanoine honoraire suppléant. Morale: Gratry, chanoine honoraire. Histoire et discipline ecclésiastique: Perreyve. Droit ecclésiastique: Bouriel. Écriture sainte: Meignan, vicaire général. Hébreu: Dargès, chanoine honoraire. Éloquence sacrée: Freppel, chanoine honoraire. Secrétaire: Bazin.

SÉMINAIRE DE SAINT-SULPICE (à Paris).

MM. : Caval, supérieur; Icard, vicaire général, directeur; Renaudet; Caduc; Roussel, économe; Boiteux, maître de cérémonies; Lehir, professeur d'écriture sainte; Grandvaux, professeur de dogme; Brugère, professeur de dogme; Sire, professeur d'écriture sainte; Hogan, professeur de morale; Thibault, professeur de morale; Lebas, professeur de droit canonique; Renaudet, professeur de dogme.

SÉMINAIRE DE SAINT-SULPICE (à Issy).

MM.: Maréchal, supérieur; Telles, directeur; Pinault, directeur; Gabler, économe; Dugrais, maître de cérémonies; Leclerc, professeur de mathématiques; Drouet, professeur de sciences naturelles, Bouet, professeur de philosophie; Bilas, professeur de philosophie.

ÉCOLE DES HAUTES ÉTUDES ECCLÉSIASTIQUES.
(Aux Carmes, rue de Vaugirard, 76.)

MM. : Hugonin, chanoine honoraire, supérieur; Gallin, économe; Fortoul, Ledein, Bonnefoy, Vallée, directeurs.

A L'ÉCOLE DES HAUTES ÉTUDES ECCLÉSIASTIQUES EST ATTACHÉE UNE ÉCOLE PRÉPARATOIRE POUR LES ÉLÈVES LAIQUES.

MM.: Isoard, directeur; Lemonier, aumônier.

ÉGLISE PATRONALE DE SAINTE-GENEVIÈVE.
(Desservie par les Prêtres de l'école des Carmes.)

M. Hugonin, chanoine honoraire, supérieur de l'École des hautes études ecclésiastiques, doyen.

CHAPELAINS.

MM.: Bonnefoy, directeur à l'école des Carmes; Vallée, directeur à l'école des Carmes; Maignal; Biet; Dormagen; Pagès.

PETIT SÉMINAIRE DE NOTRE-DAME DES CHAMPS.
(Rue Notre-Dame des Champs, 21.)

MM.: Foulon, chanoine honoraire, supérieur; Piot, directeur de la 1re division; de Bussy, chanoine honoraire, directeur de la 2e division; de Bonniot (Victor), économe; Soulié, préfet des études; Hutellier, Tournemire, Vernhes, Porte, Picaut, Reulet, Lancelot, Ranvier, Tapie, Reinburg, Bournelle, professeurs.

PETIT SÉMINAIRE DE SAINT-NICOLAS DU CHARDONNET (rue de Pontoise, 30).

MM.: Heuqueville (Louis), chanoine honoraire, curé de Saint-Nicolas du Chardonnet, supérieur; Rompant, directeur-économe; Arnault, Collot, professeurs.

CHAPITRE IMPÉRIAL DE SAINT-DENIS.

Mgr Darboy, primicier du chapitre impérial de Saint-Denis,

CHANOINES DU PREMIER ORDRE (ordre des évêques).

Ngrs: Robiau de Trahonnais ✻, ancien évêque de Coutances; Lacarrière, ancien évêque de la Basse Terre (Guadeloupe); Sibour ✻, évêque de Tripoli; Blanquart de Bailleul, C. ✻, ancien archevêque de Rouen; Marst, O. ✻, évêque de Sura; Jaucart, évêque de Térame; de Ségur, ancien auditeur de Rote; Coquereau, C. ✻, aumônier en chef de la flotte.

CHANOINES DU SECOND ORDRE.

MM.: Grivel; Morel ✻; Montera ✻; Cresp, O. ✻, trésorier; Audibert ✻; Villette; Fauveau; Véber; de Luzy de Pélissac; Doussot; Delon; Cœur ✻; Guesnier; Jacquemet; Hugon; Coquereau (Aug.); Castaing; Dauphin.

CHANOINE HONORAIRE DU PREMIER ORDRE.

Mgr Tirmarche ✻, évêque d'Adras, 2e aumônier de l'empereur.

CHANOINES HONORAIRES DU SECOND ORDRE.

MM. Lelong, ancien aumônier; Martin de Noirlieu, curé de Saint-Louis-d'Antin, à Paris; Blanquart de La Motte, vicaire général honoraire de Rouen; de La Tour ✻, ancien vicaire général de Bordeaux; Mullois ✻, Versini, Laboeuf, Loine ✻, chapelains de l'Empereur; Quin-la-Croix ✻, secré.

taire général de la grande Aumônerie ; de Cuttoli, maître de cérémonies de la chapelle impériale.

PRÊTRES ATTACHÉS AU CHAPITRE.

MM. Acloque ; Boulay.

PAROISSES DU DIOCÈSE

ARCHIDIACONÉ DE NOTRE-DAME.
Paris.

NOTRE-DAME.

Cure de première classe. — 4e arrond. Place du Parvis Notre-Dame. 9,636 habitants. — M. de Place, chanoine théologal, archiprêtre.

SAINT-EUSTACHE.

Cure de première classe. — 1er arrond., rue du Jour. 36,987 habitants. — M. Simon, chanoine honoraire, curé.

SAINT-GERMAIN L'AUXERROIS.

Cure de première classe. — 1er arrond., place Saint-Germain-l'Auxerrois. 19,802 habitants. — M. Legrand, ancien chanoine titulaire, curé.

LA MADELEINE.

Cure de première classe. — 8e arrond., place de la Madeleine. 87,271 habitants. — M. Deguerry, ancien chanoine titulaire, curé.

SAINT-PIERRE DE MONTMARTRE.

Cure de première classe. — 18e arrond., rue Saint-Denis. 52,693 habitants. — M. Rousseau, chanoine honoraire, curé.

SAINT-ROCH.

Cure de première classe. — 1ᵉʳ arrond., rue Saint-Honoré, 296. 34,706 habitants. — M. Faudet, chanoine honoraire, curé.

SAINT-LOUIS D'ANTIN.

Cure de deuxième classe. — 9ᵉ arrond., rue Caumartin, 63. 15,917 habitants. — M. Martin de Noirlieu, chanoine honoraire, curé.

SAINT-PIERRE DE CHAILLOT.

Cure de deuxième classe. — 16ᵉ arrond., rue de Chaillot, 50. 14,840 habitants. — M. Causse, curé.

L'ANNONCIATION DE PASSY.

16ᵉ arrond., rue de l'Église. 12,728 habitants. — M. Locatelli, curé.

SAINT-ANDRÉ.

9ᵉ arrond, cité d'Antin, 29. 20,031 habitants. — M. Leblanc, curé.

SAINT-AUGUSTIN.

8ᵉ arrond., rue Laborde, 15. 11,233 habitants. — M. Bourgoing, chanoine honoraire, curé.

SAINT-EUGÈNE.

9ᵉ arrond., rue Sainte-Cécile. 27,690 habitants.—M. Coquand, ancien chanoine titulaire, curé.

SAINT-FERDINAND DES TERNES.

17ᵉ arrond., rue Saint-Ferdinand. 18,413 habitants. — M. Depille, curé.

SAINT-HONORÉ.

16ᵉ arrond., rond-point de l'avenue de Saint-Cloud. 9,371 habitants. — M. Chéruel, curé.

SAINT-LOUIS EN L'ILE.

4ᵉ arrond., rue Saint-Louis, 21. 9,876 habitants. — M. Hubault-Malmaison, chanoine honoraire, curé.

SAINTE-MARIE DES BATIGNOLLES.

17e arrond., rue de l'Église. 36,115 habitants. — M. Heuqueville (Charles), curé.

SAINT-MICHEL DES BATIGNOLLES.

17e arrond., route de Saint-Ouen. 28,978 habitants.—M. Meynet, curé.

NOTRE-DAME D'AUTEUIL.

16e arrond., place d'Aguesseau. 6,545 habitants. — M. Eudes, curé.

NOTRE-DAME DE BONNE-NOUVELLE.

2e arrond., rue Beauregard, 21. 30,337 habitants. — M. Millaut, chanoine honoraire, curé.

NOTRE-DAME DE CLIGNANCOURT.

18e arrond., rue des Portes-Blanches. 22,705 habitants. — M. Pradines, curé.

NOTRE-DAME DE LORETTE.

9e arrond., rue Ollivier, en face la rue Laffite. 36,218 habitants. — M. de Rolleau, chanoine honoraire, curé.

NOTRE-DAME DES VICTOIRES.

2e arrond., place des Petits-Pères. 15,262 habitants.—M. Chanal, curé.

SAINT-PHILIPPE DU ROULE.

8e arrond., rue du faubourg Saint-Honoré, 152. 21,174 habitants. — M. de Borie, chanoine honoraire, curé.

LA TRINITÉ.

9e arrond., rue de Clichy, 26. 21,220 habitants. — M. Modelonde, curé.

SAINT-VINCENT DE PAUL.

10e arrond., place Lafayette. 27,118 habitants. — M. Chossard, chanoine honoraire, curé.

Banlieue.

NEUILLY. (SAINT-JEAN-BAPTISTE).
Cure de première classe. 12,037 habitants. — M. Mannoury, administrateur de la paroisse.

NANTERRE. (SAINT-MAURICE).
Cure de deuxième classe. 8,549 habitants. — M. Court, curé.

ASNIÈRES. (SAINTE-GENEVIÈVE).
8,300 habitants. — M. Cugnet-Richard, curé.

BILLANCOURT. (L'IMMACULÉE-CONCEPTION).
2,000 habitants. — M. Gentil, curé.

BOULOGNE. (NOTRE-DAME).
12,866 habitants. — M. Lecot, curé.

CLICHY. (SAINT-MÉDARD).
10,594 habitants. — M. Lecointre, curé.

COLOMBES. (S.-PIERRE ET S.-PAUL).
2,805 habitants. — M. Bonnet, curé.

COURBEVOIE. (S.-PIERRE ET S.-PAUL).
7,466 habitants. — M. Cabanettes, curé.

GENNEVILLIERS. (SAINTE-MARIE-MADELEINE).
1,630 habitants. — M. Girardon, curé.

LEVALLOIS. (SAINT-JUSTIN).
7,804 habitants. — M. Le Guillou, curé.

PUTEAUX. (NOTRE-DAME DE PITIÉ).
7,613 habitants. — M. Bécourt, curé.

SURESNES. (SAINT-LEUFROI).
3,361 habitants. — M. Bertaux, curé.

ARCHIDIACONÉ DE SAINTE-GENEVIÈVE.

Paris.

SAINTE-CLOTILDE.
Cure de première classe. — 7e arrond., place Bellechasse. 17,074 habitants. — M. Hamelin, chanoine honoraire, curé.

SAINT-ÉTIENNE DU MONT.
Cure de première classe. — 5e arrond., place du Panthéon. 28,425 habitants. — M. Delaunay, curé.

SAINT-LAMBERT DE VAUGIRARD.
Cure de première classe. — 15e arrond., place de l'Église. 22,529 habitants. — M. Guérin, curé.

SAINT-SULPICE.
Cure de première classe. — 6e arrond., place Saint-Sulpice. 40,103 habitants. — M. Hamon, chanoine honoraire, curé.

SAINT-MÉDARD.
Cure de deuxième classe. — 5e arrond., rue Mouffetard, 141. 33,903 habitants. — M. de Geslin, curé.

SAINT-SÉVERIN.
Cure de deuxième classe. — 5e arrond., rue Saint-Séverin, 5. 21,115 habitants. — M. Hanicle, chanoine honoraire, curé.

SAINT-THOMAS D'AQUIN.
Cure de deuxième classe. — 7e arrond., place Saint-Thomas d'Aquin. 14,546 habitants. — M. Debeauvais, chanoine honoraire, curé.

SAINT-LOUIS DES INVALIDES.
Cure de Paris. — 7e arrond., hôtel des Invalides. 2,720 habitants. — M. Largentier, curé.

SAINT-FRANÇOIS-XAVIER DES MISSIONS-ÉTRANGÈRES.

7e arrond., rue du Bac, 128. 28,218 habitants. — M. Roquette, chanoine honoraire, curé.

SAINT-GERMAIN DES PRÉS.

6e arrond., place Saint-Germain des Prés. 25,175 habitants. — M. Comte, curé.

SAINT-JACQUES DU HAUT-PAS.

5e arrond., rue Saint-Jacques, 252. 20,370 habitants.—M. Hiron, chanoine honoraire, curé.

SAINT-JEAN-BAPTISTE DE GRENELLE.

15e arrond., rue des Entrepreneurs. 21,857 habitants. — M. Mayeux, curé.

SAINT-MARCEL.

13e arrond., boulevard de l'Hôpital. 14,535 habitants. — M. Morisot, curé.

SAINT-MARCEL DE LA MAISON-BLANCHE.

13e arrond., rue de Fontainebleau. 21,032 habitants.—M. Borel, curé.

SAINT-NICOLAS DU CHARDONNET.

5e arrond., rue Saint-Victor, 102. 24,499 habitants. — M. Heuqueville (Louis), chanoine honoraire, curé.

NOTRE-DAME DES CHAMPS.

6e arrond., rue de Rennes. 22,056 habitants.—M. du Chesne, chanoine honoraire, curé.

NOTRE-DAME DE LA GARE.

13e arrond., place de l'Église. 13,542 habitants. — M. Parguel, curé.

NOTRE-DAME DE PLAISANCE.

14e arrond., rue du Moulin de Beurre. 15,888 habitants. — M. Hugony, curé.

SAINT-PIERRE DU GROS-CAILLOU.

7e arrond., rue Saint-Dominique, 168. 23,494 habitants. — M. Gastan, ancien chanoine titulaire, curé.

SAINT-PIERRE DU PETIT-MONTROUGE.

14e arrond., rue d'Amboise. 29,455 habitants. — M. Letellier, curé.

Banlieue.

SCEAUX. (SAINT-JEAN-BAPTISTE).

Cure de première classe. 2,267 habitants. — M. Salesse, curé.

CHARENTON. (SAINT-PIERRE).

Cure de première classe. 5,531 habitants. — M. Pons, curé.

VILLEJUIF. (S.-CYR ET Ste-JULIETTE).

Cure de deuxième classe. 4,813 habitants. — M. Pruvost, curé.

ANTONY. (SAINT-SATURNIN).

1,680 habitants. — M. Sisson, curé.

ARCUEIL. (SAINT-DENIS).

3,900 habitants. — M. Durand, curé.

BAGNEUX. (SAINT-HERBLAND).

1,358 habitants. — M. Dardare, curé.

BONNEUIL. (SAINT-MARTIN).

864 habitants. — M. Demante, curé.

BOURG-LA-REINE. (S.-LEU ET S.-GILLES).

1,920 habitants. — M. Larue, curé.

BRY-SUR-MARNE. (S.-GERVAIS ET S.-PROTAIS).

804 habitants. — M. Dumont, curé.

CHAMPIGNY. (SAINT-SATURNIN).
1,946 habitants. — M. Quinard, curé.

CHATENAY. (SAINT GERMAIN L'AUXERROIS).
754 habitants. — M. Seignette, curé.

CHATILLON. (S.-PHILIPPE ET S.-JACQUES).
2,050 habitants. — M. Schirr, curé.

CHEVILLY. (SAINTE-COLOMBE).
281 habitants. — M. Salmon, curé.

CHOISY-LE-ROY. (SAINT-LOUIS).
4,648 habitants. — M. Rondet, curé.

CLAMART. (SAINT-PIERRE ET SAINT-PAUL).
2,755 habitants. — M. Leroux, curé.

CRETEIL. (SAINT-CHRISTOPHE).
2,412 habitants. — M. Poux, curé.

FONTENAY-AUX-ROSES. (S.-PIERRE ET S.-PAUL).
1,700 habitants. — M. Grandjean, curé.

FRESNES-LES-RUNGIS. (SAINT-ÉLOI).
431 habitants. — M. Dasses, curé.

GENTILLY. (SAINT-SATURNIN).
8,275 habitants. — M. de Vallois, chanoine honoraire, curé.

ISSY. (SAINT-ÉTIENNE).
6,000 habitants. — M. de Peretti della Rocca, curé.

IVRY. (S.-PIERRE ET S.-PAUL).
7,056 habitants. — M. Boidard, curé.

JOINVILLE-LE-PONT. (S.-CHARLES-BORROMÉE).
1,421 habitants. — M. Fayon, curé.

L'HAY. (SAINT-LÉONARD).
475 habitants. — M. Hinet, curé.

MAISONS-ALFORT. (SAINT-REMI).
3,748 habitants. — M. de Montferrier, curé.

GRAND-MONTROUGE. (S.-JACQUES ET S.-CHRISTOPHE).
3,748 habitants. — M. Stéphani, curé.

NOGENT-SUR-MARNE. (S.-SATURNIN).
3,900 habitants. — M. Vernette, curé.

ORLY. (SAINT-GERMAIN DE PARIS).
690 habitants. — M. Faure, curé.

LE PLESSIS-PIQUET. (SAINTE-MADELEINE).
821 habitants — M. Vernhes, curé.

SAINT-MAUR. (SAINT-NICOLAS).
3,944 habitants. — M. Collomb, curé.

SAINT-MAURICE.
4,217 habitants. — M. Fournier, curé.

THIAIS. (S.-LEU ET S.-GILLES).
1,268 habitants. — M. Grandjux curé.

VANVES. (S.-REMI.).
6,016 habitants. — M. Rousin, curé.

VITRY. — (S.-GERMAIN DE PARIS.)
3,100 habitants. — M. Tordy, curé.

ARCHIDIACONÉ DE SAINT-DENIS.

Paris.

SAINT-JEAN-BAPTISTE DE BELLEVILLE.
Cure de première classe — 19e arrond., rue de Paris.
46,402 habitants, — M. Demu.es, curé.

SAINT-LAURENT.

Cure de première classe. — 10e arrond., place de la Fidélité. 40,010 habitants. — M. Duquesnay, chanoine honoraire, curé.

SAINTE-MARGUERITE.

Cure de première classe. — 11e arrond., rue St-Bernard, 36. 48,011 habitants. — M. Chocque, chanoine honoraire, curé.

SAINT-MERRY.

Cure de première classe.—4e arrond., rue Saint-Martin, 78. 26,726 habitants. — M. Gabriel, ancien chanoine titulaire, curé.

SAINT-NICOLAS DES CHAMPS.

Cure de première classe. — 3e arrond., rue Saint-Martin, 270. 30,668 habitants. — M. Laurentie, chanoine honoraire, curé.

NOTRE-DAME DE BERCY.

Cure de première classe. — 12e arrond., place de la Mairie. 17,677 habitants. — M. Vidal, curé.

SAINT-ANTOINE.

Cure de deuxième classe.—12e arrond., rue de Charenton, 26. 27,064 habitants.—M. Delamarre, chanoine honoraire, curé.

SAINT-GERVAIS.

Cure de deuxième classe. — 4e arrondissement, place Lobau. 19,589 habitants. — M. Chennailles, chanoine honoraire, curé.

SAINT-LEU.

Cure de deuxième classe. — 1er arrond., rue St-Denis, 182. 18,813 habitants. — M. Lartigue, curé.

SAINT-AMBROISE.

11e arrond., rue Popincourt, 52. 89,913 habitants.— M. Laugénieux, chanoine honoraire, curé.

SAINT-BERNARD DE LA CHAPELLE.

18e arrond., rue d'Alger, 42,772 habitants. — M. Taillandier, curé.

SAINT-DENIS DU SAINT-SACREMENT.

3e arrond., rue Saint-Louis, au Marais, 50. 24,875 habitants. — M. Calvin, chanoine honoraire, curé.

SAINTE-ÉLISABETH.

3e arrond., rue du Temple, 193. 26,846 habitants.—M. Jousselin, chanoine honoraire, curé.

SAINT-ÉLOI.

12e arrond., rue de Reuilly, 34. 21,007 habitants.—M. Denys, curé.

SAINT-GERMAIN DE CHARONNE.

20e arrond., place de l'Église. 21,666 habitants. — M. Coquereau, curé.

SAINT-JACQUES ET SAINT-CHRISTOPHE DE LA VILLETTE.

19e arrond., place de l'Hôtel-de-Ville. 45,525 habitants. — M. Cambier, curé.

SAINT-JEAN-SAINT-FRANÇOIS.

3e arrond., rue Charlot, 6. 18,984 habitants. — M. Broha, curé.

SAINT-JOSEPH.

10e arrond., rue Corbeau, 26. 38,907 habitants. — M. Arnault, curé.

SAINT-MARTIN.

10e arrond., rue des Marais, 38. 27,288 habitants.—M. Bruyère, curé.

NOTRE-DAME DES BLANCS-MANTEAUX.

4e arrond., rue des Blancs-Manteaux, 12. 15,593 habitants.— M. Garenne, curé.

NOTRE-DAME DE LA CROIX DE MÉNILMONTANT.

20e arrond., rue de la Mare. 82,823 habitants. — M. Mugnier, curé.

SAINT-PAUL-SAINT-LOUIS.

4e arrond., rue Saint-Antoine, 120. 31,891 habitants.—M. Reboul, chanoine honoraire, curé.

ÉGLISE DE SAINT-JOSEPH DES ALLEMANDS.

10e arrond., rue de La Fayette, 126. — Le R. P. Modeste, de la Compagnie de Jésus, Directeur.

Banlieue.

SAINT-DENIS EN FRANCE. (SAINT-DENIS.)

Cure de première classe. 20,052 habitants. — M. Moléon, curé.

VINCENNES. (NOTRE-DAME.)

Cure de première classe. 7,249 habitants. — M. Mège, chanoine honoraire, curé.

MONTREUIL. (S.-PIERRE ET S.-PAUL.)

Cure de deuxième classe. 6,821 habitants. — M. Leblond, curé.

AUBERVILLIERS. (S.-JACQUES ET S.-CHRISTOPHE.)

7,000 habitants. — M. Escaille, curé.

BAGNOLET. (S.-LEU ET S.-GILLES.)

2,653 habitants. — M. Bouchy, curé.

BOBIGNY. (S.-ANDRÉ.)

562 habitants. — M. Masson, curé.

BONDY. (S.-PIERRE.)

1,558 habitants. — M. Pullès, curé.

BOURGET (LE). (S.-NICOLAS.)

630 habitants. — M. Gosse, curé.

COUR-NEUVE (LA). (S.-LUCIEN.)

850 habitants. — M. Legendre, curé.

DRANCY. (s.-germain-l'auxerrois.)
420 habitants. — M. Guyard, curé.

DUGNY. (s.-denis.)
600 habitants. — M. Guénot, curé.

ÉPINAY. (s.-médard.)
1,300 habitants. — M Thérou, curé.

FONTENAY-SOUS-BOIS. (s.-germain-l'auxerrois.)
1,988 habitants. — M. Scheltein, curé.

L'ILE SAINT-DENIS. (s.-pierre.)
790 habitants. -- M. Philip.

NOISY-LE-SEC. (s.-étienne.)
2,549 habitants. — M. Duby, curé.

PANTIN. (s.-germain-l'auxerrois.)
4,842 habitants. — M. Alexandre, curé.

PIERREFITTE. (s.-gervais et s.-protais.)
916 habitants. — M. Proux, curé.

PRÉ-St-GERVAIS. (s.-gervais et s.-protais.)
2,000 habitants. — M. Falconnier, curé.

ROMAINVILLE. (s.-germain-l'auxerrois.)
2,692 habitants. — M. Poulide, curé.

ROSNY. (sainte-geneviève.)
1,270 habitants. — M. Bris, curé.

SAINT-MANDÉ. (notre-dame.)
2,883 habitants. — M. Chossotte, curé.

SAINT-OUEN.
3,294 habitants. -- M. Boisrenoult, curé.

STAINS. (l'assomption.)
1,214 habitants. — M. de Berranger, curé.

VILLEMONBLE. (s.-genès.)
865 habitants. — M. Hauck, curé.

VILLETANEUSE. (s.-liphard.)
489 habitants. — M. Fieschi, curé.

COMMUNAUTÉS ECCLÉSIASTIQUES.

Pour donner à nos lecteurs une idée exacte des Communautés ecclésiastiques du diocèse de Paris, nous ne pouvons mieux faire que d'emprunter à Mgr l'archevêque lui-même les détails qu'il en donne dans le remarquable ouvrage qu'il a publié il y a plusieurs années sous le titre de : *Statistique religieuse du diocèse de Paris.*

Il y a dans le diocèse de Paris 19 Communautés ecclésiastiques ; ce sont :

1° *La Société des Prêtres de Saint-Sulpice.* Elle administre une paroisse de Paris et dirige le séminaire diocésain. Son chef-lieu est Paris.

La maison de Paris se compose du supérieur général de la Société, d'un premier directeur, et de 12 ou 14 directeurs appliqués à l'enseignement et à la direction spirituelle des élèves ; la maison d'Issy se compose d'un supérieur local et de 7 directeurs.

Le noviciat de la Société est à Issy : il s'y trouve un supérieur et un directeur préparant les sujets qui se destinent à la Compagnie.

2° *Les Frères Prêcheurs.* C'est Mgr l'Archevêque lui-même qui ouvrit aux Dominicains les portes du diocèse, et leur offrit pour résidence l'ancien couvent des Carmes, à la fin de l'année 1849, en attendant qu'ils pussent former un établissement avec leurs propres ressources.

Ils remplissent avec distinction dans Paris le but de leur institut, qui est la prédication ; ils donnent les soins de leur ministère à tous les fidèles qui les réclament, et qui sont en grand nombre ; enfin ils dirigent quelques œuvres particulières, comme l'œuvre des Soldats, de Saint-Nicolas (maison

Bervanger), enfin celle de la banlieue, composée de pieux laïques, qui vont le dimanche assister aux offices et communier dans quelque église des paroisses environnant Paris.

3° *Les Frères Mineurs Capucins*, rue du Faubourg Saint-Jacques. Ils sont peu nombreux, n'ont à Paris qu'une seule maison, et s'occupent d'instruire et de confesser, soit dans les chapelles, soit dans les églises où leurs services sont réclamés.

4° *La Compagnie de Jésus*. Elle possède aujourd'hui dans le diocèse 4 maisons instituées pour des fins diverses.

La résidence, rue de Sèvres, est surtout destinée au ministère actif, et dès lors réservée aux ouvriers apostoliques, prédicateurs et confesseurs. Cette maison ne relève d'aucune autre, comme aucune autre ne dépend d'elle, même à Paris; mais, suivant les usages de la Compagnie, chacune se suffit à elle-même, sous la direction d'un supérieur immédiat, assisté, pour cette administration particulière, d'un ministre, d'un préfet des choses spirituelles, d'un procureur et de consulteurs.

Le P. Provincial réside ordinairement rue de Sèvres, 35.

Les ministères ordinaires sont les prédications, les confessions et les œuvres auxquelles la Compagnie prête l'appui de son dévoûment, dans la mesure où elle le peut.

La maison de la rue des Postes, 18, est destinée surtout aux études et aux retraites.

Comme maison de retraite, elle accueille tous les hommes, prêtres et laïques, qui se présentent pour faire une retraite spirituelle, sous la direction des Pères.

Comme maison d'études, elle se compose de scolastiques appliqués aux mathématiques supérieures, et de Pères écrivains qui s'adonnent à la composition d'ouvrages de tout genre, de littérature, de philosophie, de hautes sciences. Les Pères s'occupent, en outre, des œuvres extérieures du saint ministère, sermons et confessions.

Le collège de Vaugirard donne l'enseignement de la religion, des sciences, des belles-lettres et de la grammaire à de nombreux élèves.

Quelques-uns des Pères prêchent des stations d'Avent et de Carême, et se prêtent, autant qu'ils le peuvent, aux diverses œuvres du ministère.

5° *La Société des Prêtres de la Mission de Saint-Vincent-de-Paul*, connue sous le nom plus ordinaire de Lazaristes. Le but que se propose l'institut des prêtres de la Mission est : 1° d'instruire le peuple dans la science du salut par les missions faites au sein des campagnes; 2° d'instruire et de former des clercs à la science et aux vertus sacerdotales dans le séminaire; 3° dans les Missions étrangères, d'instruire la jeunesse réunie dans les colléges et de donner les soins spirituels aux élèves des écoles chrétiennes tenues par les sœurs de Saint-Vincent-de-Paul, ou même par des personnes étrangères à la congrégation.

La maison de Paris, rue de Sèvres, 95, compte 25 membres, appliqués soit à l'administration générale de l'institut, soit à la direction du séminaire.

6° *La Société des Prêtres de Picpus*, ou *des Saints-Cœurs de Jésus et de Marie*. Elle s'occupe de prédication, de mission, d'enseignement dans les grands séminaires et les colléges, ainsi que de l'instruction gratuite des enfants pauvres.

Les membres de l'institut sont prêtres, ou frères du chœur ou frères convers.

La maison de Paris est rue de Picpus, 29.

7° *La Société des Prêtres de la Miséricorde*. Les œuvres de la Société, d'après ses constitutions mêmes, sont : 1° les missions à l'intérieur partout où elles sont autorisées; 2° les retraites pastorales et les différentes retraites spirituelles; 3° les catéchismes; 4° l'éducation de la jeunesse dans les petits séminaires et les colléges; 5° les missions étrangères.

La maison de Paris est située rue de Varenne, 15.

8° *La Communauté de l'Oratoire*, rue du Regard, 11. Elle se propose spécialement l'étude et l'enseignement des sciences et des lettres, ainsi que les diverses œuvres du ministère ecclésiastique. Elle a l'intention de s'appliquer plus tard à la direction des petits séminaires, lorsqu'elle aura pris quelque développement.

9° *Le Séminaire des Missions étrangères*. La congrégation des Missions étrangères a été fondée en 1663. Elle a pour but unique de préparer dans son séminaire de Paris des ouvriers évangéliques, de former dans les missions un clergé indigène, de soigner les chrétientés déjà fondées et de travailler à la conversion des idolâtres ; en un mot, de propager l'Évangile dans les pays infidèles.

La congrégation ne possède en Europe que l'établissement connu sous le nom de *Missions étrangères*, formant un tout avec les missions, dont il est pour ainsi dire la cheville ouvrière.

Le séminaire de Paris est rue du Bac, 128.

10° *La Congrégation du Saint-Esprit*, rue des Postes, 30. Elle choisit pour objet de son dévoûment les âmes les plus pauvres et les plus délaissées, et particulièrement la race noire : à cet effet, elle dirige à Paris un séminaire où se recrute le clergé de nos colonies, et qui compte 1 supérieur, 7 directeurs et environ 78 élèves. A peu près 12 prêtres, chaque année, sont envoyés dans les colonies.

11° *Le séminaire des Irlandais*, rue des Irlandais, 5. Là, sous la direction de 7 ou 8 prêtres d'Irlande, 80 ou 90 jeunes gens du même pays se forment à la science et à l'esprit ecclésiastique.

12° *La congrégation de Sainte-Marie* (de Lyon), rue du Mont-Parnasse, 31. Elle a pour but l'enseignement et les travaux du ministère auxiliaire, comme la prédication et les confessions.

13° L'établissement connu sous le nom d'*Infirmerie de Marie-Thérèse*. C'est un asile ouvert aux prêtres du diocèse que l'âge ou les infirmités condamnent à un repos momentané ou même définitif. On y reçoit aussi quelques prêtres étrangers au diocèse. On peu porter à 20 en moyenne le nombre des ecclésiastiques qui sont admis dans cet établissement.

TABLEAU DES COMMUNAUTÉS ECCLÉSIASTIQUES.

SOCIÉTÉ DES PRÊTRES DE SAINT-SULPICE.

M. Caval, vicaire général, supérieur général.

FRÈRES-PRÊCHEURS (rue de Vaugirard, 70).

Le R. P. Saudreau, provincial; le R. P. Souaillard, prieur.

FRANCISCAINS DE LA TERRE-SAINTE (rue de Vaugirard, 150).

Le R. P. Fulgence Rignon, supérieur.

FRÈRES MINEURS CAPUCINS (rue du Faubourg St.-Jacques, 71).

Le R. P. Laurent, provincial; le R. P. Ambroise, gardien; le R. P. Ludovic, vicaire.

COMPAGNIE DE JÉSUS (rue de Sèvres, 35).

Le R. P. Fessard, provincial; le R. P. de Ponlevoy, supérieur.

CONGRÉGATION DES PRÊTRES DE LA MISSION (rue de Sèvres, 95)

MM. Etienne, supérieur général; Salvayre, procureur général.

CONGRÉGATION DES PRÊTRES DE SS. COEURS DE JÉSUS ET DE MARIE (rue de Picpus, 83).

Le R. P. Euthyme Rouchouze, supérieur général; le R. P. Philippe Leroy, prieur; le R. P. Polycarpe Tuffier, procureur.

CONGRÉGATION DES PRÊTRES DE LA MISÉRICORDE
(Sous le titre de l'Immaculée-Conception, rue de Varenne, 15).

Le R. P. Levasseur, supérieur général.

COMMUNAUTÉ DES PRÊTRES DE L'ORATOIRE (rue de Regard, 11).

Le R. P. Pételot, supérieur.

SÉMINAIRE DES MISSIONS-ÉTRANGÈRES (rue du Bac, 128).

MM. Albrand, supérieur; Pernot, procureur.

CONGRÉGATION DU SAINT-ESPRIT ET DU SAINT-COEUR DE MARIE
(rue des Postes, 30).

Le R. P. Schindenhammer, supérieur général; le R. P. Gaultier, procureur général; le R. P. Levavasseur, supérieur du séminaire colonial dit du *Saint-Esprit*.

SÉMINAIRE DES IRLANDAIS (rue des Irlandais, 5).

Dirigé par les prêtres de la Congrégation de la Mission, dit de *Saint-Lazare*.

M. Lynch, supérieur.

SOCIÉTÉ DE MARIE (MARISTES) (rue de Vaugirard, 132).

Le R. P. Martin, provincial; le R. P. Galliou, supérieur; le R. P. Dupont, procureur.

EUDISTES (rue Saint-Jacques, 193).

M. Jolivel, supérieur.

CONGRÉGATION DE N.-D. DE SAINTE-CROIX DU MANS
(rue Demours, 15, aux Ternes).

M. Champeau, supérieur.

PRÊTRES DU SAINT-SACREMENT (rue Faubourg-St-Jacques, 68).

Le R. P. Eymard, supérieur.

SOCIÉTÉ DE MARIE (MARIANITES) (rue du Montparnasse, 28).

Le R. P. Caillet, supérieur général.

CONGRÉGATION DES CLERCS RÉGULIERS DE SAINT-PAUL
(BARNABITES) (rue Monsieur, 4).

Le R. P. Piantoni, supérieur.

OBLATS DE MARIE IMMACULÉE (rue Saint-Pétersbourg, 26).

Le R. P. Fabre, supérieur général; le R. P. Sardou, procureur général; le R. P. Magnan, supérieur local.

INFIRMERIE DE MARIE-THÉRÈSE (rue d'Enfer, 116).

M. Vétu, chanoine honoraire, supérieur.

COMMUNAUTÉS RELIGIEUSES

Il y a dans le diocèse de Paris plus de cinquante communautés de femmes. On peut les ranger en trois classes qui se distinguent par le caractère de leurs principales occupations.

Ainsi la première classe comprend le petit nombre d'entre elles qui se proposent à peu près exclusivement de servir l'Église et la société, en priant et en offrant à Dieu leur vie mortifiée et pleine d'abnégation. Telles sont :

1° *Les Bénédictines de l'Adoration perpétuelle du Saint-Sacrement*, rue Neuve-Sainte-Geneviève, 16. Elles font le vœu exprès de maintenir le culte du Saint-Sacrement, en réparant par leurs prières et leurs mortifications les outrages qui se commettent contre la divine Eucharistie. A ce titre, elles ont l'office de la nuit, les veilles, l'assistance au chœur.

Les constitutions de l'institut n'obligent point les religieuses à avoir des élèves; elles sembleraient plutôt insinuer que la chose est difficile.

2° *Les sœurs de l'Adoration réparatrice.* Cette communauté s'est formée en 1848 pour adorer Dieu, jour et nuit, et pour apaiser la justice divine. Les sœurs de l'Adoration ont leur maison 12, rue des Ursulines.

3° *Les Carmélites.* Elles sont occupées aussi à faire descendre les miséricordes et les bénédictions de Dieu sur l'Église, et particulièrement sur la France. Elles payent de la sorte leur dette de dévoûment à leur pays et à la société.

La seconde classe comprend deux communautés de femmes, qui, bien qu'elles aient pour but spécial de réparer les outrages faits à la majesté de Dieu et de prier pour la conversion des pécheurs, s'occupent aussi de l'éducation des jeunes filles. Ce sont :

1° *Les Bénédictines du Temple,* rue de Monsieur, 20.
2° *Les Dominicaines de la Croix,* rue de Charonne, 93.

Toutes les autres communautés de femmes composent la troisième classe. Elles ont pour but spécial la sanctification de leurs membres par la pratique des œuvres de charité corporelle, et quelques-unes y joignent les œuvres de charité spirituelle, c'est-à-dire l'éducation des enfants pauvres et le soin des jeunes filles qu'il s'agit de préserver ou de réhabiliter.

Il faut signaler entre toutes *les Filles de Saint-Vincent-de-Paul.* Leur mission est de soigner les pauvres malades, soit dans les hôpitaux, soit dans les dispensaires, soit à domicile; de distribuer des secours aux pauvres, au moyen des ressources qui leur sont fournies par les fondateurs des institutions charitables et par les communes, ou bien qu'elles se procurent par des quêtes et par divers travaux ; enfin de tenir des écoles de filles, des asiles pour les enfants des deux sexes, de prendre soin des des orphelins et de les élever.

Les sœurs de la charité ont, à Paris, la maison-mère et

68 établissements. La maison-mère, rue du Bac, 140, compte 230 sœurs revêtues de l'habit religieux et 370 sœurs dites du Séminaire. Les 68 établissements confiés à leur sollicitude sont 13 hôpitaux ou hospices, et 55 maisons de charité, dites Miséricordes, disséminées dans tout Paris, et qui ensemble réclament le dévoûment de 595 sœurs.

Le nombre des pauvres, vieillards, infirmes, malades, admis dans les hôpitaux, ou visités et secourus à domicile par les filles de la charité, est de 50,000 chiffre rond; et celui des enfants internes ou externes admis dans les crèches, asiles, classes, orphelinats, ouvroirs et autres établissements desservis par elles, est de 20,000.

Au reste, la pieuse société des Filles de Saint-Vincent est répandue par toute la terre : elle compte environ 10,000 sœurs réparties en 840 établissements, tant en France qu'à l'étranger. Le nombre des séminaristes qui sont admises dans la maison-mère de Paris et dans les maisons centrales est de 900, année moyenne; et le nombre des missionnaires envoyées à l'étranger, année moyenne, est de 165 sœurs, qui portent leur dévoûment intrépide non-seulement dans les divers États de l'Europe, mais en Turquie, en Chine, en Amérique.

Quatre communautés s'occupent de secourir les malades et les infirmes, soit dans les hôpitaux, soit à domicile. Ce sont :

1º *Les Augustines hospitalières de l'Hôtel-Dieu.* Ces sœurs donnent leurs soins aux malades dans 4 hôpitaux de Paris : à l'Hôtel-Dieu, à la Charité, à Saint-Louis, à la Riboisière. Cette communauté, qui est la plus ancienne de Paris, compte 63 professes; elle a son siége et son noviciat à l'Hôtel-Dieu.

2º *Les Augustines hospitalières de Charenton.* Elles appartiennent à une congrégation dont le chef-lieu est en Belgique; elles desservent l'asile ouvert, à Charenton, aux aliénés.

3º *Les sœurs du Bon-Secours,* rue Notre-Dame-des-Champs, 20. Elles s'occupent spécialement de soigner les malades dans toutes les classes de la société, et, en outre, elles élèvent et entretiennent, à Paris, 60 orphelines. La communauté possède 4 établissements en province et un à Paris, qui est la maison-mère, et qui compte 100 professes et 80 novices;

4° *Les sœurs gardes-malades de Saint-Merry*, rue Saint-Merry, 40. Elles sont au nombre de 15, et vont porter leurs soins aux malades qui les réclament.

Sept communautés se proposent le double but de secourir les malades dans les hôpitaux ou bien à domicile, et d'instruire les jeunes filles, de leur apprendre à travailler, etc. Ce sont :

1° *Les sœurs de Sainte-Marie*, rue Carnot, 8. Leur but est l'éducation de la jeunesse, le soin des malades et les secours à domicile. Elles dirigent 4 écoles communales de la ville, elles ont des écoles libres pour l'instruction secondaire et un pensionnat pour l'instruction supérieure, deux bureaux de charité, et les infirmeries de Sourds-Muets et des Jeunes-Aveugles.

La maison-mère est rue Carnot.

2° *Les Augustines du Saint-Cœur de Marie*, rue de la Santé, 29. Elles reçoivent et soignent les dames âgées, souffrantes, isolées, et qui par principes ou par position, ont besoin de recueillement ou de se renouveler dans les voies du salut. Elles ont un petit pensionnat où quelques jeunes filles sont élevées avec soin. La communauté a sa maison-mère à Paris.

3° *La congrégation des Filles de la Croix*, dites Sœurs de Saint-André, rue de Sèvres, 108. Elles joignent aux vœux ordinaires de religion le vœu de travailler à l'enseignement des pauvres et de soigner les malades à domicile. Elles ont dans le diocèse de Paris 10 établissements qui occupent 102 sœurs, et où 2,280 jeunes filles, internes ou externes, reçoivent l'instruction primaire.

4° *Les religieuses de la Compassion de la Sainte-Vierge*.
Elles se proposent pour but l'éducation des enfants, le soin des malades dans les hôpitaux et hospices, enfin le soin des dames pensionnaires.

Leur maison conventuelle est à Saint-Denis, où elles ont aussi un pensionnat. Les sœurs de la Compassion desservent, au nombre de 15, l'hospice de Lourcine. Elles ont, en outre, 3 établissements en province.

5° *Les sœurs de Saint-Thomas de Villeneuve.* Elles étaient spécialement vouées, dans l'origine, aux soins des hôpitaux ; néanmoins elles s'occupent de toutes les œuvres qui peuvent être utiles aux personnes du sexe, par exemple des écoles charitables, des maisons de refuge et de retraite, des asiles ouverts à des dames pensionnaires, des crèches, des salles d'asile, etc.

Leur maison mère est à Paris, rue de Sèvres, 27. Elles desservent l'hospice des Enfants-Malades.

6° *Les sœurs de l'Espérance,* rue de Calais, 21. Elles sont instituées pour prendre soin des malades à domicile et s'occuper de l'éducation des jeunes filles.

7° *Les sœurs de l'Immaculée-Conception,* rue des Postes, 27. Le but de leur congrégation est l'éducation des jeunes filles et le soin des malades, soit en France, soit dans les missions, mais toujours parmi les classes inférieures.

La mission de Paris donne ses soins à deux œuvres : la première est un ouvroir ou une providence qui réunit 40 jeunes filles, orphelines, enfants de domestiques ou de pauvres ouvriers, payant une rétribution de 15 à 20 francs par mois ; la seconde est un pensionnat où sont élevées, dans des goûts ou des habitudes conformes à la condition de leurs parents, 40 jeunes filles, enfants de petits commerçants et d'employés qui ont peu de fortune.

Dix-sept communautés s'occupent uniquement ou principalement de l'éducation des jeunes filles. Ce sont :

1° *La communauté de l'Assomption,* rue de l'Assomption, à Auteuil.

2° *La communauté de l'Abbaye-aux-Bois,* rue de Sèvres, 16. Elle tient des classes gratuites en même temps qu'un pensionnat qui compte un bon nombre d'élèves.

3° *Les dames Augustines anglaises,* boulevard Eugène à Neuilly. Elles donnent leurs soins à 20 ou 25 jeunes personnes anglaises et françaises.

4° *La congrégation de la Mère de Dieu,* rue des Picpus, 43.

5° *La congrégation de Notre-Dame.* Elle possède, à Paris, deux maisons indépendantes l'une de l'autre, conformément à ses constitutions.

L'une, dite des Oiseaux, rue de Sèvres, 100, compte 100

professes, tant religieuses de chœur que sœurs converses, et 10 novices et postulantes ; il y a 220 élèves dans le pensionnat, 200 dans l'orphelinat et les classes gratuites.

L'autre maison, boulevard Monceaux, compte 40 professes, tant religieuses du chœur que sœurs converses, et 8 novices ou postulantes ; il y a 70 élèves dans le pensionnat.

6° *La congrégation des dames de Sainte-Clotilde*, rue de Reuilly, 99.

7° *Les Franciscaines de Sainte-Élisabeth*, rue Saint-Louis, 40.

8° *Les dames de l'Intérieur de Marie*, à Montrouge.

9° *Les dames de Saint-Maur*. Elles ont à Paris deux établissements, la maison-mère, rue Saint Maur-Saint-Germain, 8, et une maison rue des Postes, 59, à laquelle se rattachent deux écoles d'enfants pauvres, puis 88 établissements en France et 2 dans la mission de la Malaisie.

10° *Les dames de la Miséricorde*, rue Neuve Sainte-Geneviève, 89.

11° *La communauté des sœurs des écoles chrétiennes de la Miséricorde*. Elle compte 7 maisons dans le diocèse de Paris ; la maison principale est rue de Picpus, 60.

12° *Les dames de Picpus*, rue de Picpus, 35. Elles comptent à Paris 108 religieuses et 83 novices.

13° *Les dames du Sacré-Cœur*. Elles possèdent, dans le diocèse de Paris, deux établissements, outre la maison mère.

L'un de ces établissements est situé à Paris, rue de Varenne, 77.

L'autre est situé à Conflans : il comprend un pensionnat et le noviciat de la communauté.

14° *Les sœurs de Saint-Joseph de Cluny*, rue du Faubourg Saint-Jacques, 57. Elles se vouent à diverses bonnes œuvres ; mais dans le diocèse de Paris elles s'occupent spécialement de l'éducation des jeunes personnes et travaillent à former les sujets qui se présentent pour la vie religieuse.

15° *Les dames de la Visitation*. Elles ont à Paris deux maisons, une rue d'Enfer, 98, et l'autre rue de Vaugirard, 140.

16° *Les sœurs de Saint-Joseph de Belley*. Elles s'occupent, à Paris, de l'éducation des jeunes personnes, et elles ont, rue de Monceaux, 21, un pensionnat qui réunit un bon nombre d'élèves.

17° *Notre-Dame de Sion*, rue Notre-Dame-des-Champs, 61. Le but spécial de cette œuvre est d'élever gratuitement les jeunes filles israélites qui, avec le consentement écrit de leurs parents, reçoivent l'instruction chrétienne et le baptême. On leur donne une éducation adaptée à leur capacité, de manière à ce qu'elles puissent avoir plus tard un état honnête et se suffire par le travail.

Dix communautés donnent des soins aux personnes du sexe, soit pour les détourner du mal ou les en retirer, soit pour leur ouvrir un asile dans diverses conditions d'âge ou de fortune, soit enfin pour procurer une place aux domestiques et du travail aux jeunes ouvrières. Telles sont :

1° *La société des religieuses de Jésus-Christ*, rue Neuve-Saint-Étienne, 18. Elle s'occupe spécialement des jeunes personnes pour préserver leur innocence ou les ramener au bien, et de toutes les personnes du sexe pour leur donner des retraites.

2° *Les sœurs Fidèles compagnes de Jésus*, rue de la Santé, 67. Elles se proposent l'éducation des jeunes personnes appartenant à toutes les classes de la société ; les retraites pour les personnes du sexe, qu'on loge et qu'on nourrit moyennant une légère rétribution, ou même gratuitement, si elles sont pauvres ; enfin l'instruction religieuse donnée aux personnes du sexe qui en ont besoin.

3° *La congrégation de la Retraite*, rue du Regard, 15. Elle a pour objet spécial d'ouvrir des maisons de retraite spirituelle aux personnes du sexe et d'instruire de la religion celles qui l'ignorent.

4° *La communauté de Sainte-Marie de Lorette*, rue de Vaugirard, 101. Elle offre un asile aux jeunes personnes pauvres de douze à dix-huit ans, exposées à se perdre par leur jeunesse et leur isolement ; elle fournit du travail aux ouvrières qui en manquent et apprend aux jeunes personnes la couture et le blanchissage ; elle fait donner les exercices spirituels d'une retraite aux jeunes filles qui le désireraient.

5° *Les dames du Bon-Pasteur*, à Conflans. Leur vocation est de recueillir et de ramener à la vertu les jeunes personnes qui ne se sont pas bien conservées dans le monde.

La maison mère est à Angers.

6° *Les dames de Saint-Michel*, rue Saint-Jacques, 193. Leur but principal est de recueillir les personnes du sexe qui se sont écartées de la bonne voie et de les ramener à une conduite régulière. Elles ont des pénitentes et une classe de préservation.

7° *Les sœurs de la Croix*, rue des Postes, 6. Cette maison recueille les femmes domestiques sans place, et leur fournit du travail, en attendant qu'une place leur soit assurée. On leur laisse, pendant ce temps, le produit de leur travail, moins 75 centimes, qu'elles donnent par jour comme prix de la nourriture et du logement.

8° *Les sœurs aveugles de Saint-Paul*, rue d'Enfer, 114. L'œuvre des sœurs de Saint-Paul a été fondée pour remédier à la triste position des filles frappées de cécité, c'est-à-dire pour leur procurer, avec les soins physiques, les consolations que la foi seule peut offrir et que l'on trouve surtout dans une communauté religieuse.

Dans ce but, la maison des sœurs admet, depuis l'âge de six ans, les jeunes filles aveugles qui lui sont confiées par leurs parents, par des bienfaiteurs et par l'administration. On y pourvoit à leur entretien, à leur instruction, et on les forme aux travaux dont elles sont capables.

Lorsqu'elles sont parvenues à un âge plus avancé, ou bien on les conserve dans la maison, qui leur offre une douce et paisible retraite, ou bien, si elles le préfèrent, on les rend à leurs familles. Celles en qui se manifesteraient des dispositions à la vie religieuse peuvent faire partie de la communauté, qui se compose de sœurs aveugles et de sœurs voyantes, et à ce titre elles sont appelées, à leur tour, à contribuer au développement de l'œuvre.

9° *Les sœurs de Marie-Joseph*, prison de Saint-Lazare, rue Saint-Denis, 107. Elles travaillent à la réhabilitation morale des personnes du sexe, victimes du désordre.

10° *Petites sœurs des Pauvres*. Elles soignent les vieillards infirmes; elles ont quatre maisons: à Paris, avenue de Breteuil, 66; rue Notre-Dame des Champs, 45; rue Saint-Jacques, 277; rue Beauvau, 10.

TABLEAU DES COMMUNAUTÉS RELIGIEUSES.

Abbaye-aux-Bois, rue de Sèvres, 16. — *Adoration réparatrice*, rue des Ursulines, 12. — *Assomption (Dames de l')*, rue de l'Assomption, à Auteuil. — *Augustines (Dames Anglaises)*, boulevard Eugène, à Neuilly. — *Augustines hospitalières de Charenton.* — *Augustines hospitalières de l'Hôtel-Dieu.* — *Augustines du Saint-Cœur de Marie*, rue de la Santé, 29. — *Auxiliatrices des âmes du Purgatoire (Dames)*, rue de la Barouillère, 16. — *Auxiliatrices de l'Immaculée-Conception (Dames)*, boulevard Pereire, 64 (aux Ternes). — *Bénédictines du Saint-Sacrement*, rue Neuve-Sainte-Geneviève, 16. — *Bénédictines du Saint-Sacrement, dites du Temple*, rue de Monsieur, 20. — *Bon-Pasteur (Dames du)*, à Conflans. — *Bon-Secours (Sœurs du)*, rue Notre-Dame des Champs, 20. — *Sœurs gardes-malades de Troyes*, rue Neuve-Saint-Paul, 12. — *Carmélites*, rue d'Enfer, 65. — *Carmélites*, avenue de Saxe, 24. — *Carmélites*, rue de Messine, 5. — *Carmélites*, à Saint-Denis. — *Clotilde (Dames de Sainte-)*, rue de Beuilly, 99. — *Compassion (Dames de la)*, à Saint-Denis. — *Congrégation de la Mère de Dieu*, rue de Picpus, 43. — *Congrégation de Notre Dame (Oiseaux)*, rue de Sèvres, 106. — *Congrégation de Notre-Dame*, boulevard Monceaux. — *Croix (Sœurs de la)*, rue des Postes, 6. — *Dominicaines de la Croix*, rue de Charonne, 42. — *Dominicaines de Nancy*, avenue de Sainte-Foix, 10, à Neuilly. — *Écoles chrétiennes de la Miséricorde (Sœurs des)*, rue de Picpus, 60. — *Espérance (Sœurs de l')*, rue de Calais, 21. — *Fidèles Compagnes de Jésus*, rue de la Santé, 67. — *Franciscaines de Sainte-Élisabeth*, rue Saint-Louis, 40, au Marais. — *Immaculée-Conception (Sœurs de l')*, rue des Postes, 27. — *Intérieur de Marie (Dames de l')*, à Montrouge. — *Jésus-Christ (Religieuses de)*, rue Neuve-Saint-Étienne. — *Lorette (Dames de Sainte-Marie de)*, rue de Vaugirard, 101. — *Marie-Joseph (Sœurs de)*, prison de Saint-Lazare, rue du Faubourg Saint-Denis, 107. — *Marie Réparatrice (Religieuses de)*, Grande rue de Vaugirard, 205. — *Miséricorde (Augustines de N.-D. de)*, rue Neuve-Sainte-Geneviève, 39. — *Notre-*

Dame du Calvaire (Religieuses de), à Bourg-la-Reine, Grande Rue, 53. — *Notre-Dame de Sion*, rue Notre-Dame des Champs, 61. — *Petites-Sœurs des Pauvres*, avenue de Breteuil, 66 ; rue N.-D. des Champs, 45 ; rue Saint-Jacques, 277 ; rue Beauvau, 10. — *Retraite (Dames de la)*, rue du Regard, 15. — *Retraite chrétienne (Sœurs de la)*, à Issy, Grande-Rue, 46. — *Sacré-Cœur (Maison mère)*, boulevard des Invalides, 83. — *Sacré-Cœur (Noviciat du)*, à Conflans. — *Sacrés-Cœurs de Jésus et de Marie et de l'Adoration perpétuelle (Dames des)*, rue de Picpus, 35. — *Saint-André (Sœurs de)* rue de Sèvres, 108. — *Saint-Charles (Sœurs de)*, rue de La Fayette, 102. — *Saint-Cœur de Marie de Nancy (Sœurs du)*, rue Perceval, 22, à Paris-Plaisance. — *Saint-Joseph de Belley (Sœurs de)*, rue de Monceaux, 21. — *Saint-Joseph de Cluny (Sœurs de)*, rue du Faubourg Saint-Jacques, 57. — *Saint-Maur (Dames de)*, rue Saint-Maur-Saint-Germain, 8. — *Saint-Michel (Dames de)*, rue Saint-Jacques, 193. — *Saint-Paul (Sœurs aveugles de)*, rue d'Enfer, 114. — *Saint-Thomas de Villeneuve (Dames de)*, rue de Sèvres, 27. — *S.-Vincent-de-Paul (Filles de)*, rue du Bac, 140. — *Sainte-Marie (les Religieuses Augustines de)*, rue Carnot, 8. — *Ursulines de Troyes*, rue de Paris, 173 (Belleville). — *Visitation (Dames de la)*, rue d'Enfer, 98. — *Visitation (Dames de la)*, rue de Vaugirard, 140.

ÉTABLISSEMENTS D'INSTRUCTION PUBLIQUE.

ÉCOLE NORMALE SUPÉRIEURE, rue d'Ulm, 45.

LYCÉES ET COLLÉGES.

Collége de France, rue des Ecoles. — *Lycée Louis-le-Grand*, rue Saint-Jacques, 123 (succursale à Vanves). — *Lycée Napoléon*, rue Clovis, 23. — *Lycée Saint-Louis*, boulevard Sébastopol (r. g.), 74. — *Collége Stanislas*, rue N.-D. des Champs, 22. — *Collége Rollin*, rue des Postes, 42. — *Collége Chaptal*, rue Blanche, 29. — *Collége Sainte-Barbe*, place du Panthéon. (Succursale à Fontenay-aux-Roses.)

MAISONS IMPÉRIALES D'ÉDUCATION.

Institution des Sourds-Muets, rue Saint-Jacques, 250. —

Institution des Jeunes-Aveugles, boulevard des Invalides, 56. — *Ecole impériale vétérinaire*, à Alfort.

INSTITUTIONS ET PENSIONNATS.

Institution Sainte-Geneviève, rue des Postes, 18. — *Institution de l'Immaculée-Conception*, Grand'Rue de Vaugirard, 209. — *Institution de Notre-Dame*, à Auteuil-Paris. — *Institution de Saint-Joseph*, à Montrouge. — *Institution générale des Frères des Ecoles chrétiennes*, rue Oudinot, 27. — *Maison d'éducation des Frères*, à Passy, rue Basse, 46. — *Institution de Saint-Nicolas*, dirigée par les Frères des Ecoles chrétiennes. — *Maison de Paris*, rue de Vaugirard, 112. — *Maison d'Issy*, Grand'Rue, 70. — *Orphelinat de Ménilmontant*, dirigé par les Sœurs de Saint-Vincent de Paul, chaussée Ménilmontant, 119. — *Orphelinat de Saint-Charles*, rue Méchain, 10. — *Orphelinat de Saint-Vincent de Paul*, à Vaugirard, rue du Moulin, 1. — *Institution des Jeunes-Economes*, à Conflans. — *Pensionnat des Dames du Sacré-Cœur*, rue de Varenne, 77. — *Pensionnat des Dames du Sacré-Cœur*, à Conflans. — *Pensionnat des Dames de Saint-Maur*, rue Saint-Maur-Saint-Germain, 10. — *Pensionnat des Dames de la Sainte-Famille*, Grand'Rue, 81, à Saint-Mandé. — *Pensionnat des Dames de l'Immaculée-Conception*, à Vitry. — *Maison de la Providence*, à Ivry. — *Maison Eugène-Napoléon*, dirigée par les Sœurs de Saint-Vincent de Paul, rue du Faubourg-Saint-Antoine, 254.

ÉTABLISSEMENTS DIVERS.

Chapelle de Notre-Dame de Grâce, rue de Grenelle, 29, à Grenelle-Paris. M. Roussel, aumônier. — *Chapelle de Notre-Dame de Nazareth*, boulevard Montparnasse, au coin de la rue Stanislas. M. Hello, aumônier. — *Chapelle expiatoire*, rue d'Anjou-Saint-Honoré, 62. M. Savornin, aumônier. — *Chapelle de Notre-Dame de la Compassion*, route de la Révolte, à Neuilly. M. Cognon, chapelain. — *Chapelle du Sénat*, au Luxembourg. M. Piétu, aumônier. — *Château de Vincennes*, à Vincennes. M. Hugon, aumônier. — *Ecole militaire*, place Fontenoy. M. Maurin, aumônier de la Garde-Impériale. — *Manufacture impériale des Gobelins*, rue Mouffetard, 254. M. Bonhomme, aumônier.

APPENDICE.

ÉGLISE DES CARMES ET CHAPELLE DES MARTYRS.

Marie de Médicis posa la première pierre de l'église en 1613; elle fut achevée en 1620 et dédiée solennellement le 21 décembre 1620, sous l'invocation de Saint-Joseph.

Cette église est grande et régulièrement construite; elle est surmontée d'un dôme (le premier qui ait été bâti à Paris). Les peintures de la coupole sont de Flamaël, peintre de Liége; elles furent réparées en 1711, et représentent le prophète Élie enlevé au ciel sur un char de feu; plus bas Élisée, son disciple, tend les bras pour recevoir le manteau que son maître laisse tomber. Le grand autel fut construit par les soins et aux frais du chancelier Séguier; il est décoré de colonnes corinthiennes en marbre de Dinan et des statues d'Élie et de sainte Thérèse. La balustrade qui entoure cet autel est d'un très-beau marbre.

Avant 93, les Carmes déchaussés possédaient indépendamment de leur église et de leur monastère de vastes jardins situés autour du cloître, et de grands espaces sur lesquels ils avaient fait bâtir des hôtels qui existent encore rue du Regard et rue Cassette. Permettez-nous de vous faire le récit des attentats dont leur sainte demeure fut le théâtre durant les exécrables journées de septembre 1793.

Ce couvent avait été transformé en prison révolutionnaire et on y avait renfermé 220 ecclésiastiques; parmi lesquels on remarquait l'archevêque d'Arles, l'évêque de Beauvais et l'évêque de Saintes.

Presque tous avaient été parqués dans l'église. Des gardes placés au milieu d'eux veillaient à ce qu'ils n'eussent pas même la consolation de se parler. Pour toute nourriture, on leur apportait du pain et de l'eau. On ne souffrait pas qu'ils célébrassent les saints mystères. Cependant le médecin de la prison, craignant l'invasion du typhus, avait obtenu qu'ils pourraient se promener dans le jardin, au fond duquel il y avait un oratoire où se trouvait l'image de la Vierge Marie. Ces promenades étaient pour eux une occupation sainte. Les uns se rendaient par manière de pèlerinage au petit oratoire, les autres lisaient leur bréviaire.

Le dimanche 2 septembre, le canon d'alarme n'ayant cessé de se faire entendre dans Paris, on les contraignit tous de sortir de l'église et de passer au jardin. Bientôt ils entendirent le retentissement des massacres du dehors et leurs bourreaux firent apparaître les sabres et les baïonnettes dont ils allaient bientôt les frapper. A cet aspect, ils se retirèrent au fond du jardin, s'agenouillèrent, firent le sacrifice de leur vie et se donnèrent mutuellement la dernière bénédiction.

Les massacres commencèrent. L'abbé de Salins, Mgr Dulau, l'archevêque d'Arles périrent des premiers, inhumainement égorgés par des monstres qui croyaient servir la révolution. On leur offrit de racheter leur vie en prêtant le serment schismatique; tous refusèrent de souscrire à cette honteuse apostasie et furent dévoués à la mort. Quelques-uns, en bien petit nombre, purent se sauver grâce à la pitié des témoins de cette horrible scène; les autres périrent ou massacrés par des bourreaux, ou fusillés au hasard dans les jardins sous les allées, au pied des arbres. Les assassins blasphémaient et la sainte phalange des martyrs priait et donnait son sang pour sauver le peuple et la France.

Des traces de ce lamentable événement subsistent encore. Dans le jardin, près du bassin qui en occupe le centre, une petite colonne indique la place où le P. Gérault, directeur des dames de Sainte-Élisabeth, fut mis à mort pendant qu'il disait tranquillement son bréviaire. L'archevêque d'Arles périt sous l'allée de Tilleuls. Mais c'est surtout dans le petit oratoire, au pied de la statue de Marie, que l'on retrouve la glorieuse marque du martyre de ces généreux chrétiens.

Il était impossible de ne point conserver religieusement de semblables vestiges. L'oratoire, qui n'était alors fermé que par des claires-voies, est devenu aujourd'hui le sanctuaire d'une chapelle. Sous les lambris qui recouvrent les murs, on reconnaît encore, on montre avec une pieuse émotion de larges taches de sang et les trous des balles. On vénère d'une manière toute particulière cette *chapelle des martyrs.*

L'église des Carmes fut l'une des premières où le culte redevint public à Paris. Le curé de Saint-Sulpice y reprit, dès l'an 1800, les fonctions de son ministère ; l'abbé Frayssinous y commença, en 1801, ses célèbres conférences. Les bâtiments de ce monastère étaient alors occupés par un couvent de Carmélites et appartenaient à Mme de Soyecourt, leur supérieure. Depuis la mort de cette pieuse femme, ils furent achetés par Mgr Affre, qui les partagea entre les religieux de Saint-Dominique et une institution de hautes écoles ecclésiastiques. Les Dominicains desservent l'église.

L'oratoire du jardin sert de chapelle à l'institution, qui peut être considérée comme une école normale où de jeunes prêtres viennent s'initier à la science. Cette école est justement célèbre. On trouve ses élèves dans tous les rangs du sacerdoce et dans les carrières de l'État. Mgr Affre, parlant de cette fondation, aimait à en constater les progrès et à lui présager un noble avenir.

C'était sa maison de prédilection ; il y venait souvent, et quand il fut mort, lui aussi, pour la gloire éternelle de la religion, son cœur fut pieusement déposé dans cette chapelle où avait coulé le sang de tant de martyrs.

L'ORATOIRE.

A quelques pas de là, rue du Regard, n° 11, vous trouverez la chapelle de l'Oratoire. Un prêtre de science et de zèle apostolique (M. Petetot), a quitté la cure de Saint-Roch et a renoncé à tous les honneurs qui lui étaient réservés, pour rétablir l'ordre des Oratoriens. Sous sa direction, cette congrégation d'hommes voués à la religion et à l'étude vient de faire bâtir une chapelle qui n'offre rien de bien remarquable comme monument; mais elle est d'un bon style, dans le goût du XIIe siècle. Au-dessus de l'autel, le chapiteau d'une colonne sert de support à une statue d'une fort belle exécution. La chapelle est sous le vocable de l'Immaculée-Conception. Nous avons vu au pied de l'humble chaire de cette chapelle l'élite de l'Académie, Guizot, Montalembert, Berryer, de Broglie, Villemain, Cousin, etc., accourus pour entendre le

P. Gratry, ce prêtre qui, riche de tous les trésors accumulés par la science tant antique que moderne, n'ignorant rien des grandes questions qui ont agité l'esprit humain, des grandes découvertes en tous genres qu'il a créées, non plus que des vérités que l'homme a reçues de Dieu et qu'il n'a pu découvrir, promène son esprit ingénieux à travers la vaste sphère du vrai divin et humain, descend de Dieu à l'homme, remonte de l'homme à Dieu, passe en revue les sciences et les arts, va de l'algèbre à la philosophie, de la géométrie à la musique, du cercle au binôme, de Platon à Descartes, d'Aristote à Leibnitz. Planant de haut, cette intelligence éminemment compréhensive et élevée découvre dans l'ensemble du vrai de magnifiques perspectives, et s'essaye à rassembler les fragments épars de la vérité, tant philosophique et théologique que scientifique et artistique, pour en établir la synthèse. Aussi des quatre points cardinaux de la grande ville accourent et se pressent, dans cette chapelle, des hommes de tout âge et de toute croyance, appelés par l'irrésistible attraction qu'exerce toujours une belle intelligence au service d'une âme passionnée pour le bien.

Un peu plus loin que l'Oratoire, la rue de Vaugirard renferme à elle seule 5 chapelles de la sainte Vierge : la chapelle des Sœurs de charité, vouées au soulagement des pauvres du VIe arrondissement ; la chapelle où les sœurs de Marie-Joseph remplissent la tâche sainte et difficile de ramener à la religion les jeunes filles qui ont vécu dans le désordre; les religieuses du Saint-Cœur de Marie de Nancy, qui donnent l'instruction professionnelle à de jeunes filles pauvres et les initient aux vertus chrétiennes ; les sœurs de Notre-Dame de Lorette, qui se consacrent à la même mission, et enfin, vers le n° 140, le second monastère des Visitandines, où l'on élève également des jeunes filles. Peu de quartiers de Paris renferment en aussi grand nombre, et dans un aussi étroit espace, des églises, des chapelles, des cloîtres, de saintes maisons, des foyers de charité, de devoûment et de prières.

L'ASSOMPTION.

Cette chapelle date du XVIIe siècle, elle fut construite pour un couvent de religieuses Augustines, aujourd'hui transformé en caserne. Il est question de la détruire pour établir là l'Administration des postes. La façade se compose d'un péristyle formé par huit colonnes d'ordre corinthien aux chapiteaux richement feuillés et supportant un fronton triangulaire. La chapelle de forme circulaire est comprise tout entière sous un dôme un peu lourd. La coupole a été ornée, par Charles de La Fosse, d'une peinture représentant l'Assomption.

Là repose le cœur de Mgr Feutrier.

Là le R. P. Ventura a déployé toutes les ressources de sa vaste érudition dans des conférences célèbres.

CHAPELLE BEAUJON (faubourg Saint-Honoré).

Cette chapelle, sous le vocable de Saint-Nicolas, a été construite en 1780 pour le célèbre financier Beaujon.

Nous ne décrirons pas les églises de Saint-Martin (beau style roman) au Temple, et de Saint-Joseph et Saint-Pierre de Chaillot, église gothique défigurée en 1750; Saint-Marcel, boulevard de l'Hôpital, Notre-Dame des Champs. On doit les reconstruire splendidement.

PALAIS-ROYAL.

Ce palais fut construit en 1629 par le cardinal de Richelieu, sur l'emplacement des hôtels Mercœur et de Rambouillet; il fut terminé en 1636. Jusqu'à la mort du cardinal-ministre, qui en avait fait don à Louis XIII, il porta le nom de Palais-Cardinal (1642). Louis XIV y habita avec sa mère, durant les troubles de la Fronde. Quand il fut majeur, il en céda la jouissance viagère au duc d'Orléans son frère. La propriété de ce palais fut donnée à cette branche de la maison royale en 1692, et dès lors jusqu'en 1830 (hormis l'époque révolutionnaire), il appartint à la famille d'Orléans. Aujourd'hui il est habité par le prince Jérôme-Napoléon.

Les trois galeries principales furent créées par Philippe d'Orléans en 1786. C'est là que resplendissent l'art et l'industrie sous toutes les formes les plus séduisantes. Ces trois grands corps de logis forment le pourtour d'un joli jardin qui compte plus de 200 mètres d'étendue.

L'intérieur du palais est riche de décorations et d'objets d'art.

Ce fut au Palais-Royal, le 31 mai 1830, que le duc d'Orléans donna au roi de Naples une fête illustrée par ce mot de M. de Salvandy. « Nous dansons sur un volcan. » Ce fut là aussi que, quelques mois plus tard, La Fayette vint offrir la couronne à Louis-Philippe.

PALAIS DE L'ÉLYSÉE-NAPOLÉON.

Le financier Beaujon céda ce palais (ancien hôtel du comte d'Evreux et de la marquise de Pompadour) à Louis XVI. A sa mort, la duchesse de Bourbon-Condé l'habita. Il devint propriété nationale en 93. Murat l'acheta en 1803 et y demeura cinq ans. Napoléon 1er fit décorer ce palais, où il se retira après la défaite de Waterloo. Le duc de Wellington et Alexandre 1er y logèrent. Ce palais passa sous la Restauration au duc de Berry. Le duc de Bordeaux y résida quelque temps. La révolution de 1830 donna l'Elysée à la liste civile ; celle de 1848 en fit le siége de la commission des récompenses nationales. Enfin, le prince Louis-Napoléon s'y installa le jour de sa nomination à la présidence et n'en sortit que pour aller aux Tuileries, après la proclamation de l'Empire. C'est dans la salle du conseil qu'il prépara, avec quelques rares confidents, le coup d'Etat du 2 décembre 1851. Il a été pendant quelques jours la résidence de la comtesse Eugénie de Téba avant son mariage avec l'Empereur.

Ce palais vient d'être embelli, restauré et agrandi sous l'habile direction de M. Lacroix.

PALAIS DE L'INDUSTRIE.

Ce palais d'exposition aux Champs-Elysées forme un immense parallélogramme dont les façades principales ont plus de 252 mètres. La hauteur totale de l'édifice est partagée en deux étages percés de quatre cent huit fenêtres. Sur la frise sont inscrits en lettres d'or les noms des hommes de génie.

Dans l'intérieur, aux deux extrémités de la grande nef, sont des vitraux de M. Maréchal de Metz représentant : la France qui convie toutes les nations à l'exposition universelle, et la bonne Foi qui préside au commerce international.

L'exposition des produits algériens y est visible chaque jour et gratuitement.

A côté se trouve le Panorama, vaste rotonde où le colonel Longlois expose les hauts faits d'armes de notre siècle. L'illustre peintre s'occupe en ce moment de la bataille de Solférino.

MUSÉE D'ARTILLERIE.

Ce musée, créé dans l'ancien couvent des Dominicains, renferme une précieuse collection d'armes, armures, et des machines de guerre de toutes les époques. On y voit les armures de Godefroy de Bouillon, de Jeanne d'Arc, de François 1er et de Henri IV. Des armoires vitrées renferment les armes à feu les plus intéressantes.

Là sont exposées les armes chinoises et japonaises provenant de l'ambassade de 1846 et des campagnes de ces dernières années, ainsi que l'habit de guerre et les armes de l'empereur de Chine, prises au palais d'été en 1861 (don de Napoléon III).

Dans les galeries sont les canons en usage depuis le XIVe siècle jusqu'à nos jours; des canons français qui ont servi à Constantine et à Sébastopol, et des pièces russes et autrichiennes, trophées des campagnes de Crimée et d'Italie.

Dans la cour, décorée avec des canons et des ancres pris à Sébastopol, on vient de déposer douze pièces en bronze prises en 1523 à Rhodes par les Turcs, et données récemment à l'Empereur.

ÉCOLE IMPÉRIALE DES MINES.

Cet important établissement doit sa création au cardinal de Fleury, qui en conçut le projet.

Le musée mérite l'attention : de hautes armoires vitrées contiennent la collection minéralogique de la France classée par départements. La collection paléontologique n'est pas moins variée.

Les galeries sont visibles tous les jours de 11 heures à 3.

MUSÉE DUPUYTREN.

Ce musée occupe une ancienne église des Cordeliers, rue de l'Ecole de médecine. Il contient les modèles en cire de toutes les altérations morbides dont les organes générateurs sont susceptibles. On y voit aussi quelques momies conservées depuis des siècles, par le procédé égyptien.

ÉCOLE DE MÉDECINE.

Jusqu'en 1427 la médecine n'eut pas de maison d'école. A cette époque, Paris ne comptait que trente et un médecins, appartenant tous à l'Ordre ecclésiastique.

L'édifice que nous voyons a été construit de 1769 à 1786. Il occupe une superficie de $2^m,767$. Sa façade de 57 mètres de long présente une galerie à quatre rangs de colonnes ioniques surmontée d'un étage en attique, et d'un bas-relief représentant le Roi accordant des grâces à la chirurgie. La même ordonnance règne dans la cour intérieure. Au fond de cette cour, un beau fronton représentant l'Alliance de la pratique et de la théorie signale l'entrée de l'amphithéâtre, où peuvent se réunir douze cents auditeurs. On visite le muséum anatomique et le cabinet de physique.

CONSERVATOIRE DES ARTS ET MÉTIERS.

Cet édifice occupe, rue Saint-Martin, 292, l'emplacement de l'ancien prieuré de Saint-Martin des Champs, fondé par le roi Henri Ier. En 1794, Grégoire, évêque de Blois, provoqua et obtint cette création. Il faut visiter toutes les salles. Il n'est dans toute l'Europe aucun établissement qui puisse lui être comparé ; c'est le musée le plus vaste, le plus complet qu'on puisse imaginer des arts, des métiers, de l'agriculture et de l'industrie. On a placé dans l'ancienne église du prieuré des machines hydrauliques. Le réfectoire (œuvre de l'architecte de la Sainte-Chapelle), est consacré à la bibliothèque, à l'extérieur c'est un superbe édifice du xiiie siècle, percé de fenêtres à rosaces et à ogives. L'intérieur est des plus remarquables. C'est une magnifique nef partagée en deux par sept colonnes, très-sveltes et entièrement peintes. On y voit une bonne peinture représentant Saint Martin Quinze chaires d'enseignement y ont été créées. Ces cours sont plus suivis que ceux du Collége de France et la Sorbonne.

ÉCOLE MILITAIRE.

Louis XV a fait bâtir l'Ecole militaire en 1751. C'est un édifice imposant qui a été construit sur les dessins de Gabriel. A partir de 1792, l'École n'a plus été qu'une caserne. L'Empereur y a fait construire des pavillons d'une architecture simple, mais imposante et en harmonie avec le bâtiment supérieur.

Il y a établi le quartier général de ce magnifique corps d'élite qu'on appelle la garde impériale, la moitié de cette garde peut y caserner ; c'est au pied de la façade de ce monument que l'Empereur vient se placer pour le défilé des grandes revues qu'il donne en l'honneur des souverains au champ de Mars. On a calculé que ce vaste parallélogramme, qui s'étend jusqu'aux rives de la Seine, pouvait contenir huit cent dix mille hommes. Chaque dimanche il y a messe militaire dans l'Ecole. En face le champ de Mars, se dresse le Trocadéro, où se tirent les feux d'artifice de Ruggieri. Puisque nous venons de nommer la principale caserne de Paris, mentionnons la caserne Napoléon, bâtie en 1852, la caserne du Prince-Eugène, (1857 à 1858), et la caserne de gendarmerie de la garde, au Louvre, et disons que ces trois édifices sont de vrais palais; jamais l'armée ne s'est trouvée dans de meilleures conditions hygiéniques.

IMPRIMERIE IMPÉRIALE.

En 1642, le cardinal de Richelieu installa l'Imprimerie impériale au Louvre, et la plaça sous la surveillance immédiate du gouvernement. Plus de 300,000 fr. furent dépensés pour monter cet établissement qui, la deuxième année, avait déjà produit soixante-dix gros volumes imprimés en beaux caractères.

Aujourd'hui, l'Imprimerie impériale, rue Vieille du Temple, ancien hôtel Rohan, est organisée de manière à fournir en une seule nuit un volume in-4° de huit cents pages. Elle possède non-seulement les poinçons, matrices, caractères des langues de presque tous les peuples, mais encore les 87,000 caractères de la langue chinoise. Lorsque le pape Pie VII visita cet établissement, 150 presses lui offrirent l'Oraison dominicale, traduite en toutes les langues connues.

A l'Exposition universelle, ce fut l'Imprimerie impériale qui obtint la grande médaille d'honneur pour la magnifique édition de l'Imitation de Jésus-Christ.

Cette imprimerie consacre chaque année 40,000 fr. à l'impression des ouvrages de science et de littérature qui, en raison de leur spécialité, ne se vendraient que peu en librairie.

Pour visiter l'établissement, adressez votre demande au directeur.

HÔTEL DE LA BANQUE DE FRANCE, rue de la Vrillière.

Cet hôtel est l'ancien palais du comte de Toulouse, habité après lui par son fils, le duc de Penthièvre, et son petit-fils le prince de Lamballe. A l'intérieur, la magnifique galerie qui sert aux assemblées des actionnaires de la banque est encore telle qu'elle fut dessinée par François Mansart.

PARC DE MONCEAUX.

C'est un abrégé merveilleux du bois de Boulogne. Les entrées sont décorées de grilles splendides, chefs-d'œuvre de serrurerie. L'aspect de ce parc est vraiment enchanteur. Remarquez la rivière, le pont, le massif pittoresque de rochers, et la grotte, le bois de haute futaie, et le tombeau que tapisse le lierre, la naumachie, vaste bassin ovale, entouré en partie d'une colonnade corinthienne; la rotonde, habitation des gardiens-chefs.

EXTRA-MUROS.

NANTERRE, — ARGENTEUIL, — BOULOGNE.

Les Parisiens célèbrent chaque année des pèlerinages dont le premier remonte fort loin. Ils vont au mois de janvier à Nanterre, qui est à douze kilomètres de la gare de la rue Saint-Lazare. C'est un bourg de 3,000 habitants environ. C'est le berceau de la patronne de Paris. Vous savez que la mère de la sainte bergère, étant menacée de perdre la vue, lui dit d'aller puiser de l'eau à un puits voisin de leur habitation en demandant à Dieu sa guérison, et les prières de Geneviève furent exaucées. Près de 30,000 pèlerins viennent chaque année en chercher pour se guérir. Le 3 janvier 1636, Anne d'Autriche y vint faire sa visite et but de cette eau. Le *puits de Sainte-Geneviève* se trouvait autrefois dans une chapelle qui a été détruite. Pour le voir actuellement, il faut entrer dans le jardin du presbytère, toujours ouvert aux fidèles. L'église date du XIIIe siècle, mais elle n'a rien de remarquable. Le jour de la Pentecôte, a lieu solennellement, dans cette église, le couronnement d'une rosière.

C'est aux fêtes de la Pentecôte, qu'on se rend à Argenteuil, qui est à neuf kilomètres de la gare de la rue Saint-Lazare.

Un riche seigneur fonda en ce lieu, au viie siècle, un monastère de filles. Des religieuses de la famille de Charlemagne y séjournèrent jusqu'aux incursions des Normands.

C'est au xiiie siècle qu'Héloïse fut prieure de ce monastère. Elle se retira ensuite avec quelques religieuses au Paraclet, qu'Abailard avait fondé et qu'il lui céda. C'est là qu'elle le fit enterrer en 1142, et qu'elle mourut 22 ans après. A la révolution, leur tombeau fut respecté, et en 1817, il fut transféré au cimetière du Père Lachaise, où il se voit encore.

Ce qui donne à Argenteuil une importance particulière, et y attire chaque année des milliers de pèlerins, c'est la chapelle, richement décorée, située dans la partie gauche de l'église, et qui contient la châsse qui renferme une grande partie de la tunique sans couture de Notre-Seigneur Jésus-Christ. Cette châsse en bronze doré, dans le style du xiie siècle, est d'un travail remarquable, et a été exécutée d'après les dessins du P. Arthur Martin. Henri III, Louis XIII, Richelieu, Louis XIV, Marie de Médicis et Anne d'Autriche, sont venus les vénérer.

Tous les jours on sonne les cloches à une heure, en commémoration de l'heure à laquelle cette relique fut apportée à Argenteuil par Charlemagne. N. S.-P. Pie IX en a demandé et obtenu un morceau pour Rome. La tradition rapporte que cette tunique a été tissée par Marie elle-même pour son divin Fils. Elle fut donnée par l'impératrice Irène à Charlemagne, qui la donna à sa fille, abbesse des Bénédictines d'Argenteuil.

En septembre, ont lieu les pèlerinages à Boulogne et à Saint-Cloud.

L'église de Boulogne date du xive siècle ; elle vient d'être entièrement restaurée. Au centre s'élève une flèche recouverte en plomb, et dorée sur toutes ses arêtes. Pie IX a attaché des indulgences à la visite de ce sanctuaire.

Il y a des trains de piété organisé par M. le curé de Saint-

Sulpice, pour aller au pèlerinage de Saint-Cloud, dont l'église, style roman, est fort remarquable. On prend le chemin de fer américain (place de la Concorde), ou les bateaux à vapeur.

Ce mot *train de piété* va vous paraître étrange, et cependant chaque année, MM. les curés de Saint-Sulpice, de Saint-Séverin et de Saint-Laurent, etc., obtiennent le plus grand succès, et vont à Boulogne-sur-Mer, à Chartres, à N.-D. des Ermites (en Suisse), à Lyon, etc.

JOURNAUX CATHOLIQUES

LE CORRESPONDANT. Ce journal paraît tous les mois. On s'abonne rue de Tournon à Paris, chez M. Douniol, libraire.

Prix de l'abonnement, 25 fr.

LA GAZETTE DE FRANCE, journal politique quotidien. Bureaux rue Taitbout.

Paris, un an, 58 fr.; — six mois, 31 fr.; — trois mois, 16 fr.
Dép., un an, 68 fr.; — six mois 35 fr.; — trois mois, 18 fr.

LE JOURNAL DES VILLES ET CAMPAGNES, journal politique, religieux, agricole et littéraire; le plus ancien des organes dévoués à la défense des principes religieux (fondé en 1808).

Paraît tous les jours sans interruption dans le format des grands journaux à 6 colonnes.

C'est le seul journal qui ait ce mode de périodicité.

Directeur-gérant : M. A. PILLET fils aîné.

Principaux rédacteurs : MM. Louis Hervé, A. Andelys, Cheré (Fleury), L. Giraud, A. Galitzin, V. Pierre, de Malarce, Louis Molaud, etc.

Abonnement : 38 fr. par an pour les départements; 28 fr. pour six mois. — Rue des Grands-Augustins, 5.

LE MONDE, journal politique quotidien et semi-quotidien. Bureaux : 13, rue de Grenelle-Saint-Germain.

Paris, un an, 60 fr.; — six mois, 31 fr.; — trois mois, 16 fr.
Dép., un an, 66 fr.; — six mois, 34 fr.; — trois mois, 10 fr.
Edition semi-quotidienne. Un an 36 fr.; — six mois, 19 fr.; — trois mois, 10 fr.

L'UNION, journal politique quotidien. Bureaux : rue de la Vrillière, 2.

Prix de l'abonnement, un an, 68 fr.; — six mois, 35 fr.; — trois mois, 18 fr.

REVUE DU MONDE CATHOLIQUE, histoire, philosophie, théologie, littérature, sciences, beaux-arts, nouvelles, bibliographie. Paraissant le 10 et le 25 de chaque mois, par livraison de 100 pages grand in-8°.

Prix : six mois, 13 fr.; — un an, 24 fr. Les abonnements partent du 1er de chaque mois.

MESSAGER DE LA SEMAINE ILLUSTRÉ, journal de tout le monde, donnant par an plus de 290 gravures sur bois. Paraissant tous les samedis par livraison de 16 pages (plus de 1,800 colonnes de texte chaque année).

Paris et départements : par an, 7 fr.; — étranger, 10 fr.

ANNALES DE LA PREMIÈRE COMMUNION sous le patronage de Mgr de Ségur. Journal illustré, paraissant le 10 de chaque mois. Bureaux : 87, quai des Grands-Augustins.

Prix de l'abonnement : par an, 3 fr.

LE ROSIER DE MARIE, journal en l'honneur de la sainte Vierge, paraissant tous les samedis et pendant le mois de mai 2 fois par semaine, sous l'habile direction de Mgr Pillon de Thury. Bureaux : 16, passage Colbert.

Prix de l'abonnement : 12 fr. par an.

CINQUIÈME PARTIE.
RENSEIGNEMENTS COMMERCIAUX.

ERNEST CARRÉ
ANCIENNE MAISON CAILLE
31, rue de Sèvres, à Paris.
COMMISSION — EXPORTATION

CHASUBLERIE
BRODERIE ET LINGERIE
D'ÉGLISE

Chasubles unies, brochées, brodées.
Chapes de toute couleur, brochées et brodées,
  Chapes forme romaine.
Ombrellino.
Tuniques ou Dalmatiques.
Dais brochés, brodés selon le rit romain.
Draps mortuaires, anacoste, velours, drap, etc.
Bourses à quêter, Bourses à custode.

Pavillons pour Saint-Ciboire.
Écharpes ou Voiles de bénédiction.
Grand choix de Bannières, Oriflammes, etc.
Ceintures soie, laine, pour Ecclésiastiques; Ceintures, Calottes, Cordons d'aubes pour enfants, Calottes, Rabats, Cordons d'aubes fil.

Grand choix de lingerie,

Aubes en tulle brodé, guipure, mousseline brodée.
Aubes en toile et batiste unie.
Aubes en mousseline, calicot, pour enfants.
Rochets en toile, batiste, calicots, etc.; Rochets brodés en tulle, etc.
Surplis en batiste.
Soutanes de chantre, anacoste, drap, etc., Soutanes rouges, noires pour enfants.
Robes de bedeaux.
Costumes de suisses et de bedeaux.
Nappes d'autel en tulle brodé, guipure, mousseline.
Grand choix de Broderies pour ornements pontificaux.
Mitres, Chapes, Gants, Bas, Tuniselle, etc.
Galons de soie, or mi-fin et fin.
Passementerie soie et or.
Etoffes de Lyon, brochées et unies.

CLOCHES D'ÉGLISE

ET

ACCESSOIRES DE MONTURES PERFECTIONNÉS

MAISON SPÉCIALE POUR CETTE FABRICATION

MÉDAILLES D'HONNEUR DE PREMIÈRE CLASSE
ET AUTRES AUX EXPOSITIONS FRANÇAISES ET ÉTRANGÈRES
DE 1823, 1827, 1834, 1839, 1844, 1849, 1855, 1861.

A. HILDEBRAND

FONDEUR DE S. M. L'EMPEREUR

DE LA PLUS GRANDE PARTIE DES ARCHEVÊCHÉS, ÉVÊCHÉS, CATHÉDRALES ET
ÉGLISES DES DIOCÈSES DE FRANCE ET COLONIES

Membre de l'Académie de l'industrie française et du Lycée des arts et sciences.

Fournisseur du Gouvernement, Fondeur du grand carillon de la tour Saint-Germain l'Auxerrois (du Louvre) à Paris, composé de 40 cloches accordées chromatiquement, et dont la plus grosse pèse 2,000 kilog.

RUE DE LA CHOPINETTE, 13, A PARIS.

J'ai l'honneur de prévenir MM les Curés et Maires que j'entreprends la fabrication et refonte des cloches d'église de toutes dimensions, l'établissement des sonneries en accord de la plus haute difficulté, aux notes déterminées à l'avance au diapason et le raccord des cloches neuves avec les anciennes que l'on désire conserver; on est certain de trouver chez moi les garanties les plus sérieuses. — Toutes mes cloches sont établies avec le plus grand fini et perfection de fonte, d'après les meilleurs procédés de fabrication, basés sur une longue expérience pratique et théorique de cet art spécial, pour obtenir par les bonnes formes et proportions sans recours au tournage (généralement nuisible à la sonorité), la plus grande puissance de vibration et la plus belle harmonie, avec le moins de poids possible, et aux prix les plus réduits relativement à ces améliorations.

Fabrication spéciale de Montures et Accessoires de cloches, anciens et nouveaux systèmes perfectionnés, c'est-à-dire avec **Coussinets** simples à portée de bronze ou avec **Coussinets articulés**, de mon invention (BREVETÉS s. g. d. g.), le tout perfectionné de manière à rendre les cloches plus faciles à mouvoir, à en régulariser la sonnerie et à leur faire produire des sons beaucoup plus étendus et plus harmonieux.

Mon établissement, seul en France, fabrique les **Coussinets articulés** (BREVETÉS), à doubles secteurs de bronze et acier.

Appareils de suspension nouveaux, appelés à rendre d'immenses services pour les cloches d'un certain poids, difficiles à sonner en volée. A l'aide de ces Coussinets, dont la pose peut se faire par le premier ouvrier venu des localités, sur une indication écrite que je donne, un seul homme peut sonner une cloche de 4,800 kilogrammes en volée ; non-seulement cet appareil réduit d'une manière considérable la force à employer par l'ancien système pour mouvoir les cloches, mais par cette raison il diminue dans la même proportion les secousses ou ébranlements communiqués aux beffrois et édifices (*la comparaison peut s'établir ainsi : de la voiture posée sur l'essieu à celle suspendue sur ressorts*).

Entreprise de tous les travaux neufs ou de réparations concernant les sonneries. (Les églises qui auraient seulement besoin d'accessoires de montures neufs, c'est-à-dire de moutons, jougs ou hunes, battants, enfin tout ce qui s'adapte aux cloches, pourront en faire la demande et sont certaines d'être promptement et bien servies.)

Les fournitures notables faites par ma maison pour les églises de Paris sont : celles de la **Métropole Notre-Dame**, — de **Saint-Roch**, — **Saint-Eustache**, — **Saint-Thomas-d'Aquin**, — **Sainte-Clotilde**, — **Saint-Merry**, — **Saint-Nicolas-des-Champs**, — **Notre-Dame de Lorette**, — **Saint-Vincent de Paul**, — etc., — etc., — et quantité d'autres *paroisses* et *cathédrales* en France.

Toutes mes cloches sont en bronze composé de quatre cinquièmes de cuivre rouge et un cinquième d'étain. (*En dehors de ces métaux et alliage, on ne peut faire que de mauvaises cloches.*)

A. HILDEBRAND.

HAUTS FOURNEAUX ET FONDERIES DE BROUSSEVAL
Près Vassy (Haute-Marne).

DESFORGES ET FESTUGIÈRE FRÈRES
MAITRES DE FORGES.

1, RUE DU GRAND SAINT-MICHEL, A PARIS.

Monsieur le Curé, Paris, le 20 février 1861.

Nous vous prions de fixer votre attention sur les objets en fonte de fer sommairement indiqués au tarif d'autre part ; si, pour l'extérieur, ils présentent solidité et durée, les avantages sont encore plus grands lorsqu'ils sont placés à l'intérieur des églises ; ainsi nos statues et chemins de la croix en fonte peinte et bronzée sont inaltérables et d'une durée infinie ; les plâtres, peintures et autres matières, au contraire, se décomposent et périssent par l'humidité ou la fraîcheur des monuments.

Sur votre avis, des dessins ou gravures vous seraient adressés *franco*.

Par nos soins, notre loyauté et notre exactitude, nous saurons toujours mériter la préférence de vos ordres.

Veuillez, Monsieur le Curé, agréer nos salutations respectueuses.

DESFORGES et FESTUGIÈRE frères.

PRIX COURANT A PARTIR DE PARIS :

OBJETS BRONZÉS :

Appui de communion n° 2256 de 0,71 de hauteur le mètre courant. 40 fr.
Plus-value de 20 fr. est comptée pour une porte à deux vantaux.

Chemins de la Croix :

	Grec.	Composite.	Roman.	Gothique.
Nos	2378	2377	2379	2376
les 14 Stations,	623 fr.	700 fr.	1,012 fr.	1,012 fr.
Christ de :	0 m. 08	0 m. 09	0 m. 10	0 m. 11 0 m. 12
la pièce :	0 fr. 86	0 fr. 95	1 fr. 12	1 fr. 20 1 fr. 40
Christ de :	0 m. 14	0 m. 15	0 m. 16	0 m. 17 0 m. 20
la pièce :	1 fr. 61	1 fr. 72	1 fr. 81	2 fr. 16 2 fr. 83
Christ de :	0 m. 21	0 m. 23	0 m. 24	0 m. 28 0 m. 30
la pièce :	3 fr. 33	4 fr. 11	5 fr. 11	5 fr. 67 5 fr. 67
Christ de :	0 m. 30	0 m. 38	0 m. 45	0 m. 48 0 m. 53
la pièce :	7 fr. 77	9 fr. 55	10 fr. 55	13 fr. 61 17 fr. 22
Christ de :	0 m. 58	0 m. 57	0 m. 70	0 m. 75 0 m. 85
la pièce :	19 fr. 45	33 fr. 35	40 fr.	60 fr. 73 fr. 35
Christ de :	0 m. 90	1 m.	1 m. 08	1 m. 40 1 m. 64
la pièce :	90 fr.	101 fr. 20	109 fr.	188 fr. 288 fr.
Christ de :	1 m. 85	2 m.		
la pièce :	309 fr.	338 fr.		

Le Christ de 2 m. est celui du Calvaire, n° 944.

Croix n° 1246, de 1 m. 20 avec Christ. 18 fr. 50
d°   729, de 1   50 sans Christ. 11   »
Croix n° 729, de 1   80 avec Christ. 22   50
d°   938, de 4   10 d°   d°   778   »

dº	1219, de 4 m. 29 dº	dº	1,115	»
dº	1219, dº	sans Christ.	965	»

Croix en bois, Christ fonte du Calvaire, nº 944, 5 m. 75 de hauteur. 530 k. 737 fr.

Croix et socle en bois, Christ fonte du Calvaire, nº 944, 5 m. 75 de hauteur. 590 797

Croix en fer, Christ, sans autre accessoire, nº 944, 5 m. 75 de hauteur. 630 1212

Croix en fer, Christ, boule terrestre, serpent et un socle de fonte, 5 m. 75 de hauteur. 1343 2146

Nº 944, Calvaire sans les marches ni les socles, 4 m. 45 h. 2078 4003

Nº 944. Calvaire sans les marches, 5 m. 45 de hauteur. 3280 5205

dº dº complet, Croix en fer, le reste en fonte, 5 m. 75 de hauteur. 5090 7200

Entourages funéraires (pour une personne), nº 719, de 0 m. 90 sur 1 m. 90 de long. 53

Entourages funéraires (pour une personne), nº 1199, de 0 m. 95 sur 1 m. 90 de longueur. » 184

Grille de chapelle ou Grille de chœur, nº 988, de 1 m. 46 de hauteur 100 fr. le mètre courant ; une plus-value reste à fixer pour la porte et les pilastres.

VASES MÉDICIS A OVES Nº 310.

Hauteurs,	0 m. 35	0 m. 42	0 m. 46	0 m. 53	0 m. 58	0 m. 63
Prix (la pièce)	5 fr. 90	8 fr. 40	11 fr. 30	14 fr. 65	19 fr. 75	27 fr. 15

VIERGES IMMACULÉES.

Hauteurs,	0 m. 44	0 m. 57	0 m. 72	0 m. 97	1 m. 07
Prix (la pièce),	26 fr.	55 fr.	70 fr.	122 fr.	154 fr.
Hauteurs,	1 m. 10	1 m. 22	1 m. 49	1 m. 52	1 m. 97
Prix (la pièce),	156 fr.	245 fr.	475 fr.	430 fr.	1200

VIERGES MÈRES.

Hauteurs,	0 m. 34	0 m. 35	0 m. 47	0 m. 68	0 m. 89	1 m. 13
Prix (la pièce),	24 fr.	25 fr.	27	70	134 fr.	150 fr.
Hauteurs,	1 m. 25	1 m. 28	1 m. 65	1 m. 78	2 m.	2 m.
Prix (la pièce)	285 fr.	255 fr.	500 fr.	500 fr.	1115 fr.	1225 fr.

Statue de saint Jean-Baptiste, nº 945, 1 m. 72 haut. 623 fr. pièce.

Statue de saint Joseph, nº 8544, 2 m. 80 de hauteur. 265 fr. pièce.

Vierge Mater Dolorosa, nº 953, 2 m. de hauteur. 1225 fr. pièce.

Saint Jean, apôtre, nº 953, 2 m. de hauteur. 1225 fr. pièce.

Statuette de saint Jean-Baptiste, dessin du nº 945, 0 m. 88 h. la pièce. 32 fr.

Bénitier et Tronc, nº 1143, 0 m. 63 de hauteur, sur 0 m. 46 longueur, 95 fr. pièce.

Enfants en prière, nº 941, 0 m. 50 de haut. en zinc, 56 fr. pièce.

dº nºs 816 et 905, 0 m. 43 de haut. 40 fr.

dº nº 952, 0 m. 70 de haut. 144 fr. pièce.

Buste de saint Jean, apôtre, nº 1767, 50 fr. pièce.

Buste de saint André, apôtre, apôtre, nº 1769, 50 fr. pièce.

Les mêmes bustes sans console support, 34 fr.

Aux mêmes conditions, nous avons les bustes des dix autres apôtres.

Têtes d'ange simple face, nº 1227, 0 m. 11 de hauteur 0 fr. 80 pièce.

dº nº 1231, 0 m. 18 hauteur, 4 fr. 50 pièce.

Lutrin, nº 1036, 2 m. 13 de hauteur sur 0 m. 69 de largeur, 314 fr.

Fonts Baptismaux, nº 8503, 225 fr. pièce.

Bénitier nouveau modèle, nº 1508, 28 fr. pièce.

NOTA. — On trouvera dans nos établissements des ornements religieux et funéraires très-variés.

Nous exécutons toutes pièces sur plans ou modèles.

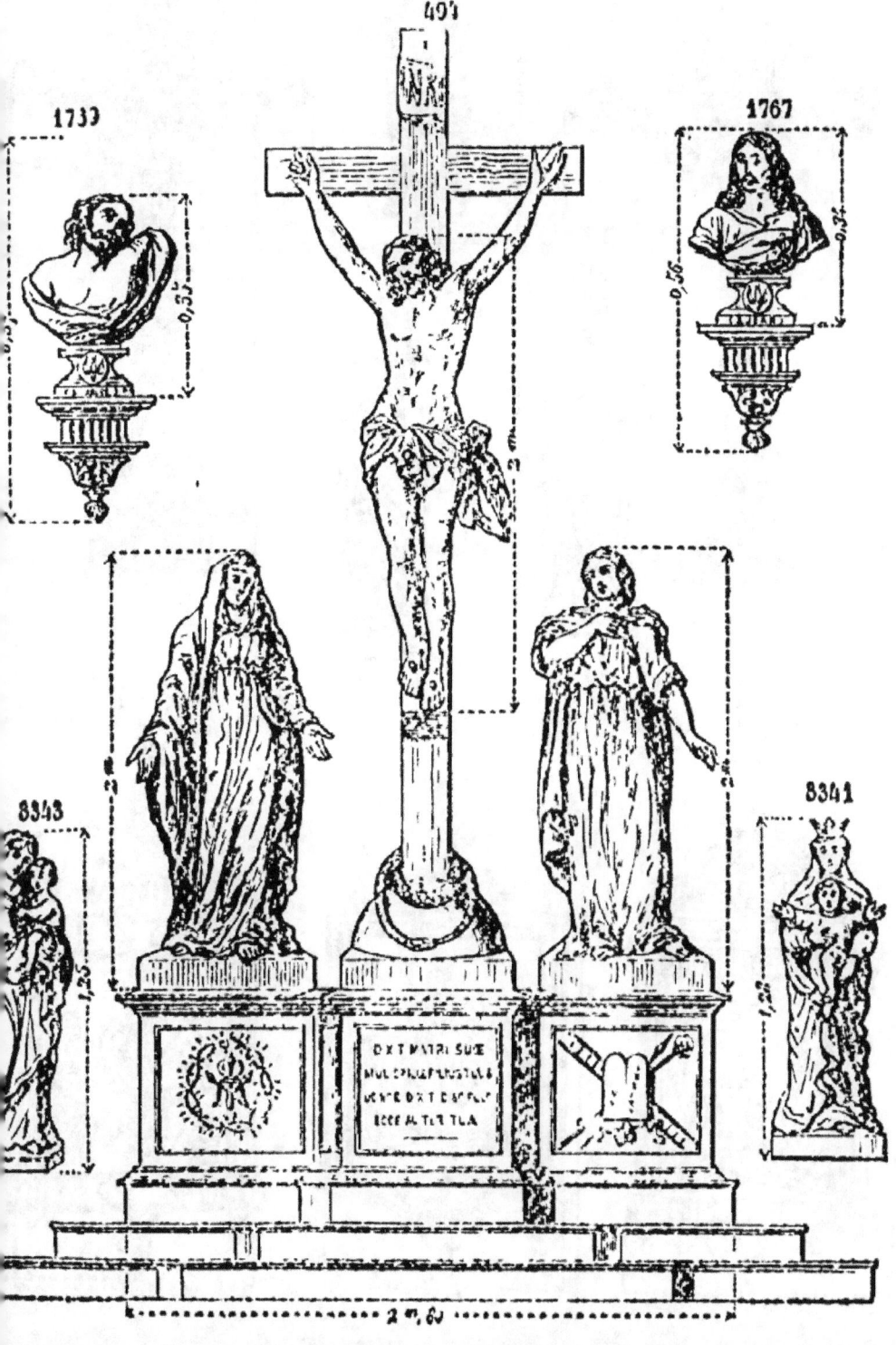

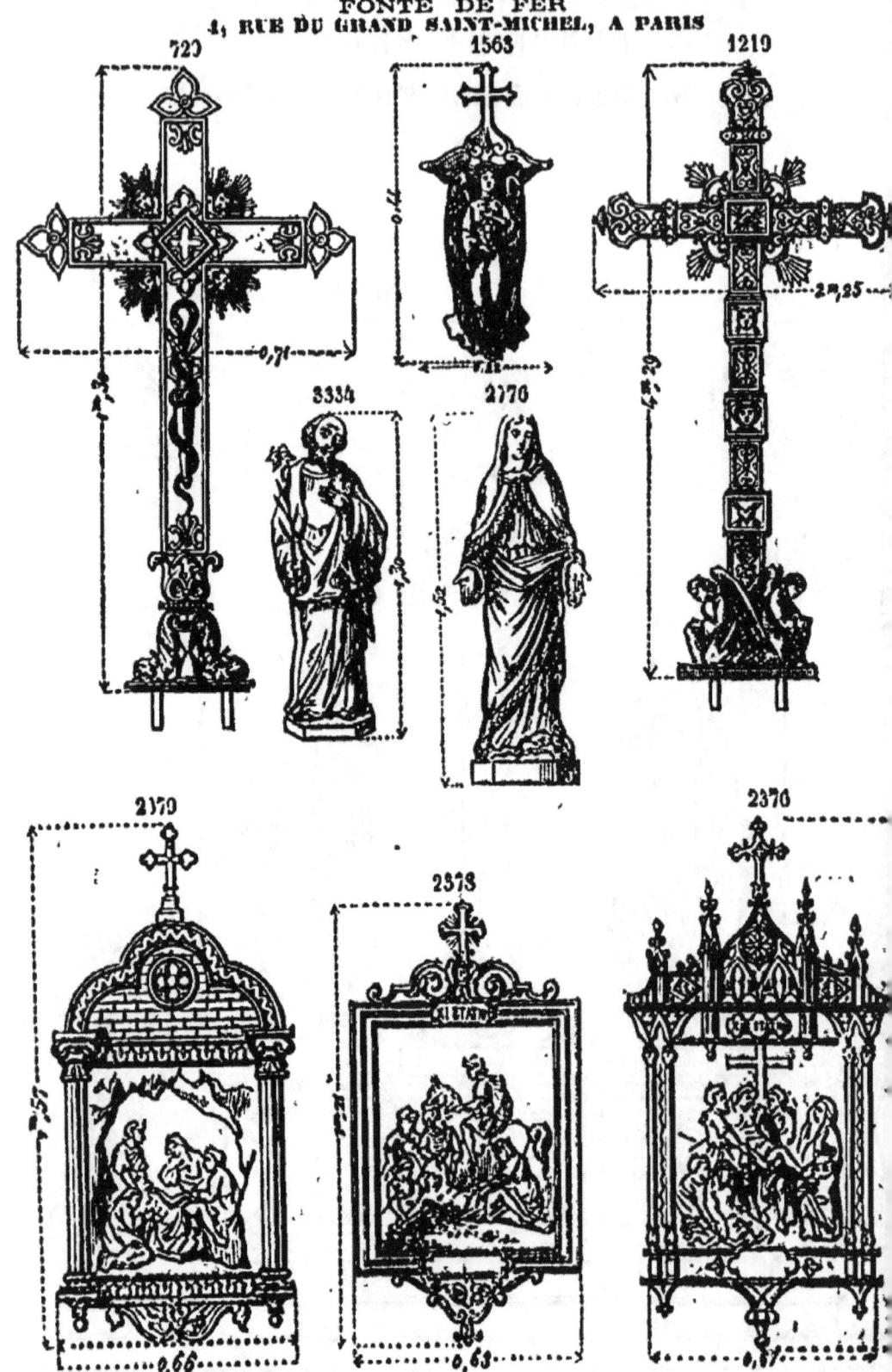

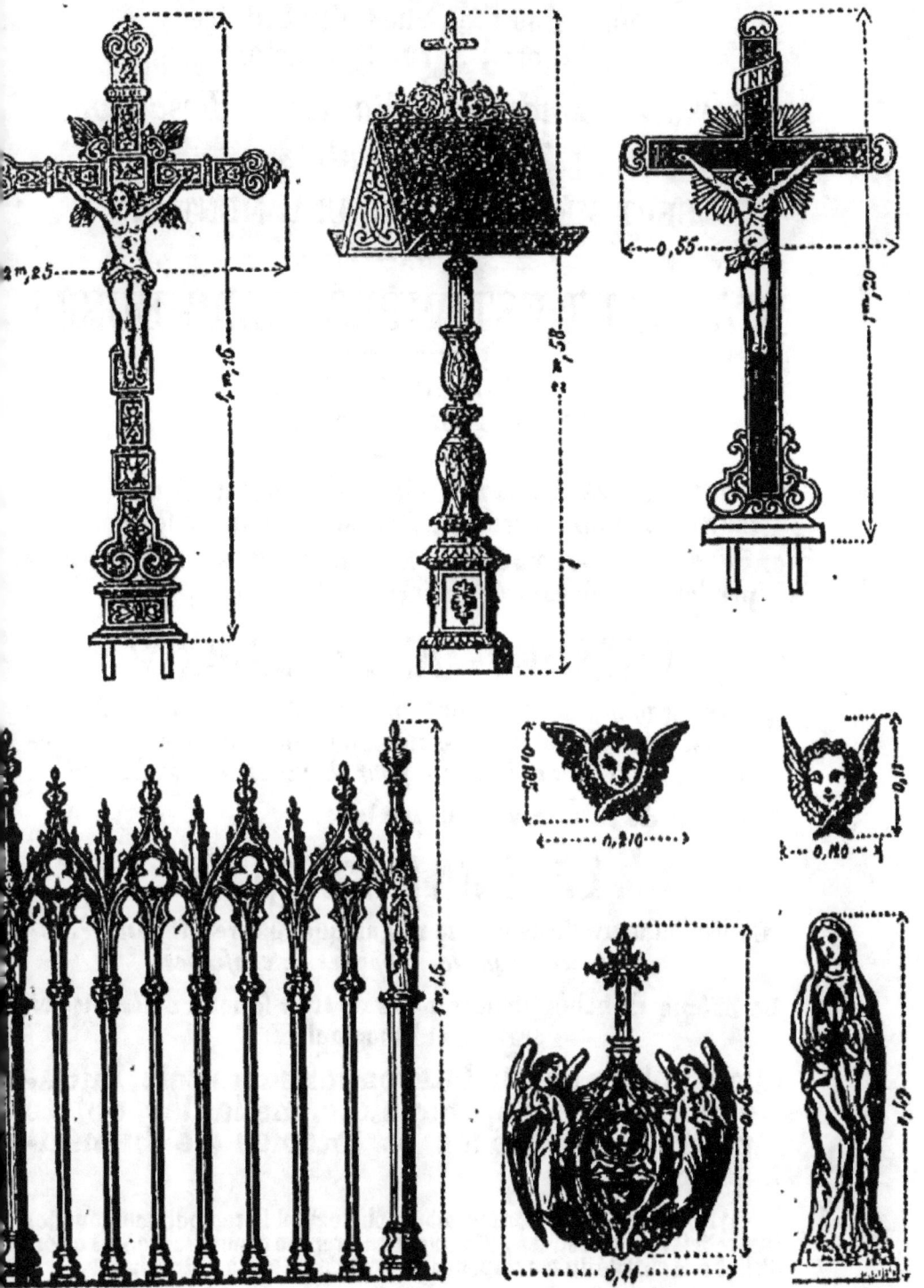

MAISON
BOUASSE-LEBEL

Magasins : 29, rue Saint-Sulpice.
Ateliers : 3, rue Garancière.

*Paris. — Londres. — Nantes. — Besançon.
Troyes. — Metz.*

SEPT MÉDAILLES ET UNE MENTION

IMAGES ET ESTAMPES RELIGIEUSES

Albums d'éducation.
LA JOURNÉE DE LA PETITE MARIE

STATUES ET STATUETTES plastiques imitant l'ivoire, métal imitant le bronze, bronze, carton-pierre, terre cuite, etc.
GROUPES ET STATUETTES RELIGIEUSES EN MÉTAL pour pendules de salons et de cabinets.

CHEMINS DE LA CROIX [1]

Quatre magnifiques collections en bas-relief avec cadres de tous styles, plâtre durci ou terre cuite, imitation de pierre ou décorées. — *Diverses dimensions pour chapelles ou grandes églises.*

Chemins de la Croix peints sur toile.

LE SAINT ROSAIRE

Collection nouvelle de quinze magnifiques bas-reliefs *destinés à être placés dans les chapelles de confréries.*

Le Même en belles photographies de trois formats différents, en gravure et lithographies.

Choix unique de Christs, canons d'autels, bijouterie religieuse, chapelets, médailles, objets pour récompenses et loteries de bienfaisance.

[1] NOTA. Nous adressons un album photographié reproduisant tous nos bas-reliefs aux personnes qui veulent en prendre connaissance. — Le port d'aller à la charge du correspondant, port de retour à notre charge.

MÉDAILLE D'OR   A. W. SCHULGEN   Expositions universelles
et brefs spéciaux   ÉDITEUR   Paris 1855,
de N.S.P. le pape Pie IX.   25, RUE SAINT-SULPICE,   Londres 1862.
PARIS.   Médailles de 1re classe.

DÉPOT CENTRAL DE LA SOCIÉTÉ DE DUSSELDORF POUR LA PROPAGATION DE BONNES GRAVURES RELIGIEUSES DE L'ÉCOLE D'**Overbeck**.

IMAGERIE RELIGIEUSE ET ARTISTIQUE ALLEMANDE, honorée d'une médaille d'or et de deux brefs par N. S. P. le pape Pie IX.

GRANDES GRAVURES ET ALBUMS DIVERS

D'après les anciens et les nouveaux maîtres chrétiens.

TABLEAUX D'ÉGLISE PEINTS A L'HUILE

D'après les premiers maîtres de l'école d'Overbeck, etc.

Spécialité de Chemins de Croix

Peints à l'huile en toute dimension et imprimés en couleurs à l'huile directement sur toile. *Compositions de* FUBRIEH, FORTNER, etc. *Trois prix différents suivant la perfection du travail.*

ENC'DREMENTS DIVERS.

Prix très-modérés d'après la valeur artistique des tableaux.

PEINTURES ET DESSINS ORIGINAUX
COMMISSION

Par ses rapports continuels et en partie intimes avec de bons artistes de différents degrés et toujours consciencieux, la Maison se trouve spécialement à même d'intermédier pour l'acquisition de capacités convenables, pour l'exécution de toute œuvre d'art, soit peintures originales, monumentales et pure toile; dessins, gravures en tout genre, sculptures, etc., etc., Les personnes qui veulent honorer la Maison de leur confiance seront toujours satisfaites par une prompte exécution de leurs ordres ou par d'utiles avis.

LE CATALOGUE EST ADRESSÉ *FRANCO*.

EXTRAIT DU CATALOGUE

Collections de petites gravures religieuses et artistiques, en noir et en couleur, dentelles et feuilles simples. Plus de 1,200 sujets in-32, in-18, in-8, in-4, à 10 c., 20 c., 25 c., 50 c., etc.

Nouvelle série de photographies dite *Cartes de visite*, reproduction des grands sujets les plus estimés des maîtres allemands.

La carte, 1 »
La douzaine, 9 »

Souvenirs de première communion. Trois compositions différentes : gr. in-8 à 35 c.; petit in-fol. à 60 c. et à 75 c.

Le Catéchisme en images, dessiné par G. R. Elster, et gravé par H. Brend'amour, sous la direction de l'abbé M. B. COUISSINIER. 112 gravures sur bois, avec un texte explicatif.

Dix archevêques (dont cinq cardinaux) et vingt-deux évêques ont recommandé cet ouvrage, et la vente rapide de cinquante mille exemplaires en éditions française, allemande, anglaise et hollandaise, rend le plus éclatant témoignage de la valeur artistique et de l'utilité de ce livre.

PRIX DE L'OUVRAGE :

Édition de luxe, tirage à deux teintes, grand in-8, broché, 6 fr.
La même, reliée en toile anglaise, 8 fr.
La même, reliée en toile anglaise, dorée sur tranches, 9 fr.
La même, reliée chagrin, dorée sur tranches, 14 fr.
Édition populaire, format in-12, broché, 1 fr.
La même, format in-12, cartonnage riche (en bradelle), 1 fr. 50
La même sur papier plus fort, tirage soigné, in-8, broché, 2 fr. 50
La même, reliée en toile anglaise, 4 fr.
La même, reliée en toile anglaise, dorée sur tranches, 5 fr.

SCHNOOR. — Illustrations de la Bible, 240 gravures sur bois, grand in-8, exécutées en fac-similé par les premiers graveurs de l'Académie de Dresde, avec texte explicatif extrait de l'Écriture.

Édition de luxe, à grandes marges, sur teintes de Chine, 70 fr.
La même, en demi-reliure, plats toile, tranches dorées, 100 fr.
La même, reliure chagrin, tranches dorées, 110 fr.
Édition populaire sur blanc, en dix livraisons, complète, 40 fr.
La même, en demi-reliure, plats toile, 50 fr.
La même, en demi-reliure, plats toile, tranches dorées, 52 fr.

Chemin de la croix, d'après les fresques de J. Fubrich, à Vienne, gravé par Pétrac, 28 sur 21 cent., sans les marges, petit in-folio, 50 fr.
Le même en couleur, 100 fr.
— 12 sur 9 1/2 centimètres sans les marges, in-8, 5 fr.
Le même en couleur, 15 fr.
— grand in-folio (paraîtra au mois de décembre 1864).

Chemin de la croix, d'après les peintures de Fortner à Munich, imprimé en couleurs à l'huile directement sur toile, et imitant parfaitement la peinture à la main, très-beaux dessins, monté sur châssis à clefs. 88 sur 65 centim., prix, 500 fr.
Le même avec retouches au pinceau, 600 fr.

ENCADREMENTS DIVERS.

Missale romanum, exécuté en style gothique à Vienne (Autriche), d'après les plus beaux manuscrits du XIVe et du XVe siècle.

Édition en trois couleurs, grand in-folio, broché, 125 fr.
Reliures spéciales, dans le style de l'époque, depuis 100 fr. jusqu'à 225 fr.

Ce livre, qui est un chef-d'œuvre de typographie et un monument d'art chrétien, a paru sous le patronage de l'ÉPISCOPAT ALLEMAND. N. S. P. LE PAPE PIE IX lui a accordé la médaille de mérite, et tous NN. SS. les Évêques de France lui ont décerné des témoignages écrits de leur admiration.

CROSS D'AUTEL.

Album d'Overbeck, représentant quarante scènes de l'Évangile, texte latin-allemand et français-anglais.

L'ouvrage complet sur blanc, 80 fr.; sur chine, 120 fr.

C. BERTIN, ÉDITEUR D'ESTAMPES-IMAGES ET LIBRAIRE RELIGIEUX
A PARIS, 6, RUE SAINT-SULPICE.

GRAND CHOIX D'IMAGES SURPRISES en dentelles, noires, coloriées, pailletées, peintes à la main sur papier de riz, soie moirée, depuis 25 c. jusqu'à 12 fr. la douzaine. DE PLIANTS, imitation bois sculpté, 32 sujets variés.

MOIS DE MARIE et Chemin de la Croix. Catéchisme en images, broché, relié, 56 sujets.

NOUVEAU TESTAMENT DE N.-S. J.-C. 66 sujets. La collection se vend en dentelle ou reliée-brochée. Douze petits volumes en images, à 6 fr. la douzaine.

MOIS DE MARIE, Année première Communion, Chemin de la Croix, etc.

CACHET DE COMMUNION pour encadrer, 4 formats.

SOUVENIRS DE COMMUNION, petite fille et garçon habillés, en image ou encadré.

CINQUANTE PÈLERINAGE FRANÇAIS. La suite continue. VINGT-TROIS PORTRAITS de nos évêques.

GRANDES IMAGES pour récompense de catéchisme, pour mettre dans les analyses ou encadrer. Estampes religieuses gravées au burin sur acier.

CŒUR DE N.-S. J.-C. de la très-sainte Vierge. Collection de photographies d'après les maîtres.

CHAPELETS, SCAPULAIRES, STATUETTES, PLASTIQUE, BISCUIT.

CHEMINS DE LA CROIX pour chapelle ou église, depuis 80 francs, tout encadrés.

GRAND CHOIX DE FEUILLES DÉCALCOMANIE Boîtes complètes à 5 francs.

BAUCHU ET Cie, LIBRAIRES-ÉDITEURS

PARIS	LYON
rue Cassette, 31.	place Bellecour, 6.

Conférences prêchées aux dames, à Lyon, par M. l'abbé G. Mermillod, curé de Notre-Dame, à Genève. 2ᵉ édit. Un joli vol. in-18 jésus, broché.   3 fr. 50

Histoire de la Papauté au XVᵉ siècle, par M. l'abbé Christophe, chanoine de Lyon et de Nîmes. 2 vol. in-8.   14 fr.

La couronne de Marie, annales du grand Rosaire et du Rosaire perpétuel, rédigées par les RR. PP. Dominicains de Lyon et approuvées par Son Éminence le cardinal de Bonald, paraissant par numéro de 36 pages in-18 chaque mois. L'abonnement est de 2 fr. par an, et part du 1ᵉʳ janvier. 5ᵉ année.

Bibliothèque du saint Rosaire. Collection d'excellents ouvrages de piété, propres à tous les besoins spirituels, et faits par les RR. PP. Dominicains de Lyon. Cette collection s'augmente tous les jours.

CINQUIÈME PARTIE.
RENSEIGNEMENTS COMMERCIAUX.

ERNEST CARRÉ
ANCIENNE MAISON CAILLE
31, rue de Sèvres, à Paris.
COMMISSION — EXPORTATION

CHASUBLERIE
BRODERIE ET LINGERIE
D'ÉGLISE

Chasubles unies, brochées, brodées.
Chapes de toute couleur, brochées et brodées,
  Chapes forme romaine.
Ombrellino.
Tuniques ou Dalmatiques.
Dais brochés, brodés selon le rit romain.
Draps mortuaires, anacoste, velours, drap, etc.
Bourses à quêter, Bourses à custode.

Pavillons pour Saint-Ciboire.

Écharpes ou Voiles de bénédiction.

Grand choix de Bannières, Oriflammes, etc.

Ceintures soie, laine, pour Ecclésiastiques; Ceintures, Calottes, Cordons d'aubes pour enfants, Calottes, Rabats, Cordons d'aubes fil.

Grand choix de lingerie.

Aubes en tulle brodé, guipure, mousseline brodée.

Aubes en toile et batiste unie.

Aubes en mousseline, calicot, pour enfants.

Rochets en toile, batiste, calicots, etc.; Rochets brodés en tulle, etc.

Surplis en batiste.

Soutanes de chantre, anacoste, drap, etc., Soutanes rouges, noires pour enfants.

Robes de bedeaux.

Costumes de suisses et de bedeaux.

Nappes d'autel en tulle brodé, guipure, mousseline.

Grand choix de Broderies pour ornements pontificaux.

Mitres, Chapes, Gants, Bas, Tuniselle, etc.

Galons de soie, or mi-fin et fin.

Passementerie soie et or.

Étoffes de Lyon, brochées et unies.

CLOCHES D'ÉGLISE

ET

ACCESSOIRES DE MONTURES PERFECTIONNÉS

MAISON SPÉCIALE POUR CETTE FABRICATION

MÉDAILLES D'HONNEUR DE PREMIÈRE CLASSE
ET AUTRES AUX EXPOSITIONS FRANÇAISES ET ÉTRANGÈRES
DE 1823, 1827, 1834, 1839, 1844, 1849, 1855, 1861.

A. HILDEBRAND
FONDEUR DE S. M. L'EMPEREUR

DE LA PLUS GRANDE PARTIE DES ARCHEVÊCHÉS, ÉVÊCHÉS, CATHÉDRALES ET ÉGLISES DES DIOCÈSES DE FRANCE ET COLONIES

Membre de l'Académie de l'industrie française et du Lycée des arts et sciences.

Fournisseur du Gouvernement, Fondeur du grand carillon de la tour Saint-Germain l'Auxerrois (du Louvre) à Paris, composé de 40 cloches accordées chromatiquement, et dont la plus grosse pèse 2,000 kilog.

RUE DE LA CHOPINETTE, 13, A PARIS.

J'ai l'honneur de prévenir MM. les Curés et Maires que j'entreprends la fabrication et refonte des cloches d'église de toutes dimensions, l'établissement des sonneries en accord de la plus haute difficulté, aux notes déterminées à l'avance au diapason et le raccord des cloches neuves avec les anciennes que l'on désire conserver ; on est certain de trouver chez moi les garanties les plus sérieuses. — Toutes mes cloches sont établies avec le plus grand fini et perfection de fonte, d'après les meilleurs procédés de fabrication, basés sur une longue expérience pratique et théorique de cet art spécial, pour obtenir par les bonnes formes et proportions sans recours au tournage (*généralement nuisible à la sonorité*), la plus grande puissance de vibration et la plus belle harmonie, avec le moins de poids possible, et aux prix les plus réduits relativement à ces améliorations.

Fabrication spéciale de Montures et Accessoires de cloches, anciens et nouveaux systèmes perfectionnés, c'est-à-dire avec **Coussinets** simples à portée de bronze ou avec **Coussinets articulés**, de mon invention (BREVETÉS s. g. d. g.), le tout perfectionné de manière à rendre les cloches plus faciles à mouvoir, à en régulariser la sonnerie et à leur faire produire des sons beaucoup plus étendus et plus harmonieux.

Mon établissement, seul en France, fabrique les Coussinets articulés (BREVETÉS), à doubles secteurs de bronze et acier.

Appareils de suspension nouveaux, appelés à rendre d'immenses services pour les cloches d'un certain poids, difficiles à sonner en volée. A l'aide de ces Coussinets, dont la pose peut se faire par le premier ouvrier venu des localités, sur une indication écrite que je donne, un seul homme peut sonner une cloche de 4,500 kilogrammes en volée ; non-seulement cet appareil réduit d'une manière considérable la force à employer par l'ancien système pour mouvoir les cloches, mais par cette raison il diminue dans la même proportion les secousses ou ébranlements communiqués aux beffrois et édifices (*la comparaison peut s'établir ainsi : de la voiture posée sur l'essieu à celle suspendue sur ressorts*).

Entreprise de tous les travaux neufs ou de réparations concernant les sonneries. (Les églises qui auraient seulement besoin d'accessoires de montures neufs, c'est-à-dire de moutons, jougs ou hunes, battants, enfin tout ce qui s'adapte aux cloches, pourront en faire la demande et sont certaines d'être promptement et bien servies.)

Les fournitures notables faites par ma maison pour les églises de **Paris** sont : celles de la **Métropole Notre-Dame**, — de **Saint-Roch**, — **Saint-Eustache**, — **Saint-Thomas-d'Aquin**, — **Sainte-Clotilde**, — **Saint-Merry**, — **Saint-Nicolas-des-Champs**, — **Notre-Dame de Lorette**, — **Saint-Vincent de Paul**, — etc., — etc., — et quantité d'autres *paroisses* et *cathédrales* en France.

Toutes mes cloches sont en bronze composé de quatre cinquièmes de cuivre rouge et un cinquième d'étain. (*En dehors de ces métaux et alliage, on ne peut faire que de mauvaises cloches.*)

A. HILDEBRAND.

HAUTS FOURNEAUX ET FONDERIES DE BROUSSEVAL
Près Vassy (Haute-Marne).

DESFORGES ET FESTUGIÈRE FRÈRES
MAÎTRES DE FORGES.

1, RUE DU GRAND SAINT-MICHEL, A PARIS.

Monsieur le Curé,   Paris, le 20 février 1861.

Nous vous prions de fixer votre attention sur les objets en fonte de fer sommairement indiqués au tarif d'autre part ; si, pour l'extérieur, ils présentent solidité et durée, les avantages sont encore plus grands lorsqu'ils sont placés à l'intérieur des églises ; ainsi nos statues et chemins de la croix en fonte peinte et bronzée sont inaltérables et d'une durée infinie ; les plâtres, peintures et autres matières, au contraire, se décomposent et périssent par l'humidité ou la fraîcheur des monuments.

Sur votre avis, des dessins ou gravures vous seraient adressés *franco*.

Par nos soins, notre loyauté et notre exactitude, nous saurons toujours mériter la préférence de vos ordres.

Veuillez, Monsieur le Curé, agréer nos salutations respectueuses.

DESFORGES et FESTUGIÈRE frères.

PRIX COURANT A PARTIR DE PARIS :

OBJETS BRONZÉS :

Appui de communion n° 2256 de 0,71 de hauteur le mètre courant. 40 fr.
Plus-value de 20 fr. est comptée pour une porte à deux vantaux.

Chemins de la Croix :

	Grec.	Composite.	Roman.	Gothique.
N°s	2378	2377	2379	2376
les 14 Stations,	623 fr.	700 fr.	1,012 fr.	1,012 fr.
Christ de :	0 m. 08	0 m. 09	0 m. 10	0 m. 11	0 m. 12
la pièce :	0 fr. 80	0 fr. 95	1 fr. 12	1 fr. 20	1 fr. 40
Christ de :	0 m. 14	0 m. 15	0 m. 16	0 m. 17	0 m. 20
la pièce :	1 fr. 61	1 fr. 72	1 fr. 81	2 fr. 16	2 fr. 83
Christ de :	0 m. 21	0 m. 23	0 m. 24	0 m. 28	0 m. 30
la pièce :	3 fr. 33	4 fr. 11	5 fr. 11	5 fr. 67	5 fr. 67
Christ de :	0 m. 30	0 m. 38	0 m. 45	0 m. 48	0 m. 53
la pièce :	7 fr. 77	9 fr. 55	10 fr. 55	13 fr. 61	17 fr. 22
Christ de :	0 m. 58	0 m. 57	0 m. 70	0 m. 75	0 m. 85
la pièce :	19 fr. 45	33 fr. 35	40 fr.	60 fr.	73 fr. 35
Christ de :	0 m. 90	1 m.	1 m. 08	1 m. 40	1 m. 64
la pièce :	90 fr.	101 fr. 20	109 fr.	188 fr.	233 fr.
Christ de :	1 m. 85	2 m.
la pièce :	309 fr.	338 fr.

Le Christ de 2 m. est celui du Calvaire, n° 944.

Croix n° 1244, de 1 m. 20 avec Christ.   18 fr. 80
    d°   729, de 1   30 sans Christ.   11   »
Croix n° 729, de 1   30 avec Christ.   22   50
    d°   938, de 4   10 d°   d°   778   »

d°   1219, de 4 m. 29 d°   d°   1,115   »
d°   1219,   d°   sans Christ.   965   »
Croix en bois, Christ fonte du Calvaire, n° 944, 5 m. 75 de hauteur.   630 k.   737 fr.
Croix et socle en bois, Christ fonte du Calvaire, n° 944, 5 m. 75 de hauteur.   590   707
Croix en fer, Christ, sans autre accessoire, n° 944, 5 m. 75 de hauteur.   630   1212
Croix en fer, Christ, boule terrestre, serpent et un socle de fonte, 5 m. 75 de hauteur.   1343   2146
N° 944, Calvaire sans les marches ni les socles, 4 m. 45 h.   2078   4008
N° 944. Calvaire sans les marches, 5 m. 45 de hauteur.   3280   5205
d°   d°   complet, Croix en fer, le reste en fonte, 5 m. 75 de hauteur.   5090   7200
Entourages funéraires (pour une personne), n° 719, de 0 m. 90 sur 1 m. 90 de long.   53
Entourages funéraires (pour une personne), n° 1199, de 0 m. 90 sur 1 m. 90 de longueur.   »   184
Grille de chapelle ou Grille de chœur, n° 988, de 1 m. 46 de hauteur 100 fr. le mètre courant ; une plus-value reste à fixer pour la porte et les pilastres.

VASES MÉDICIS A OVES N° 310.

Hauteurs,   0 m. 35   0 m. 42   0 m. 46   0 m. 53   0 m. 58   0 m. 63
Prix (la pièce)   5 fr. 00   8 fr. 40   11 fr. 30   14 fr. 65   19 fr. 75   27 fr. 15

VIERGES IMMACULÉES.

Hauteurs,   0 m. 44   0 m. 57   0 m. 72   0 m. 97   1 m. 07
Prix (la pièce),   20 fr.   55 fr.   70 fr.   122 fr.   134 fr.
Hauteurs,   1 m. 10   1 m. 22   1 m. 49   1 m. 52   1 m. 97
Prix (la pièce),   156 fr.   245 fr.   475 fr.   475 fr.   1200

VIERGES MÈRES.

Hauteurs,   0 m. 34   0 m. 35   0 m. 47   0 m. 68   0 m. 89   1 m. 13
Prix (la pièce),   24 fr.   25 fr.   27   70   134 fr.   150 fr.
Hauteurs,   1 m. 25   1 m. 28   1 m. 65   1 m. 78   2 m.   2 m.
Prix (la pièce)   285 fr.   235 fr.   500 fr.   500 fr.   1115 fr.   1225 fr.
Statue de saint Jean-Baptiste, n° 945, 1 m. 72 haut. 623 fr. pièce.
Statue de saint Joseph, n° 3544, à m. 80 de hauteur. 265 fr. pièce.
Vierge Mater Dolorosa, n° 953, 2 m. de hauteur. 1225 fr. pièce.
Saint Jean, apôtre, n° 953, 2 m. de hauteur. 1225 fr. pièce.
Statuette de saint Jean-Baptiste, dessin du n° 945, 0 m. 38 h. la pièce. 32 fr.
Bénitier et Tronc, n° 1143, 0 m. 63 de hauteur, sur 0 m. 46 longueur, 95 fr. pièce.
Enfants en prière, n° 941, 0 m. 50 de haut. en zinc, 56 fr. pièce.
d°   n°s 816 et 905, 0 m. 43 de haut. 40 fr.
d°   n° 942, 0 m. 70 de hauteur, 144 fr. pièce.
Buste de saint Jean, apôtre, n° 1767, 50 fr. pièce.
Buste de saint André, apôtre, apôtre, n° 1769, 50 fr. pièce.
Les mêmes bustes sans console support, 34 fr.
Aux mêmes conditions, nous avons les bustes des dix autres apôtres.
Têtes d'ange simple face, n° 1227, 0 m. 11 de hauteur 0 fr. 80 pièce.
d°   n° 1281, 0 m. 18 hauteur, 4 fr. 50 pièce.
Lutrin, n° 1936, 2 m. 13 de hauteur sur 0 m. 69 de largeur, 514 fr.
Fonts Baptismaux, n° 3563, 223 fr. pièce.
Bénitier nouveau modèle, n° 1568, 25 fr. pièce.

NOTA. — On trouvera dans nos établissements des ornements religieux et funéraires très-variés.

Nous exécutons toutes pièces sur plans ou modèles.

DESFORGES ET FESTUGIÈRE FRÈRES
FONTE DE FER
4, rue du Grand Saint-Michel, à Paris.

DESFORGES ET FESTUGIÈRE FRÈRES
FONTE DE FER
4, RUE DU GRAND SAINT-MICHEL, A PARIS.

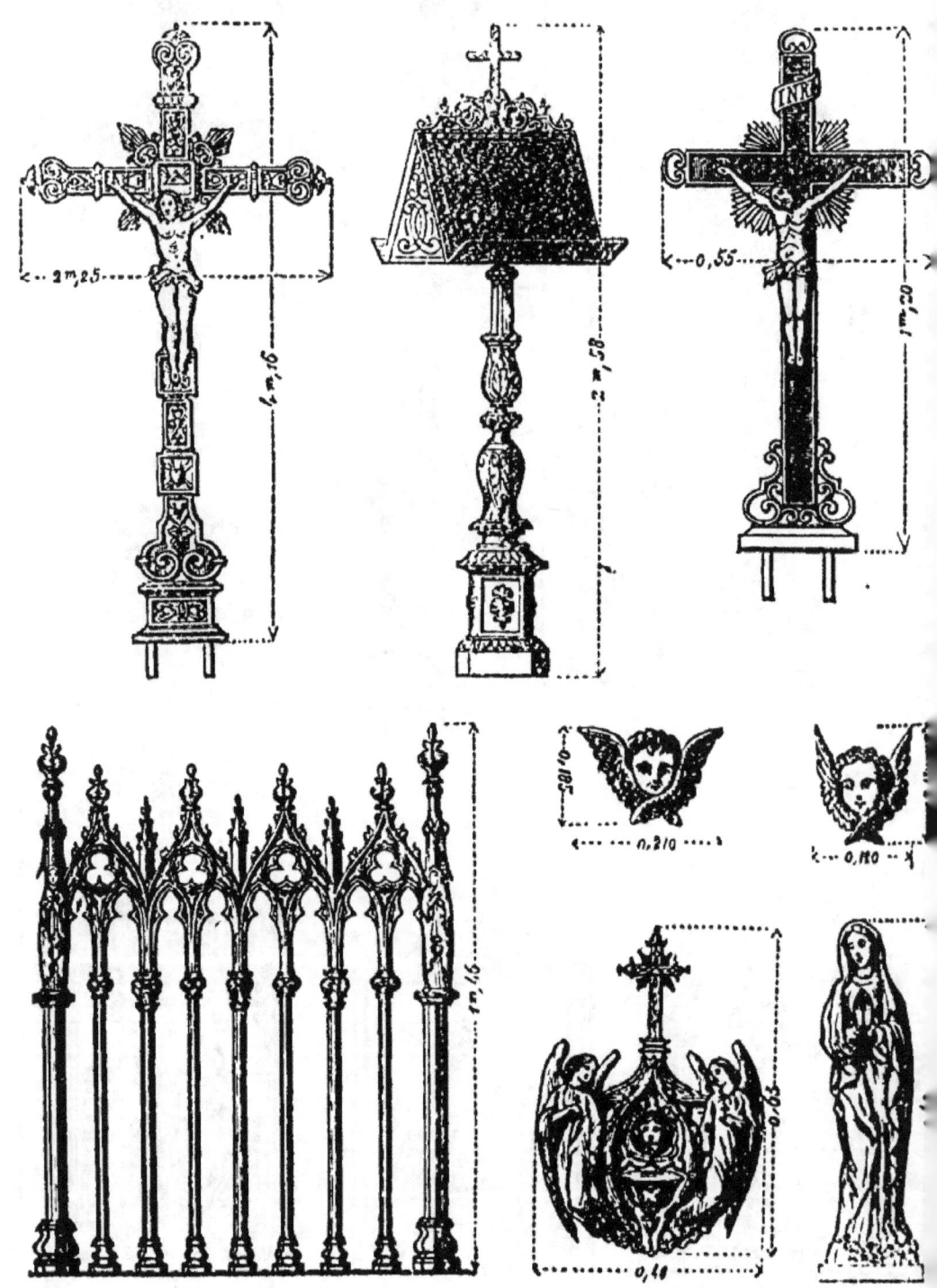

MAISON
BOUASSE-LEBEL

Magasins : 29, rue Saint-Sulpice.
Ateliers : 3, rue Garancière.

*Paris. — Londres. — Nantes. — Besançon.
Troyes. — Metz.*

SEPT MÉDAILLES ET UNE MENTION

IMAGES ET ESTAMPES RELIGIEUSES

Albums d'éducation.
LA JOURNÉE DE LA PETITE MARIE

STATUES ET STATUETTES plastiques imitant l'ivoire, métal imitant le bronze, bronze, carton-pierre, terre cuite, etc.

GROUPES ET STATUETTES RELIGIEUSES EN MÉTAL pour pendules de salons et de cabinets.

CHEMINS DE LA CROIX [1]

Quatre magnifiques collections en bas-relief avec cadres de tous styles, plâtre durci ou terre cuite, imitation de pierre ou décorées. — *Diverses dimensions pour chapelles ou grandes églises.*

Chemins de la Croix peints sur toile.

LE SAINT ROSAIRE

Collection nouvelle de quinze magnifiques bas-reliefs *destinés à être placés dans les chapelles de confréries.*

Le Même en belles photographies de trois formats différents, en gravure et lithographies.

Choix unique de Christs, canons d'autels, bijouterie religieuse, chapelets, médailles, objets pour récompenses et loteries de bienfaisance.

[1] NOTA. Nous adressons un album photographié reproduisant tous nos bas-reliefs aux personnes qui veulent en prendre connaissance. — Le port d'aller à la charge du correspondant, port de retour à notre charge.

MÉDAILLE D'OR

et brefs spéciaux

de N.S.P. le pape Pie IX.

A. W. SCHULGEN
ÉDITEUR
25, RUE SAINT-SULPICE,
PARIS.

Expositions universelles
Paris 1855,
Londres 1862.
Médailles de 1re classe.

DÉPÔT CENTRAL DE LA SOCIÉTÉ DE DUSSELDORF POUR LA PROPAGATION DE BONNES GRAVURES RELIGIEUSES DE L'ÉCOLE D'**Overbeck**.

IMAGERIE RELIGIEUSE ET ARTISTIQUE ALLEMANDE, honorée d'une médaille d'or et de deux brefs par N. S. P. le pape Pie IX.

GRANDES GRAVURES ET ALBUMS DIVERS

D'après les anciens et les nouveaux maîtres chrétiens.

TABLEAUX D'ÉGLISE PEINTS A L'HUILE

D'après les premiers maîtres de l'école d'Overbeck, etc.

Spécialité de Chemins de Croix

Peints à l'huile en toute dimension et imprimés en couleurs à l'huile directement sur toile. *Compositions de* **FUHRICH, FORTNER**, etc. *Trois prix différents suivant la perfection du travail.*

ENCADREMENTS DIVERS.

Prix très-modérés d'après la valeur artistique des tableaux.

PEINTURES ET DESSINS ORIGINAUX
COMMISSION

Par ses rapports continuels et en partie intimes avec de bons artistes de différents degrés et toujours consciencieux, la Maison se trouve spécialement à même d'intermédier pour l'acquisition de capacités convenables, pour l'exécution de toute œuvre d'art, soit peintures originales, monumentales et pure toile ; dessins, gravures en tout genre, sculptures, etc., etc., Les personnes qui veulent honorer la Maison de leur confiance seront toujours satisfaites par une prompte exécution de leurs ordres ou par d'utiles avis.

LE CATALOGUE EST ADRESSÉ *FRANCO*.

EXTRAIT DU CATALOGUE

Collections de petites gravures religieuses et artistiques, en noir et en couleur, dentelles et feuilles simples. Plus de 1,200 sujets in-32, in-18, in-8, in-4, à 10 c., 20 c., 25 c., 50 c., etc.

Nouvelle série de photographies dite *Cartes de visite*, reproduction des grands sujets les plus estimés des maîtres allemands.
La carte, 1 »
La douzaine, 9 »

Souvenirs de première communion. Trois compositions différentes: gr. in-8 à 35 c.; petit in-fol. à 60 c. et à 75 c.

Le Catéchisme en images, dessiné par G. R. Elster, et gravé par H. Brend'amour, sous la direction de l'abbé M. B. COUISSINIER. 112 gravures sur bois, avec un texte explicatif.

Dix archevêques (dont cinq cardinaux) et vingt-deux évêques ont recommandé cet ouvrage, et la vente rapide de cinquante mille exemplaires en éditions française, allemande, anglaise et hollandaise, rend le plus éclatant témoignage de la valeur artistique et de l'utilité de ce livre.

PRIX DE L'OUVRAGE :

Édition de luxe, tirage à deux teintes, grand in-8, broché, 6 fr.
La même, reliée en toile anglaise, 8 fr.
La même, reliée en toile anglaise, dorée sur tranches, 9 fr.
La même, reliée chagrin, dorée sur tranches, 14 fr.
Édition populaire, format in-12, broché, 1 fr.
La même, format in-12, cartonnage riche (en bradelle), 1 fr. 50
La même sur papier plus fort, tirage soigné, in-8, broché, 2 fr. 50
La même, reliée en toile anglaise, 4 fr.
La même, reliée en toile anglaise, dorée sur tranches, 5 fr.

SCHNORR. — Illustrations de la Bible, 250 gravures sur bois, grand in-8, exécutées en fac-similé par les premiers graveurs de l'Académie de Dresde, avec texte explicatif extrait de l'Écriture.

Édition de luxe, à grandes marges, sur teintes de Chine, 70 fr.
La même, en demi-reliure, plats toile, tranches dorées, 100 fr.
La même, reliure chagrin, tranches dorées, 110 fr.
Édition populaire sur blanc, en dix livraisons, complète, 40 fr.
La même, en demi-reliure, plats toile, 50 fr.
La même, en demi-reliure, plats toile, tranches dorées, 52 fr.

Chemin de la croix, d'après les fresques de J. Fuhrich, à Vienne, gravé par Pétrac, 28 sur 21 cent., sans les marges, petit in-folio, 50 fr.
Le même en couleur, 100 fr.
— 12 sur 9 1/2 centimètres sans les marges, in-8, 5 fr.
Le même en couleur, 15 fr.
— grand in-folio (paraîtra au mois de décembre 1864).

Chemin de la croix, d'après les peintures de Fortner à Munich, imprimé en couleurs à l'huile directement sur toile, et imitant parfaitement la peinture à la main, très-beaux dessins, monté sur châssis à clefs. 88 sur 65 centim., prix, 500 fr.
Le même avec retouches au pinceau, 600 fr.

ENCADREMENTS DIVERS.

Missel romanum, exécuté en style gothique à Vienne (Autriche), d'après les plus beaux manuscrits du XIVe et du XVe siècle.
Édition en trois couleurs, grand in-folio, broché, 125 fr.
Reliures spéciales, dans le style de l'époque, depuis 100 fr. jusqu'à 225 fr.

Ce livre, qui est un chef-d'œuvre de typographie et un monument d'art chrétien, a paru sous le patronage de l'ÉPISCOPAT ALLEMAND. N. S. P. LE PAPE PIE IX lui a accordé la médaille d'or, et tous NN. SS. les Évêques de France lui ont décerné des témoignages écrits de leur admiration.

CANONS D'AUTEL.

Album d'Overbeck, représentant quarante scènes de l'Évangile, texte latin-allemand et français-anglais.
L'ouvrage complet sur blanc, 80 fr.; sur chine, 120 fr.

C. BERTIN, ÉDITEUR D'ESTAMPES-IMAGES ET LIBRAIRE RELIGIEUX
A PARIS, 6, RUE SAINT-SULPICE.

GRAND CHOIX D'IMAGES SURPRISES en dentelles, noires, coloriées, pailletées, peintes à la main sur papier de riz, soie moire, depuis 25 c. jusqu'à 12 fr. la douzaine. DE PLIANTS, imitation bois sculpté, 32 sujets variés.

MOIS DE MARIE et Chemin de la Croix. Catéchisme en images, broché, relié, 56 sujets.

NOUVEAU TESTAMENT DE N.-S. J.-C. 66 sujets. La collection se vend en dentelle ou reliée-brochée. Douze petits volumes en images, à 6 fr. la douzaine.

MOIS DE MARIE, Année première Communion, Chemin de la Croix, etc.

CACHET DE COMMUNION pour encadrer, 4 formats.

SOUVENIRS DE COMMUNION, petite fille et garçon habillés, en image ou encadré.

CINQUANTE PÈLERINAGE FRANÇAIS. La suite continue. VINGT-TROIS PORTRAITS de nos évêques.

GRANDES IMAGES pour récompense de catéchisme, pour mettre dans les analyses ou encadrer. Estampes religieuses gravées au burin sur acier.

CŒUR DE N.-S. J.-C. de la très-sainte Vierge. Collection de photographies d'après les maîtres.

CHAPELETS, SCAPULAIRES, STATUETTES, PLASTIQUE, BISCUIT.

CHEMINS DE LA CROIX pour chapelle ou église, depuis 80 francs, tout encadrés.

GRAND CHOIX DE FEUILLES DÉCALCOMANIE. Boîtes complètes à 5 francs.

BAUCHU ET Cie, LIBRAIRES-ÉDITEURS

PARIS	LYON
rue Cassette, 31.	place Bellecour, 6.

Conférences prêchées aux dames, à Lyon, par M. l'abbé G. Mermillod, curé de Notre-Dame, à Genève. 2e édit. Un joli vol. in-18 jésus, broché.   3 fr. 50

Histoire de la Papauté au XVe siècle, par M. l'abbé Christophe, chanoine de Lyon et de Nîmes. 2 vol. in-8.   14 fr.

La couronne de Marie, annales du grand Rosaire et du Rosaire perpétuel, rédigées par les RR. PP. Dominicains de Lyon et approuvées par Son Éminence le cardinal de Bonald, paraissant par numéro de 36 pages in-18 chaque mois. L'abonnement est de **2 fr.** par an, et part du 1er janvier. **5e année.**

Bibliothèque du saint Rosaire. Collection d'excellents ouvrages de piété, propres à tous les besoins spirituels, et faits par les RR. PP. Dominicains de Lyon. Cette collection s'augmente tous les jours.

LIBRAIRIE CATHOLIQUE DE P.-J. CAMUS,
RUE CASSETTE, 20.

Vies des Saints pour tous les jours de l'année (ou les saints protecteurs), avec Sentences, Oraisons et Pratiques. — Nouvelle édition, entièrement refondue, ornée de 400 gravures sur acier faites sur des dessins nouveaux, publiée sous la direction de plusieurs ecclésiastiques. — A l'usage des séminaires, communautés, pensionnats, confréries, catéchismes, et de tous les fidèles, pouvant être coupés et distribués chaque mois.

PETIT FORMAT IN-32, *franco*, **6 fr.**

Nouvelle édition désirée depuis longtemps, aussi a-t-elle été accueillie favorablement et adoptée partout.

Les Délices de la piété. Culte de la très-sainte Vierge, par le T. R. P. Ventura. 1 beau volume grand in-18.   3 fr. 50

Le Directeur de l'enfance, méthode pour confesser et instruire les enfants depuis l'âge de raison jusqu'à la communion, par M. l'abbé Ody. 1 vol. in-12.   3 fr.

Cet ouvrage est le plus complet sur cette matière.

Marie vient à notre secours dans tous nos besoins. Suite de 31 lectures disposées pour un mois de Marie, avec plus de 300 traits historiques, par J. Darche, auteur de l'Imitation de saint Liguori. 1 gros vol. in-18, orné d'une gravure.   2 fr.

Le Mois des Âmes du Purgatoire, traduit par M. l'abbé de Valette. 1 vol. in-18.   80 c.

Monument à la gloire de Marie. Litanies de la très-sainte Vierge illustrées. 1 beau vol. grand in-8, papier *cavalier* vélin, orné de 58 gravures sur acier représentant chacune des invocations des *litanies*, accompagné d'une méthode, par M. l'abbé E. Barthe. Prix, *franco*.   18 fr.

Relié demi-chagrin D. S. T.   24 fr.

Nouvel office de l'Immaculée-Conception, latin et français. 1 fort vol. in-18.   1 fr. 50

Les Sentences de l'amour divin. 1 vol. in-18.   80 c.

L'humilité enseignée par saint Vincent de Paul et M. Olier. In-32.   25 c.

Les trois scapulaires du Carmel, de l'Immaculée-Conception et de la Passion, broch. in-18.   15 c.

Imagerie religieuse de l'Immaculée-Conception de Notre-Dame des Victoires.

H. CASTERMAN
ÉDITEUR

PARIS	TOURNAI
66, rue Bonaparte.	11, rue aux Rats.

La MAISON CASTERMAN, dont le chef a été honoré de la bénédiction pontificale par autographe de Sa Sainteté, et plus tard d'une médaille d'or grand modèle, a ses ateliers d'imprimerie, stéréotypie, galvanoplastie, brochure et reliure à **Tournai** (Belgique). Elle a deux succursales, l'une à PARIS, l'autre à LEIPZIK, aux adresses ci-dessus, et un dépôt à BRUXELLES, à la librairie de HAENEN, 8, *rue des Paroissiens*.

Cette Maison publie un nombre considérable de livres en tous genres, mais exclusivement écrits au point de vue catholique. Elle s'occupe d'une manière spéciale d'éditer dans le vaste cadre d'une **Bibliothèque internationale catholique** les meilleures traductions des ouvrages qui paraissent chaque année à l'Etranger.

Le Catalogue des éditions Casterman dépasse aujourd'hui le chiffre de 1,400. Sous le titre de **Bibliologue international catholique**, cette Maison publie gratuitement une Revue mensuelle de bons livres avec de courts aperçus pour éclairer le public sur leur mérite et leur but.

La MAISON DE PARIS tient en dépôt les publications *anglaises*, *italiennes* et *allemandes* des éditeurs catholiques de ces contrées, et les splendides *éditions liturgiques* de M. PUSTET, de Ratisbonne, qui, pour la troisième fois déjà, a reçu du Souverain Pontife des témoignages d'encouragement pour ses beaux Missels et ses Bréviaires, qui n'ont guère de rivaux dans l'art typographique.

FABRIQUE SPÉCIALE
DE
BRONZES ET ORFÈVRERIE

PICARD
RUE DE SEVRES, 8, A PARIS

BRONZES

Chandeliers et Croix d'autel de tous les styles, Croix de procession et Croix à reliquaires, Chandeliers d'acolytes, Candélabres de tous genres pour saluts et pour bouts d'autels à bouquets ronds ou en éventail, et en branches de lis sur pieds et sur vases, Lampes, Encensoirs, Bénitiers, Lustres avec ou sans cristaux, Couronnes de lumières style roman, Tabernacles de tous genres en bronze et en bois doré, Expositions en branches de lis surmontées d'une couronne pierreries, Portes de tabernacles et Appliques de devant d'autel, Châsses reliquaires de toutes grandeurs en bronze et en bois doré, Ostensoirs façon orfèvrerie en bronze doré ou argenté, Custode vermeil, Bras d'autel et de tabernacle, etc., etc.; Souches blanches et décorées de toutes grandeurs.

ORFÈVRERIE

Calices, Burettes, Ciboires de tous styles en argent et vermeil. Ostensoirs de toutes grandeurs, Ostensoirs style byzantin à rosaces avec pierreries, Encensoirs, Bénitiers et Lampes en argent, Croix de procession, Custodes, Boites aux Saintes-Huiles, Instruments de paix, Crosses d'évêque, Aiguières, Vases au Saint-Chrême, Croix pectorales et Anneaux d'évêque, etc., etc.

Cette Maison n'employant aucun voyageur, on est prié d'adresser directement, rue de Sèvres, 8, les commandes ou demandes de renseignements.

CH. BLÉRIOT, libraire-éditeur, 55, quai des Grands-Augustins, Paris.

OUVRAGES RECOMMANDÉS

Aux lecteurs de l'OUVRIER, aux directeurs de bibliothèques paroissiales et aux propagateurs de bons livres.

ENTRETIENS POPULAIRES SUR L'HISTOIRE DE FRANCE,

Par Mathurin BLANCHET, vigneron à Saint-Julien-du-Sault, publiés et mis à jour par M. A. LABUTTE. Un beau vol. in-12. 2 fr.

ERREURS ET MENSONGES HISTORIQUES.

La papesse Jeanne. — L'Inquisition. — Galilée, martyr de l'Inquisition. — Les Rois fainéants. — L'usurpation de Hugues-Capet. — La Saint-Barthélemy. — L'Homme au masque de fer. — Le père Loriquet. L'évêque Virgile et les Antipodes. Par M. Ch. BARTHÉLEMY. Un beau vol in-12. Deuxième édition. 2 fr.
Ouvrage honoré d'un bref de Sa Sainteté Pie IX.

ERREURS ET MENSONGES HISTORIQUES.

Deuxième série. Contenant : Calas. — Courbe la tête, fier Sicambre. — Paris vaut bien une messe. — Les lettres et le tombeau d'Héloïse et d'Abeilard. — La révocation de l'édit de Nantes. — Bélisaire. — Marie Tudor. — Les enfants de Nemours. — Philippe Auguste à Bouvines. — Salomon de Caus. Par M. Ch. BARTHÉLEMY. Un beau vol. in-12. 2 fr

ÉTUDES HISTORIQUES POUR LA DÉFENSE DE L'ÉGLISE.

Par Léon GAUTIER. Ouvrage recommandé par Monseigneur de Ségur. 1 vol. in-12. 2 fr.

HISTOIRE COMPLÈTE DE LA POLOGNE.

Depuis ses origines jusqu'à nos jours, par C.-F. CHEVÉ. 2 forts volumes in-12. 4 fr.

LA LÉGENDE D'ALI.

Suivie d'ATHANATOPOLIS, par Eugène DE MARGERIE. 1 vol in-12. 2 fr.

FASTES ET LÉGENDES DU SAINT-SACREMENT

Par J.-M. DE GAULLE. Cet ouvrage remarquable et utile à tous est propagé par l'œuvre de Mgr de Ségur. 1 fort vol. in-12. 3 fr.

RÉMINISCENCES D'UN VIEUX TOURISTE.

Par Eugène DE MARGERIE. Deuxième édition. 1 vol. in-12. 2 fr.

LES MISÉRABLES D'AUTREFOIS.

Par Maurice LEPREVOST. Deuxième édition. 1 vol. in-12. 2 fr.

HISTOIRE POUR TOUS.

Par Mademoiselle Zénaïde FLEURIOT (Anna Edianez), 1 vol. in-12. 2 fr.

LETTRES SUR LA VIE D'UN NOMMÉ JÉSUS.

Selon M. E. RENAN, membre de l'Institut, par Jean LOYSEAU, cordonnier. Septième édition. 1 vol. in-12. 2 fr.

LES PHILOSOPHES CONVERTIS

Etude de mœurs au XIX⁰ siècle. 1 vol. in-12. 2 fr.

Cet ouvrage est écrit avec la même verve entraînante que les Lettres sur la vie d'un nommé JÉSUS; il a sa place marquée dans toutes les bibliothèques.

BIBLIOTHÈQUE USUELLE DES VILLES ET DES CAMPAGNES

Par GILLET-DAMITTE

Amendements et engrais, ou l'art de fertiliser les terres. Ce volume fournit, en substance, l'enseignement agricole actuellement donné par la science, sur les moyens les plus simples et les plus économiques d'améliorer le sol de manière à en obtenir des produits avantageux. 1 vol. in-12. 30 c.

Art des feux d'artifice ou pyrotechnie. Ce volume, accompagné d'une planche explicative, expose avec méthode et à la portée de tout le monde la manière de faire soi-même, à bon marché, toutes les pièces qui entrent dans la composition d'un feu d'artifice. 1 vol. in-12, avec planche. 35 c.

Petit manuel de la bonne cuisine économique et simplifiée. Rédigé d'après des notes fournies à l'auteur par un amateur de bon goût, sous le contrôle de plusieurs dames capables dans l'administration d'une maison, il offre à toutes les bonnes ménagères aussi bien qu'aux fidèles servantes, les moyens de préparer tous les aliments; malgré le cadre resserré de ce volume, l'auteur a pu réussir à embrasser toutes les parties essentielles de l'art culinaire et à donner 240 recettes diverses aussi simples que faciles à exécuter. 1 vol. in-12 30 c.

Le succès de ce petit volume a été prodigieux ; un de nos abonnés nous écrivait il y a peu de jours : « Votre *Bonne Cuisine* résout un problème en apparence insoluble, faire une cuisine succulente et saine à peu de frais. »

Hygiène de la table ou propriété des aliments par rapport à l'économie domestique et à la santé. 1 vol. in-12. 30 c.

Petit manuel d'économie domestique, in-12. 30 c.

La collection des cinq volumes parus de la Bibliothèque usuelle sera expédiée franc de port à tous ceux qui nous enverront 1 fr 50 c.

VIES DES SAINTS DE L'ATELIER.

Vie de S. Théodote, cabaretier, par Roger de Beaufort; prix franco. 25 c.

Trois francs la douzaine avec treizième gratis.

Vie de S. Joseph, patron des charpentiers, par Michel Cornudet: prix franco. 25 c.

Trois francs la douzaine avec treizième gratis.

Vie de S. Galmier, serrurier, par Roger de Beaufort ; prix : 10 centimes et franco par la poste. 15 c.

La douzaine avec treizième gratis, prise au bureau.   1 fr. 20 c.
Et franco par la poste.   1 fr. 80 c.

Vie de S. Eloi, patron des orfèvres, par Ozanam ; prix : 10 centimes et franco par la poste.   15 c.
La douzaine avec treizième prise au bureau.   1 fr. 20 c.
Et franco par la poste.   1 fr. 80 c.

Vie de S. Marcel. Prix : 10 c., et franco.   15 c.
La douzaine avec treizième prise au bureau.   1 fr. 20 c.
Et franco par la poste.   1 fr. 80 c.

Vie de S. Aquilas, corroyeur ; prix : 15 c. et franco.   20 c.
La douzaine avec treizième prise au bureau.   1 fr. 80 c.
Et franco par la poste.   2 fr. 40 c.

Vie de S. Médard, patron des laboureurs ; prix : 15 c., et franco. 20 c.
La douzaine avec treizième prise au bureau.   1 fr. 80 c.
Et franco par la poste.   2 fr. 40 c.

UNE CHAIRE DE VILLAGE.

Ou Choix d'Instructions, d'exhortations et d'allocutions composées pour une paroisse rurale par l'abbé Paul SAUSSERET. 2 vol. in-12.   6 fr.

DE L'ÉDUCATION.

Discours prononcés aux distributions des prix de son établissement, par l'abbé POULLET, supérieur de Saint-Vincent à Senlis. 1 vol. 3 fr. 50 c.

MÉMORIAL DE LA VIE CHRÉTIENNE.

D'après le *Memoriale vitæ sacerdotalis*, adapté à l'usage des fidèles, par M. l'abbé DUPONT 1 vol. in-18.   2 fr.

L'ANGE CONSOLATEUR DANS LES PEINES DE LA VIE.

Par M. l'abbé V. POSTEL. 1 vol. in-18.   1 fr

LES PREUVES DE LA RELIGION.

Présentées à la jeunesse par BALMÈS, traduction POSTEL. Deuxième édition française. 1 vol. in-18.   60 c.

MÉMOIRES D'UN DÉPORTÉ A LA GUYANNE FRANÇAISE.

Par M. de LAMOTHE. Cinquième édition. 1 vol. in-18.   60 c.

MEALECH.

Ou le Livre du pauvre, par Louis TESTI. In 32.   50 c.

LE PSAUTIER DE MARIE.

Par Louis TESTI. In 32.   50 c.

LE TRÉSOR DE L'ENFANT PIEUX.

Recueil des principales indulgences.   10 c.
La douzaine 1 fr. 20 c. et le treizième gratis.

LE SACREMENT DE PÉNITENCE.

Facilité aux enfants, par M. l'abbé LAFFINEUR.   15 c.
La douzaine 1 fr. 50 c. et le treizième gratis.

LA MÈRE DE DIEU.

Ou le Culte de Marie présenté à l'esprit et au cœur, d'après les Saints Pères, par M. l'abbé TURQUAIS. 1 vol. in-12.   1 fr. 50 c.

LE MOIS DE MARIE DES ENFANTS.

Principalement pour l'année de la première Communion, par M. l'abbé LAFFINEUR. Deuxième édition. 1 vol. in-18, beau papier, br. 1 fr. 25 c. Bas. chag. d. s. t. 2 fr. 75 c. — Chag. gauffré d. s. t. 2 fr. 25. — En envoyant le montant de six exemplaires de cet ouvrage, on recevra un septième exemplaire gratis.

STAUROPHILE.

Ou la Voie royale de la Croix, par dom Benoît HAEFTEN d'Utrecht, traduite du latin par M. l'abbé CREPON, Chanoine d'Angers, 1 vol. in-12.   3 fr.

LA LAMPE DU SANCTUAIRE.

Par le cardinal WISEMAN. In-18.   50 c.

LA MÉDITATION.

Ou le Chrétien sanctifié par la pratique de l'Oraison mentale, par le R. P. CHAIGNON, S. J. 2 forts vol. in-18.   7 fr.

BAS LES MASQUES

Quatrième édition par Jean LOISEAU. 1 volume de la Collection verte prix :   2 fr.

Toute demande de 20 francs de livres donnera droit en sus, gratis et à titre de prime, à CINQ FRANCS de livres choisis dans le présent Catalogue.

Nos envois seront expédiés francs de port.

Toutes les demandes doivent être adressées à M. BLÉRIOT, gérant de *l'Ouvrier*, 55, quai des Grands-Augustins, à Paris.

Nous prions instamment nos Abonnés de nous indiquer la gare ou le bureau de messagerie le plus rapproché de leur domicile.

LIBRAIRIE DE C. DILLET, ÉDITEUR,
15, rue de Sèvres, à Paris.

LUDOLPHE LE CHARTREUX

LA GRANDE VIE DE JÉSUS-CHRIST
TRADUCTION NOUVELLE ET COMPLÈTE
PAR DOM M. P. AUGUSTIN

6 beaux vol. in-8. — Caractères neufs, papier glacé. — Prix : 36 fr. *franco*.

Le premier volume de ce remarquable ouvrage était à peine paru que toute la presse religieuse lui a rendu hommage et l'a défini comme étant le meilleur livre le plus intéressant, le plus complet et le plus pieux qui ait été publié sur la vie de Notre-Seigneur; voici, dans une lettre à l'éditeur, l'opinion du R. P. Félix :

« Paris, 22 Juillet 1864.

Cher Monsieur Dillet,

J'ai trop tardé peut-être à vous remercier de l'hommage que vous avez bien voulu me faire de votre premier volume de la *Grande Vie de Jésus*, par LUDOLPHE LE CHARTREUX. Je voulais, avant de vous offrir mes remerciments, connaître un peu par moi-même cet excellent ouvrage, pour vous dire au moins l'impression que j'en aurais reçue. Cette impression est celle que vous avez dû éprouver vous-même, et qu'éprouveront infailliblement toutes les âmes sensibles à tout ce qui touche directement à Notre-Seigneur Jésus-Christ : c'est une impression d'édification. On sent couler à pleins bords, dans ce pieux et intéressant ouvrage, la pure sève du christianisme ; et c'est à la lettre un livre plein de Jésus-Christ. De là le charme qui s'y attache et le profit qu'on en peut retirer. Il est, en effet, doux et profitable tout ensemble de voir dans ce beau livre comment pensaient et parlaient au moyen âge, de la personne et de la vie de Jésus-Christ, les hommes supérieurs de notre grand âge chrétien; cela console et dédommage des insolences et des scandales de certains livres de ce temps. La *Vie de Jésus* de M. Renan, l'académicien, est à la *Grande Vie de Jésus* de Ludolphe le Chartreux ce que l'erreur est à la vérité, ce que la nuit est au jour, et ce que la mort est à la vie. Mais, pour bien juger ce livre, à mon avis, ce n'est pas assez de le lire, il faut le goûter ; et il ne suffit pas de s'en faire un amusement, il faut s'en faire une nourriture. C'est par la méditation plus que par la lecture qu'on sent tout ce qu'il y a de suave et en même temps de fort dans cet aliment substantiel offert aux âmes chrétiennes par le savant et pieux auteur de la *Grande Vie de Jésus*.

« Aussi ai-je voulu en faire l'expérience personnelle avant de vous en dire mon avis, et j'ai acquis la conviction que beaucoup d'âmes puiseront dans la méditation recueillie de cet admirable livre le plus puissant ressort de la vie chrétienne, à savoir : la connaissance, l'amour et l'imitation de Jésus-Christ. L'heure est venue de ramener les générations nouvelles aux vraies sources de la piété chrétienne. Sous ce rapport, en publiant sans la diminuer la *Grande Vie de Jésus*, vous nous rendez un important service, et tous les vrais chrétiens vous en seront reconnaissants . . . .

« Agréez, cher Monsieur, etc.   « J. FÉLIX, S. J. »

La même librairie publie un grand choix d'excellents ouvrages, destinés aux familles et aux bonnes bibliothèques.

LIBRAIRIE DE C. DILLET, ÉDITEUR, 15, RUE DE SÈVRES

MESSAGER DE LA SEMAINE ILLUSTRÉ
JOURNAL DE TOUT LE MONDE
DONNANT PAR AN PLUS DE 200 JOLIES GRAVURES SUR BOIS
PARAISSANT TOUS LES SAMEDIS

Par livraison de 10 pages (plus de 1900 colonnes de texte chaque année)

Ce petit journal est le plus varié et le plus intéressant de ceux du même genre ; sa rédaction et ses gravures sont toujours irréprochables.

SOMMAIRE :

TEXTE :
1° Chronique hebdomadaire sur les événements et les questions du jour. — 2° Discussion des intérêts religieux et charitables. — 3° Récits historiques. — 4° Nouvelles morales et romans par les plus célèbres écrivains catholiques. — 5° Economie domestique, hygiène. — 6° Revues scientifiques, industrielles et d'agriculture. — 7° Mélanges et Faits divers.

GRAVURES :
Actualités, Scènes de romans, Portraits, Principaux instruments d'agriculture et machines.

PARIS ET DÉPARTEMENTS : PAR AN, 7 FR.
ÉTRANGER : 10 FR.

Les abonnements partent du 1er de chaque mois.

On souscrit à Paris chez C. DILLET, 15, rue de Sèvres, et chez tous les libraires des départements.

LIBRAIRIE DE GAUME FRÈRES ET J. DUPREY, ÉDITEURS, RUE CASSETTE, 4.

Connue de tout le clergé français par ses magniques éditions des Œuvres de saint Chrysostome, de saint Basile, de saint Augustin et de saint Bernard, cette librairie a publié la plupart des ouvrages du P. Ventura, de M. Louis Veuillot, et tous ceux de Mgr Gaume, de l'abbé Huc et de l'abbé Rohrbacher. Elle met en vente en ce moment la 4e édit., en 15 vol. gr. in-8, de l'*Histoire de l'Église* de cet auteur, et termine l'importante publication du *Dictionnaire encyclopédique de la théologie catholique*, traduit de l'allemand par l'abbé Goschler.

La grande *Histoire de France* de M. Gabourd, en 20 vol. in-8, est terminée. Les éditeurs publient une *Histoire de Paris*, en 5 vol. in-8, du même auteur, que nous recommandons particulièrement aux ecclésiastiques qui visitent la capitale.

MM. les ecclésiastiques trouveront en outre à la même librairie un grand assortiment d'ouvrages théologiques, philosophiques, historiques, littéraires, des livres de piété nombreux et une collection très-variée de livres pour l'enfance.

LIBRAIRIE GIRARD ET JOSSERAND

PARIS	LYON
rue Cassette, 5.	place Bellecour, 30.

Défense de l'Église contre les erreurs historiques de MM. Guizot, Aug. et Am. Thierry, Michelet, Ampère, Quinet, Fauriel, Aimé Martin, etc., par l'abbé J.-M.-S. Gorini, chanoine honoraire de Belley. 3ᵉ édition, augmentée d'une Notice biographique sur l'Auteur. 4 beaux volumes in-8. — Prix : 24 fr.

Mélanges littéraires extrait des Pères latins, avec traduction en regard. Ouvrage posthume de l'abbé Gorini. 4 volumes in-8. — Prix net, 28 fr.

Le Tome I a paru. — On fait la remise en exemplaires, il 6/5 ou 13/10.

Soirées chrétiennes. — **Explication du Catéchisme** par des comparaisons et des exemples, par M. l'abbé Gridel, vicaire général de Nancy. 3ᵉ édition revue et augmentée de plus de quatre-vingts historiques, approuvé par Mgr l'évêque de Nancy. 6 beaux volumes in-12. — Prix, 14 fr.

DU MÊME AUTEUR : **Cours d'Instructions religieuses,** ou exposition courte, suivie et raisonnée de la doctrine chrétienne, pour lectures du soir pendant le Carême, avec une Prière et un Exemple pour chaque jour, approuvé par Mgr l'évêque de Nancy. 2 beaux volumes in-12. — Prix. 6 fr.

DU MÊME AUTEUR : **Instructions sur les Sacrements.** 5 volumes in-12. — Prix. 15 f.

Le grand don de Dieu à la terre. — **Cours complet de Religion,** comprenant le dogme, la morale, les sacrements et la liturgie, ouvrage servant de développement à l'*Atlas catholique,* par M. l'abbé Monnier, ancien curé de canton, aumônier de la Providence de Mâcon, approuvé par Son Éminence Mgr le Cardinal-Archevêque de Lyon, et par Sa Grandeur Mgr l'Évêque d'Autun. 4 beaux volumes in-12. — Prix. 14 fr.

Méditations sur les vérités de la Foi et de la Morale pour tous les jours de l'année, par le R. P. Kronst, avec un choix de celles du P. Dupont. Deuxième édition entièrement revue, augmentée et mise en meilleur ordre, approuvé par NN. SS. les Évêques de Belley et de Gap. 5 volumes in-12. — Prix. 14 fr.

LIBRAIRIE DE HENRI ANIÉRÉ
Rue Dupuytren, 4, à Paris.

Toute demande accompagnée d'un mandat sur la Poste sera expédiée FRANCO.

EXPLICATION LITTÉRALE ET MORALE
DES
ÉPITRES ET ÉVANGILES
DES DIMANCHES ET DES PRINCIPALES FÊTES DE L'ANNÉE
DES FÉRIES DE L'AVENT
Et de tous les jours de Carême

Avec des notions liturgiques où l'on expose la raison et les origines des principales cérémonies de l'Eglise catholique,

PAR M. L'ABBÉ A. GUILLOIS

Quatrième édition, revue avec le plus grand soin, précédée d'une Exposition apologétique des dogmes de l'Eglise et enrichie d'un grand nombre d'articles nouveaux.

2 vol. in-12, brochés : 6 fr.

Ouvrage approuvé par Mgr Ferd.-Fr.-Aug. Donnet, *archevêque de Bordeaux et par* Mgr Cl.-Hip. Clausel de Montals, *évêque de Chartres.*

Voulant remédier aux inconvénients des traductions des livres saints publiés sans aucune explication, M. l'abbé Guillois s'est proposé d'expliquer les paroles du Sauveur et des apôtres, en donnant à ses commentaires plus ou moins d'étendue, suivant les sujets. Cet ouvrage est plein de recherches intéressantes et souvent curieuses. Il y a dans ses commentaires beaucoup de concision et une foule de choses peu connues, d'excellentes applications dans les réflexions pratiques, beaucoup d'onction dans les prières. C'est un bon livre à conseiller pour les lectures de chaque dimanche, dans les campagnes et dans les villes.

DE L'ÉDUCATION
DISCOURS
PRONONCÉS AUX DISTRIBUTIONS DES PRIX DU COLLÈGE D'OULLINS
PAR
M. l'abbé DAUPHIN
Ancien directeur-fondateur de cet établissement; doyen de Sainte-Geneviève.

1 vol. in-12, broché : 3 fr. 50 c.

ENCYCLOPÉDIE DE LA SANTÉ
Par le docteur JULES MASSÉ.
TREIZE VOLUMES D'UN FORMAT PORTATIF, INDÉPENDANTS LES UNS DES AUTRES.
CHAQUE VOLUME : 2 FR. 50 C. — LA COLLECTION COMPLÈTE : 30 FR.

TROIS MALADIES RÉPUTÉES INCURABLES.

ÉPILEPSIE. Causes, marche et caractère de cette maladie. — L'épilepsie sympathique et l'épilepsie d'emblée ; autres distinctions importantes. — Traitement hygiénique. — Traitement médical ; il doit différer suivant chaque genre d'épilepsie. — *Exemples de guérison.* — DARTRES. — Leurs caractères : humeur intérieure et chronicité. — Faut-il les guérir? Oui ; mais que de précautions il faut prendre ! — Traité hygiénique et traitement médical. — Remèdes peu connus. — *Exemples de guérison.* — SCROFULES. — Qu'est ce que le vice scrofuleux ? — Nouvelle manière de l'envisager. — Causes diverses. — Traitement hygiénique — Traitement médical. — Nombreuses recettes. — Compression. — Électricité. — Hydrothérapie. — *Exemples de guérison.* (8e édition). 1 vol.

MALADIES VIRILES.
(Ouvrage confidentiel.)

PRÉLIMINAIRES : Le but proposé et la réserve scrupuleusement conservée. — Anatomie et physiologie. — Hygiène spéciale. Maladies : Néphrite, gravelle, diabète, — catarrhe vésical. — La pierre, — paralysie de la vessie, — maladies uréthrales, — varicocèle, — orchite, — hydrocèle, — hernie. — Continence et incontinence, — incontinence des urines. — Autre incontinence, vieillards de quinze ans ! — Vices spécifiques, — leurs trois périodes, — limites. — Nécessité d'une confession médicale. (8e édition avec figures.) 1 vol.

BOTANIQUE MÉDICALE.

Avec plus de 300 gravures intercalées dans le texte. Botanique générale, racines, tiges, feuilles, fleurs, etc. — Botanique médicale. — Nouvelle classification. — Plantes adoucissantes, — plantes fortifiantes, — plantes anti nerveuses, — plantes astringentes, — plantes diurétiques, — plantes sudorifiques, — plantes purgatives, — plantes fébrifuges, — plantes vermifuges, — plantes dangereuses, — plantes spéciales. — Applications multiples de certaines plantes. (10e édition.) 1 vol.

FORMULES ET RECETTES.
Environ 600 formules.

Les recettes et formules tirées des remèdes populaires, de la pharmacie traditionnelle des familles, des secrets de l'ancienne médecine, ont été recueillies et mises en ordre avec un soin qui les rend d'une facile application. C'est un *véritable dictionnaire*. Les maladies y sont rangées par lettres alphabétiques. Sous le nom de chaque maladie se trouvent les remèdes proposés pour la combattre. (11e édition.) 1 vol.

COURS D'HYGIÈNE POPULAIRE.

Hygiène de la chevelure, — de la vue, — de l'ouïe, — de la peau, — du goût, — des dents, — de la digestion, — de la circulation du sang, — de l'odorat, — de la voix, — de la respiration, — du système nerveux, — de l'appareil musculaire, — bains, — habitations, — vêtements, — causes des maladies. (10e édition.) 2 vol.

L'ART DE SOIGNER LES MALADES.

Soins nécessaires suivant les différentes périodes de chaque maladie, — tisanes, bains de pieds, — cataplasmes, — potions, — pilules, — purgations, — sangsues, — ventouses, — saignées, — vésicatoires, — cautères, — sétons, — manœuvres diverses, — pansements, — soins moraux. (5e édition.) 1 vol.

PETITES ET GRANDES MISÈRES.

Rage, — choléra, — suette, — fièvre typhoïde, — obésité, — constipation, — migraine. (7e édition.) 1 vol.

LA SANTÉ DES FEMMES.
(Ouvrage confidentiel.)

Anatomie, — physiologie, — hygiène spéciale, — maladies de l'enfance, — de la jeunesse, — de l'âge mûr, — de l'âge critique, — moyen d'éviter de douloureuses opérations. (13e édition). 1 vol.

AVIS AU CLERGÉ.

Contenant 3 parties distinctes : 1° l'hygiène du prêtre ; — 2° le prêtre et la médecine ; — 3° le prêtre devant l'agonie. (10e édition.) 1 vol.

LA MÉDECINE DES ACCIDENTS.

Secours aux noyés, asphyxiés de toute nature, syncope, empoisonnements et antidotes, — brûlures, entorses, membres démis, membres cassés, plaies et simples contusions. (7e édition.) 1 vol.

SANTÉ DES MÈRES ET DES ENFANTS.

Soins des femmes devenues mères, — allaitement, — nourrices et nourrissons, — dentition, — convulsions, — croup, — rougeole, — petite vérole, — fièvre cérébrale, — déviation, etc. (6e édition.) 1 vol.

PETIT DICTIONNAIRE DE SANTÉ, ou Table alphabétique et pratique des douze volumes de l'**Encyclopédie de la Santé**. (Complément nécessaire.) 4e édit.

LE MOIS DE MARIE
TOUT EN HISTOIRES
PAR JULES MASSÉ
NOUVELLE ÉDITION ILLUSTRÉE
1 volume in-12. — Prix, broché : 2 francs.

LE CAPITAINE RAYMOND
PAR LE MÊME
1 volume in-18 illustré. — Prix, broché : 2 francs.

Livre-Souvenir de première communion, par le même, 1 vol. in-18, illustré, broché. 1 fr. 50

Livre-Souvenir de confirmation, par le même, 1 vol. in-18, illustré, broché. 1 fr. 50

LE PAIN QUOTIDIEN
Versets des Livres Saints choisis pour chaque jour de l'année.
Par Mme de BARBEREY
1 volume in-32. — Prix, broché : 80 cent.

HISTOIRE
DE
LOUIS-PHILIPPE D'ORLÉANS
ET DE L'ORLÉANISME.
PAR
J. CRÉTINEAU-JOLY
2 volumes in-8°. — Prix, brochés : 15 francs.

CURSUS
PHILOSOPHIÆ
COMPLECTENS
LOGICAM, METAPHYSICAM, ETHICAM
ACCEDIT
COMPENDIOSA RELIGIONIS DEMONSTRATIO ET HISTORIA PHILOSOPHIÆ
AUCTORE
MARINO DE BOYLESVE
Societatis Jesu
PHILOSOPHIÆ PROFESSORE
1 beau vol. in-8 de plus de 600 pages. — Prix, broché : 5 francs.

Des livres liturgiques. — Des reliures.

Où se procurer les livres de liturgie, des livres de prières et de piété dans de bonnes conditions !

Voici une question tout à fait à l'ordre du jour, aussi la poste nous l'apporte-t-elle des quatre coins de la France et du milieu. Les fabriques ont si peu de ressources :

Voilà pourquoi on nous demande comment faire pour franchir cette épreuve, où se procurer ces différents livres à bon compte et à l'occasion avec un peu de crédit ? Avant de répondre, j'éprouve plus que jamais le besoin de répéter ce que j'ai dit : Défiez-vous du bon marché, guerre au bon marché ! ici il serait fatal. La question n'est pas du tout de savoir si un missel coûte quelques francs de moins, mais bien s'il est solide. Vous le savez, à la campagne en particulier, vos livres de chant seront touchés par des hommes qui n'ont pas précisément l'habitude de toucher les choses avec délicatesse ; s'ils ne sont reliés avec une solidité antique, vous les verrez bientôt dans un triste état. Quelques curés y ont été trompés ; ils se sont dit : On m'offre une économie de quelques francs, prenons-là, mais au bout de peu de temps, ces livres étaient complétement démolis ; il a fallu les faire relier et dépenser de nouveau des sommes que l'on avait tant de peine à se procurer. Quand on travaille pour l'Église, il faut se rappeler que tout doit participer à la stabilité, on doit travailler pour l'avenir.

J'aime donc à vous indiquer une maison qui possède continuellement un choix considérable de tous les livres liturgiques de Vienne (Autriche), de Malines, de Tours, de Paris, etc., etc., en reliures simples et riches, avec papier blanc à la fin, permettant d'insérer immédiatement les propres du diocèse ; une maison qui a aussi le grand avantage de posséder un magnifique atelier de reliure en tous genres, depuis la plus simple et la plus solide jusqu'à la plus brillante, qui n'en reste pas moins solide pour cela. Les reliures sont exécutées sous l'œil du maître, on peut les faire d'après les demandes de l'acquéreur, y joignant les propres que l'on est libre de fournir ou laisser fournir.

Il suffit au prêtre, à une fabrique, même aux personnes qui veulent faire un cadeau, de dire : Je désire un missel, un graduel, un bréviaire de telle forme et de tel prix, et il sera servi suivant sa volonté et sans crainte d'être induit en dépenses excessives, ce qui vaut toujours mieux.

Cette maison est la **librairie liturgique-catholique** de **L. LESORT**, libraire-éditeur et relieur, à **Paris**, rue de

Grenelle-Saint-Germain, 3. Presque tous les évêques de France confient leurs travaux à cette maison. Sa Grandeur Mgr l'archevêque de Paris, S. Exc. Mgr. le Nonce apostolique et la Grande Aumônerie Impériale l'honorent d'une confiance toute particulière. En ces derniers temps, beaucoup de diocèses lui ont confié presque tous leurs travaux de reliure. Nos confrères voient que nous ne leur recommandons pas une maison au hasard ; depuis longtemps elle a fait ses preuves. Là, on trouve, comme nous l'avons dit, des livres reliés simplement pour les humbles paroisses, établis avec une solidité à toute épreuve, à un très-grand bon marché relatif. Les choses se font dans la maison. Mais aussi on y trouve de riches reliures pour nos grandes églises, pour les cathédrales ; élégance, bon goût, solidité, croix, fers spéciaux, ornements genre gothique, renaissance, moderne, dessinés et gravés par les meilleurs artistes ; rien n'y manque.

Les ateliers possèdent une série d'armes de souverains et naturellement celles du Saint-Père. Il y a quelque temps, lors des départs des évêques pour Rome, nous avons pu voir et admirer un nombre considérable de magnifiques reliures exécutées spécialement pour Sa Sainteté. — Inutile de dire que les armes de la majeure partie de nos évêques s'y trouvent aussi. Nous disons cela pour les auteurs qui veulent offrir un ouvrage au Saint-Père, à un évêque, à un souverain, on est quelquefois fort embarrassé pour se les procurer.

M. L. Lesort ne vend pas seulement des livres, mais il se charge encore de relier promptement les missels, bréviaires, livres de lutrin, etc., qui lui seraient envoyés en feuilles ou avec une reliure hors de service. Il en est de même pour les reliures de bibliothèques que l'on peut demander à son gré, toile, demi-basane, demi-veau, demi-chagrin, chagrin plein, etc., et toutes ces reliures sont d'une solidité qui a fait la réputation de cette importante maison. Aussi en reçoit-elle considérablement de Paris et de la province, où actuellement les transports sont si faciles et peu onéreux.

Inutile d'ajouter que l'on y trouve aussi assortis de toutes reliures des paroissiens, les meilleurs livres de piété et de lectures en général, livres de mariage, livres pour la première communion, livres pour cadeaux. Le magasin est sans cesse empli de gens qui font leur choix.

Voilà, je pense, des renseignements complets sur cet objet qui intéresse la décence du culte, la bourse du curé et celles des fabriques.

Extrait des lettres adressées au clergé, pages 125, 126 et suivantes, par M. l'abbé Mullois, premier chapelain de l'Empereur.)

NOUVELLES ET PRINCIPALES PUBLICATIONS
DE LA LIBRAIRIE DE V. PALMÉ, ÉDITEUR,
RUE SAINT-SULPICE, 22, A PARIS.

EN SOUSCRIPTION

ACTA SANCTORUM
PAR LES RR. PP. JÉSUITES BOLLANDISTES

RÉIMPRESSION TEXTUELLE, publiée par les soins de M. J. CARNANDET, sous le patronage de **Pie IX**. 54 vol. in-folio de 1,000 p. à 2 col. avec les gravures de la 1re édit., papier collé, beaux caractères et belles marges. **Prix : 30 fr. le volume**. Il sera porté à 50 fr. à la fin de l'année 1864. — **Quatre volumes ont paru.** — (*Reliure d'amateur, tranche ébarbée, percaline noire, 5 fr. par volume. — Belle et solide demi-reliure chagrin, tranche peigne, coins solides, 10 fr. le volume.*)

Cette nouvelle édition des Bollandistes est patronée par 150 évêques, des membres de l'Académie française et de l'Académie des Inscriptions et Belles-Lettres, et les savants les plus éminents de l'Europe.

Nous pourrions invoquer les témoignages des hommes les plus remarquables par leur science et leur talent : Guizot, Saint-Marc Girardin, Victor Le Clerc, le cardinal Pitra, Ducange, Fontanini, Mabillon, Muratori, Leibnitz, Meibom, Fabricius, Ludowic, Bayle, Bona ; les Papes Alexandre VII, Benoît XIV ; Turenne et Napoléon ; nous nous bornerons à cette citation d'un savant belge, M. de Reiffenberg.

« Quelle que soit l'opinion, l'Église que l'on a choisie, la philosophie
« dont on a suivi les principes, croyants ou sceptiques, zélés ou indiffé-
« rents, catholiques ou disciples de Luther et de Calvin, pourvu qu'ils
« aiment les lettres et qu'ils ne renient pas le passé, tous vénèreront les
« *Acta Sanctorum* COMME UN DES MONUMENTS LES PLUS ÉTON-
« NANTS DE LA SCIENCE. »

Un prospectus et un fac-simile de cette nouvelle édition, publiée sous le PATRONAGE DE PIE IX, seront adressés à tous ceux qui en feront la demande.

Nos souscripteurs pourront se procurer, à notre librairie, les volumes des nouveaux Bollandistes qui sont :

Le TOME VII d'octobre (55e de la collection, deux volumes), au lieu de 90 fr., net 75 fr.

Ce tome est un chef-d'œuvre de typographie et de papier, et devient très-rare.

TOME VIII d'octobre (56e de la collection), se réimprime.

TOMES IX et X d'octobre (57e et 58e de la collection), à 60 fr. chacun au lieu de 75 fr.

Le prix est rigoureusement de 90 fr. et de 75 fr. le volume pour les non-souscripteurs à notre réimpression.

L'Œuvre antique des Bollandistes avait été interrompue par la révolution ; mais elle a été reprise il y a vingt ans environ. Cinq magnifiques volumes ont paru depuis lors : chefs-d'œuvre de critique et de science.

LIBRAIRIE DE VICTOR PALMÉ, ÉDITEUR,
22, rue Saint-Sulpice, à Paris.

HISTOIRE DU MONDE

OU

HISTOIRE UNIVERSELLE

DEPUIS ADAM JUSQU'AU PONTIFICAT DE PIE IX

(1863)

PAR

MM. HENRY ET CHARLES DE RIANCEY

Édition complétement nouvelle, entièrement refondue et considérablement augmentée.

Par M. Henry de RIANCEY

ANCIEN DÉPUTÉ

10 BEAUX VOLUMES IN-8°, A 5 FR. LE VOLUME

Le spectacle le plus intéressant qui puisse être offert à la méditation est, sans contredit, celui de l'humanité tout entière. Prendre la race humaine à son origine; suivre les développements de cette vaste famille qui peuple les espaces de la terre; compter les pas des générations dans les siècles; assister à la naissance, aux progrès, à la chute des empires; et surtout, à travers tous les bouleversements du monde, voir la marche de l'intelligence, étudier ses combats, ses triomphes et ses défaites, se rendre témoin de ce grand duel entre la vérité et l'erreur, qui, commencé avec le temps, ne s'achèvera qu'avec l'éternité : voilà le sujet qui doit préoccuper quiconque a le moindre souci de sa dignité et de son avenir. « IL SERAIT HONTEUX A TOUT HONNÊTE HOMME, disait Bossuet, D'IGNORER LE GENRE HUMAIN. »

REVUE
DU MONDE CATHOLIQUE

HISTOIRE, PHILOSOPHIE, THÉOLOGIE, LITTÉRATURE, SCIENCES, BEAUX-ARTS, NOUVELLES, BIBLIOGRAPHIE.

Paraissant le 10 et le 25 de chaque mois, par livraison de 100 pages grand in-8°. Prix: six mois, 13 fr.; un an, 24 fr. Les abonnements partent du 1er de chaque mois. La collection forme 9 volumes in-8°. Prix net : 78 francs.

A M. PALMÉ, éditeur de la *Revue du Monde catholique*.

Arras, le 2 novembre 1862.

MONSIEUR,

Le meilleur éloge que je puisse faire de votre *Revue*, c'est de dire qu'elle répond dignement à son titre.

Tous les sujets qui peuvent, dans ce *monde*, offrir un intérêt sérieux aux *Catholiques* instruits, la politique exceptée, y sont traités avec talent, avec goût et dans les meilleures doctrines.

Aujourd'hui, que les ouvrages volumineux ne sont plus lus que par exception, je ne crois pas qu'il y ait, surtout pour les hommes du monde, de lecture plus saine, plus substantielle, plus bienfaisante, que celle de la *Revue du Monde catholique*.

Je la recommande également au clergé, qui y trouvera des renseignements utiles à son saint ministère, et d'autres connaissances précieuses, supplémentaires à ses études théologiques.

C'est vous dire, Monsieur, que je vous félicite de cette publication, et que je fais des vœux sincères pour qu'elle se propage de plus en plus.

† PARISIS, Év. d'Arras.

La *Revue du Monde catholique* a cherché, jusqu'à ce jour, à se montrer digne des hautes sympathies qu'a bien voulu lui accorder l'épiscopat français. Chaque jour on voit se rallier à cette belle publication les plus beaux noms du clergé et de la presse catholique. Avant peu, de nouveaux travaux importants viendront élargir le cercle des questions traitées jusqu'à ce jour. Théologie, histoire, philosophie, littérature, biographie, sciences, beaux-arts, tel est est le thème varié sur lequel s'exercent les écrivains les plus compétents et les plus aimés de la cause catholique. Cette revue est donc la seule qui soit réellement la *Revue du Monde catholique*.

Patronée par S. Em. le Cardinal de Bordeaux, par NN. SS. de Moulins, de Versailles, d'Arras et Mgr de Ségur, elle a publié de remarquables travaux de Messeigneurs de Dreux-Brézé, Mabille, Landriot, Bonnand, Manning, etc.; de MM. les abbés Freppel, Hamon, Faber, Ramière, Boylesve, Gay, Chévojon, Crelier, Thomas, A. Vaillant; de MM. Louis et Eugène Veuillot, Henry de Riancey, Adrien de Riancey, Dubosc de Pesquidoux, Sainte-Foi, Léon Aubineau, Du Lac, J. Chantrel, L. Gautier, A. Mazure, H. Lasserre, O. Seigneur, E. Hello, J. Loader, Vaillant, E. de Margerie, J.-B. Dutron, B. Chauvelot, R. Brucker, L. Giraud, J.-M. Villefranche, D. Bouniol, marquis de Roys, etc., etc.

J.-B. PÉLAGAUD, imprimeurs-libraires de N. S. P. LE PAPE.
PARIS, 5, rue de Tournon. | LYON, 48, rue Mercière,

CORNELII A LAPIDE IN SCRIPTURAM SACRAM COMMENTARII. — Lugdunensis editio tertia, tinini in Job commentario necnon Bellarmini in Psalmos explanatione aucta. 20 vol. grand in-8°, qui peuvent se relier en 10 volumes. — Prix: . . . . 160 fr.

Deux éditions de cet important ouvrage se sont écoulées rapidement; l'accueil favorable fait au travail du P. Corneille de La Pierre nous a engagé à publier une *troisième édition* sur laquelle nous accordons des conditions toutes spéciales et *très-avantageuses* aux personnes qui s'adressent *directement* à nous. Nous ferons remarquer, en outre, que cette troisième édition a été imprimée avec le plus grand soin et sur plus beau papier que les précédentes.

ŒUVRES COMPLÈTES DE BOSSUET, ÉVÊQUE DE MEAUX. — Nouvelle édition, conforme à celle de Versailles, augmentée de la VIE DE BOSSUET, par le cardinal BAUSSET ; nouvelle édition, conforme à celle de Versailles, et collationnée sur les manuscrits de la Bibliothèque impériale, avec une Table générale et analytique des matières. 16 vol. grand in-8°, sur raisin, à deux colonnes. — Prix. . . 70 fr,

. . . . Nous devons féliciter M. Pélagaud du soin qu'il apporte à la correction de ses éditions, et particulièrement du soin qu'il a pris, tout en reproduisant l'édition de Lebel de Versailles pour les *Œuvres de Bossuet*, de faire collationner encore cette édition sur les manuscrits qui se trouvent à la Bibliothèque impériale. Ainsi le clergé pourra se procurer aisément les Œuvres du grand évêque qui a combattu si vaillamment le protestantisme, et qui fournit des armes si puissantes pour la défense du Saint-Siège et de son pouvoir temporel. — Cette édition, par la modicité de son prix, mise à la portée de toutes les bourses, est appelée à rendre de véritables services au clergé. (Extrait du *Monde* 24 juin 1862.)

ANNÉE CHRÉTIENNE ou VIE DES SAINTS ET EXERCICES DE PIÉTÉ, pour les dimanches, les fêtes mobiles et tous les jours de l'année, avec des réflexions sur l'épître et une méditation sur l'évangile de la messe, et quelques pratiques de piété propres à toutes sortes de personnes, par le P. CROISET, de la Compagnie de Jésus ; nouvelle édition, corrigée, augmentée et entièrement refondue. 9 vol. petit in-8°. — 36 fr.

DE LA CONNAISSANCE ET DE L'AMOUR DU FILS DE DIEU NOTRE-SEIGNEUR JÉSUS-CHRIST, par le P. SAINT-JURE, de la Compagnie de Jésus; nouvelle édition non corrigée; quelques mots inintelligibles aujourd'hui ont seulement été changés. 4 vol. in-12, Charpentier. — Prix. . . . . 10 fr.

ŒUVRES COMPLÈTES DE BOURDALOUE. — Belle édition, revue par une société d'Ecclésiastiques. 6 vol. in-8°. — Prix. . . . . 20 fr.

FABRIQUE SPÉCIALE D'HORLOGES PUBLIQUES
INSTRUMENTS DE PRÉCISION

HORLOGES
POUR ÉGLISES, HOTELS-DE-VILLE, CHATEAUX, ATELIERS, CHEMINS DE FER.
PENDULES — RÉGULATEURS.
CADRANS ÉLECTRIQUES
CONTROLEURS
CONSTATANT LES RONDES
Brevetés s. g. d. g.

MÉTRONOMES MAETZEL
TOURNE-BROCHES
A RESSORT ET A POIDS
PARATONNERRES — GIROUETTES
COMPTEURS
POUR MACHINES A VAPEUR ET AUTR.
TOURNIQUETS-COMPTEURS
COMPTE-SECONDES.

ANCIENNE MAISON WAGNER ONCLE

COLLIN

MÉDAILLE DE 1re CLASSE EN 1855; — MÉDAILLE D'HONNEUR EN OR A L'EXPOSITION UNIVERSELLE D'HORLOGERIE EN 1860.

Successeur de B.-H. WAGNER, maison fondée en 1790, rue du Cadran.
118, RUE MONTMARTRE, 122

Constructeur de l'Horloge du Palais de l'Industrie, et de l'Horloge de haute précision avec carillon, pour la Tour
SAINT-GERMAIN-L'AUXERROIS du LOUVRE.

USINE D'ÉBAUCHES DE LA COMBE-NOIRET (JURA).

Une horloge de clocher, y compris cadrans et accessoires coûte, toute complète, de 400, 600 à 1,000, 2,000 francs et plus, selon la composition. Certaines ont coûté jusqu'à 200,000 francs.

Pour donner le prix d'une Horloge, il faut connaître le poids ou la grandeur de la cloche sur laquelle elle doit sonner, la grandeur du cadran ou sa distance du sol. Un petit croquis des emplacements est aussi fort utile.

Prix du Mécanisme des Horloges (garanties cinq années).

NUMÉROS D'ORDRE	POIDS correspondant des CLOCHES sur lesquelles les Horloges doivent frapper.	1re QUALITÉ avec mouvement et sonneries en cuivre poli, pignons acier				2e QUALIT avec mouvement en cuivre, roues des sonneries en fer fondu, pignons acier				avec mouvement en cuivre, tous les rouages des sonneries en fer fondu			
		se remontant tous les jours, sonnant		se remontant tous les 8 jours, sonnant		se remontant tous les jours, sonnant		se remontant tous les 8 jours, sonnant		se remontant tous les jours, sonnant		se remontant tous les 8 jours, sonnant	
		l'heure et la demie.	l'heure demie quarts.	l'heure et la demie.	l'heure demie quarts.	l'heure et la demie.	l'heure demie quarts.	l'heure et la demie.	l'heure demie quarts.	l'heure et la demie.	l'heure demie quarts.	l'heure et la demie.	l'heure demie quarts.
	KIL.	F.	F.	F.	F.	F.	F.	F.	F.	F.	F.	F.	F.
0	de 4 à 6	150	300	200	400	»	»	»	»	»	»	»	»
1	6 à 12	200	400	300	500	»	»	»	»	»	»	»	»
2	12 à 25	300	500	400	600	275	475	375	575	250	450	350	550
3	25 à 50	400	650	500	800	350	575	440	700	300	500	375	600
4	50 à 100	500	800	600	1000	440	700	535	850	375	600	450	700
5	100 à 250	600	950	800	1200	525	825	700	1050	450	700	600	900
6	250 à 500	700	1100	1000	1500	625	975	875	1300	550	850	750	1100
7	500 à 1000	800	1400	1200	2000	725	1250	1050	1750	650	1100	900	1500
8	1000 à 2000	1000	1700	1500	2500	875	1550	1350	2250	750	1400	1200	2000
9	2000 à 3500	1300	2200	1800	3000	1125	1825	1650	2750	950	1700	1500	2500
10	3500 à 5000	1800	3000	2400	4000	1500	2600	2100	3750	1200	2200	1800	3000

CLOCHES, TIMBRES DE 4 FRANCS A 5 FRANCS LE KILO.; LES ACCESSOIRES SONT EN PLUS DE CES PRIX.

PRIX DES CADRANS:
Y compris leur bordure en fonte de fer, le rouage de minuterie et les aiguilles en cuivre rouge équilibrées.

NATURE.	0m 40c	0m 60c	0m 80c	1m	1m 20c	1m 40c	1m 60c	1m 80c	2m	2m 20
En tôle...	70 f.	90 f.	120 f.	150 f.	180 f.	220 f.	260 f.	320 f.	400 f.	500 f.
En lave...	80	120	120	200	240	300	350	450	650	800
En glace...	80	120	180	250	300	400	500	600	800	1000

Dans le diamètre des cadrans est compris celui de la bordure.

PEINTURE SUR VERRE
VITRAUX D'ÉGLISE

LAURENT ET GSELL
RUE SAINT-SÉBASTIEN, 43, A PARIS

Médaille en 1849. — Mention honorable et grande Médaille d'or à l'Exposition universelle de 1855.

Liste des principaux vitraux qui sont sortis de nos ateliers :

A PARIS.

Les quinze grandes verrières de l'abside de Sainte-Clotilde.
Les trois grands vitraux du chœur et les vitraux de la chapelle de la Vierge et de la sacristie, à Saint-Gervais.
La rose de l'orgue et le transept de droite, à Saint-Eustache.
Les vitraux de la chapelle de la Vierge et ceux du transept du sud, à la nouvelle église de Saint-Bernard.
Les deux grands vitraux de la chapelle de l'École normale.
Les trois vitraux du chœur, à Saint-Roch.
Tous les vitraux de l'église des Révérends Pères Jésuites de la rue de Sèvres, 35.
Tous les vitraux de la chapelle des Lazaristes, rue de Sèvres, 95.
Les principaux vitraux de l'église Saint-Eugène.
Le vitrail de l'Arbre de Jessé et la restauration du vitrail des Litanies de la Vierge, dans le transept de Saint-Étienne du Mont.
Tous les vitraux de la chapelle des Sœurs, rue St-Dominique, 187.
Plusieurs vitraux dans l'église de Saint-Vincent de Paul.

Beaucoup de ces travaux nous ont été commandés par la Maison de l'Empereur, la Ville de Paris, et les Ministères des cultes, des travaux publics et de l'intérieur.

DANS LES DÉPARTEMENTS.

Les vitraux de la chapelle funèbre du roi Louis, à Saint-Leu (commandés par l'Empereur). Un grand nombre de vitraux pour

Abbeville, Ambenay, Arras, Audinghen, Auxonne, Belle, Bernay, Boos, Boulogne-sur-Mer, Bordeaux, Brunoy, Cerny, Chaumes, Colombert, Corbeilles (Loiret), Dunkerque, Etampes, Ferrières, Gonesse, Granville, Guingamp, La Ferté-Gaucher, La Ferté-Aleps, Isle-Adam, Lisy-sur-Ourcq, Mattaincourt, Maules, Mée, Mondeville, Orléans, Rouen, Saint-Aubin-sur-Gaillon, Saint-Denis le Rebais, Versailles, Villiers le Bel, Wierre-Effroy, etc., etc.

A L'ÉTRANGER.

Des vitraux de styles divers pour la Reine d'Espagne, le Roi de Suède, le Vice-Roi d'Egypte, et pour l'Angleterre, l'Amérique, la Pologne, la Suisse, etc.

PRIX-COURANT :

Vitraux à personnage, de **150** *à* **300** *fr. le mètre superficiel.*
en grisaille orné de **60** *à* **100** *fr.*

Ces prix sont très-élastiques sans doute. Pour nous mettre à même de les préciser dans une réponse immédiate, il est nécessaire que Messieurs les ecclésiastiques veuillent bien nous envoyer le plan et les mesures exactes des Verrières qu'ils se proposent de faire, avec un aperçu de leur programme, et en indiquant surtout le style des fenêtres.

Nous n'avons pas de voyageurs; on est prié de nous écrire directement, rue Saint-Sébastien, 43, pour les renseignements et les commandes.

MAISON PATRITTI ET CIE

84, rue Bonaparte (près la place St-Sulpice).

SPÉCIALITÉ DE CHEMINS DE LA CROIX
TABLEAUX D'ÉGLISES

Médaille de 2ᵉ classe à l'Exposition des beaux-arts appliqués à l'industrie. Salon de 1863.

Nous avons l'honneur de présenter à Messieurs les membres du clergé une nouvelle composition du Chemin de la Croix, laquelle est une œuvre qui mérite d'être appréciée; elle est irréprochable comme peinture, c'est de l'art, et elle possède en même temps tout le sentiment qu'il convient à une peinture religieuse. Nous la recommandons à Messieurs les ecclésiastiques, et les prions de bien vouloir nous accorder leur confiance; tous les soins désirables seront employés pour les satisfaire.

PEINTURE SUR VERRE
VITRAUX D'ÉGLISE ET AUTRES, ET DE TOUS STYLES

A. LUSSON
PEINTRE-VERRIER
RESTAURATEUR DES VITRAUX DE LA SAINTE-CHAPELLE
DE PARIS

RUE DE LAVAL, 21 BIS, A PARIS

Mentions honorables, médailles de bronze, d'argent, d'or, aux expositions de Londres, de Paris et de divers départements.

La Manufacture de M. Lusson est une des plus anciennes de France. Les nombreux travaux exécutés dans ses ateliers pour les cathédrales et autres églises de France citées ci-dessous, et notamment la haute marque d'estime qui lui a été donnée par le Gouvernement, en lui confiant l'importante restauration des vitraux de la Sainte-Chapelle, à la suite d'un concours auquel prirent part les peintres verriers les plus habiles, restauration aujourd'hui achevée et dont le succès a dépassé toute attente, l'autorisent à croire que sa réputation est trop avantageusement établie pour qu'il ait besoin d'insister sur les garanties sérieuses qu'on peut trouver en s'adressant à lui.

Liste de quelques-unes des vitraux sortis de ses ateliers :

A PARIS : Pour la Sainte-Chapelle, Notre-Dame, Ste-Clotilde, St-Germain des Prés, St-Germain l'Auxerrois, Notre-Dame des Victoires, St-Eugène, Notre-Dame de Vaugirard, la chapelle des R. P. Jésuites de la rue de Sèvres, etc., etc.

DANS LES DÉPARTEMENTS : Pour les cathédrales du Mans, de Lyon, de St-Brieuc, de Langres, d'Alby, d'Autun, de Laval, de St-Omer, de Lisieux; et pour les églises de Notre-Dame de la Couture du Mans, de St-Martin de Roubaix, du St-Sépulcre et de Notre-Dame du Haut-Pont à St-Omer, de Châtenay, du Tréport, de St-Remy et de St-Jacques de Dieppe, de Notre-Dame de Poitiers, de Notre Dame de Louviers, de St-Clément de Metz, de Tourcoing, de Rethel, de Ploermel, de Mayenne, de Saumur, d'Yvetot, de Cherbourg, de Montdidier, de Boulogne-sur-Mer; pour les chapelles des R. P. Jésuites de Paris, de Metz, de Brest, de Lille, d'Angers, de Nantes, etc., etc.

A L'ÉTRANGER: Grand nombre de vitraux pour l'Angleterre, l'Ecosse, l'Irlande, l'Espagne et les colonies.

Aperçu général des Prix :
(LE MÈTRE SUPERFICIEL.)

Grisailles, 50, 60, 70, 80, 90, 100 fr. et au-dessus.
Mosaïques entièrement de couleur, 60, 80, 100, 120, 150 fr.
Grandes figures, 150, 175, 200, 225, 250 fr.
Sujets historiés, 200, 250, 300, 350 et au-dessus, suivant le nombre des sujets, la richesse des compositions et le plus ou moins de fini de l'exécution sur verre.

En résumé, grande élasticité dans les prix comme dans la composition et l'exécution des vitraux, et, par là même, affaire de confiance; mais en s'adressant à M. LUSSON, certitude absolue de n'avoir jamais que des vitraux d'art, même pour les plus simples, tels que grisailles, tous moyens mécaniques, pauchoirs, clichés et autres, malheureusement trop employés aujourd'hui, étant complètement bannis de ses ateliers.

LE JOURNAL DES VILLES ET CAMPAGNES

Journal politique, religieux, agricole et littéraire; le plus ancien des organes dévoués à la défense des principes religieux (fondé en 1808).

Paraît tous les deux jours sans interruption dans le format des grands journaux à 6 colonnes.

C'est le seul journal qui ait ce mode de périodicité.

Directeur gérant : M. A. PILLET fils aîné.

Principaux rédacteurs : MM. Louis HERVÉ, A. ANDELYS, CHEVÉ (FLEURY), L. GIRAUD, A. GALITZIN, V. PIERRE, DE MALARCE, Louis MOLAND, etc.

Abonnement : 38 fr. par an pour les départements; 29 fr. pour six mois.

RUE DES GRANDS-AUGUSTINS, 5,

PEINTURE MURALE-DÉCORATIVE

L. ICARD ET L. CARLIER

RUE CASSETTE, 8, A PARIS

Ils se chargent de la décoration des églises, chapelles privées, autels, boiseries, etc., etc.

Ils ont exécuté à Paris et en province plusieurs travaux importants; ils ont terminé dans l'église de Saint-Étienne du Mont, à Paris, la chapelle de Sainte-Geneviève, commencée par le R. P. Martin.

Monument Saint-Vincent de Paul (Landes).

Chapelle du couvent de Marie-Réparatrice, à Strasbourg (Bas-Rhin).

Église du Jésus, rue de Sèvres, 35, à Paris.

Chapelle du couvent du Bon-Pasteur, à Moulins (Allier).

Chapelle du monastère de la Visitation, à Brioude (Haute-Loire).

Église de Saint-Nicolas, à Haguenau (Bas-Rhin).

Etc., etc., etc.

PIERRE PETIT

Le clergé, répondant avec bienveillance à l'appel et aux efforts de PIERRE PETIT, a fait de cette maison de photographie un *Panthéon chrétien*, où se trouvent réunis et groupés par classes les portraits de plus de cent évêques et dix mille ecclésiastiques, révérends Pères de tous Ordres et Frères de la doctrine chrétienne.

En créant la Galerie épiscopale, PIERRE PETIT a édifié un monument historique des plus précieux; en effet, jamais le monde catholique n'a eu de prêtres plus dévoués, plus courageux pour défendre l'Église, tant attaquée aujourd'hui; étrange époque que la nôtre, où la foi est discutée, prise et retournée comme une marchandise par des écrivains sans conscience. Ce qui console dans ce spectacle désolant, c'est que les défenseurs du christianisme se multiplient en raison des dangers. Le public retrempe sa foi dans les mandements des pasteurs, et la foule enthousiaste accourt entendre, écouter et saluer les orateurs chrétiens, dont la voix tombe du haut de la chaire de vérité comme une manne bienfaisante sur les esprits rassurés désormais.

Toutes ces grandes et nobles figures font partie de la collection de PIERRE PETIT, qui devient un musée impérissable.

PIERRE PETIT a fondé le journal *les Veillées chrétiennes*; comme un bon fils catholique, il a créé ce défenseur de la foi en rejetant toute idée de spéculation. Cette feuille intéressante a ouvert ses colonnes à tous les écrivains pieux, moraux et militants qui veulent servir la sainte cause de l'Église.

Afin de dignement répandre cette publication, PIERRE PETIT en a confié la rédaction à d'honorables ecclésiastiques. Une prime est attachée à l'abonnement; et certes, quand nous dirons que chacun peut posséder pour 9 francs par an un grand et beau portrait de son évêque ou de tout autre prélat, et un abonnement d'un an à un journal illustré paraissant tous les jeudis, on ne pourra pas dire que cela est de la spéculation.

Cette publication des *Veillées chrétiennes* est de la reconnaissance que PIERRE PETIT paye au clergé pour les sympathies encourageantes qu'il en reçoit tous les jours.

ON S'ABONNE
31, PLACE CADET, A PARIS.

M. PIERRE PETIT opère lui-même, tous les jours, de neuf à cinq heures, avec les procédés qui donnent de bons et beaux résultats avec les temps couverts, de préférence aux jours de grand soleil, qui, tout en fatiguant la vue, boursouflent le visage, et altèrent ainsi toutes les physionomies.

En vente : GRANDS PORTRAITS ET CARTES DE LA COLLECTION PHOTOGRAPHIQUE DE L'ÉPISCOPAT ET DES HOMMES DU JOUR. Chez tous les éditeurs de Paris et de la province.

VUES DE ROME (*la Farnesina*), reproduction directe en photographie, vingt-sept planches prises d'après les fresques de Raphaël.

Doit paraître à Bordeaux, le 15 septembre, le journal *le Portefeuille*. Soixante-quatre pages d'impression. 15 francs par an, paraissant tous les samedis. — Primes gratuites, deux photographies par mois des Célébrités du jour, soit vingt-quatre par an tirées de la collection PIERRE PETIT.

Demander le numéro spécimen à la photographie PIERRE PETIT, 31, place Cadet.

OBJETS DE RELIGION EN CIRE

OU OBJETS D'ART RELIGIEUX EN CIRE

JULES TALRICH

MODELEUR D'ANATOMIE EN CIRE DE LA FACULTÉ DE MÉDECINE DE PARIS.

EXPOSITIONS UNIVERSELLES DE PARIS ET LONDRES

Mention honorable et Prize Medal, Auteur de la statue de sainte Pie de l'église Saint-Sauveur de Rennes (*Voir* les comptes rendus des journaux de Rennes, de *la Semaine religieuse*, du *Monde*, de *la France*, etc., d'avril 1864.)

Statues, Corps-Saints, Crèches grandeur naturelle, Descente de croix, Christ au tombeau, etc.

M. Talrich se charge, sur commande, de l'exécution de tous les objets d'art religieux en cire et restaure les œuvres anciennes ou brisées.

41, RUE DE L'ÉCOLE DE MÉDECINE.

35, RUE DE SÈVRES, 35,

GOMBERT

FABRICANT DE STATUETTES RELIGIEUSES EN CIRE

Enfants Jésus, Sujets pour Crèches, etc.

PHARMACIE RECOMMANDÉE AU CLERGÉ
ET AUX COMMUNAUTÉS RELIGIEUSES
ANCIENNE MAISON JUTIER

ROUSSEL, SUCCESSEUR

EX-PHARMACIEN DES HOPITAUX ET HOSPICES CIVILS DE PARIS, ANCIEN PRÉPARATEUR DE CHIMIE AU MUSÉUM D'HISTOIRE NATURELLE, MEMBRE DE PLUSIEURS SOCIÉTÉS SAVANTES, DEUX FOIS BREVETÉ S. G. D. G.

Paris, carrefour de la Croix-Rouge, n° 1,
ET RUE DU VIEUX-COLOMBIER, 34

Cette maison est connue depuis longtemps pour la bonne préparation des médicaments, et un tarif spécial est établi pour le clergé et les communautés religieuses.

ON PRÉPARE DANS CETTE PHARMACIE :

LES PASTILLES DE S. NITRATE DE BISMUTH. Ces Pastilles s'emploient contre les maladies de l'estomac et des intestins, telles que les mauvaises digestions, les coliques, les gaz, les vomissements, les nausées, les gastrites et les gastralgies, les diarrhées, la cholérine, les douleurs d'estomac et les aigreurs.

L'ONGUENT CANET, seul véritable. Il réussit bien contre les abcès, les humeurs froides, les écrouelles, les dartres, les glandes, les squirrhes, les excroissances de chair, la carie des os, la gangrène, et surtout les maux d'aventure, les panaris et toutes les plaies en général.

LE TRÉSOR DE LA BOUCHE, qui assainit la bouche, conserve les gencives et les dents, et débarrasse de la mauvaise haleine. — C'est le meilleur de tous les dentifrices.

L'EAU RADICALE et COSMÉTIQUE DE LEBON. Cette eau s'emploie avec succès contre le larmoiement, les rougeurs, les cuissons et les inflammations des paupières ou du globe de l'œil, les douleurs qui proviennent de la congestion de l'œil, les suppurations qui résultent de l'inflammation des paupières, les taches, les nuages, les taies, les épanchements de toute nature. Elle guérit les yeux injectés et fortifie les vues troublées ou affaiblies.

Expédition en province et à l'Étranger.

RUE DE SEINE 85 & 87

ET RUE DE L'ÉCOLE DE MÉDECINE, 85, 87, 89 ET 91

AU
GRAND CONDÉ

COCHELIN, SERREUILLES ET Cie

RUE DE SEINE, 85 ET 87

ET RUE DE L'ÉCOLE DE MÉDECINE, 85, 87, 89 ET 91

RUE DU VIEUX-COLOMBIER, 33,
PLACE DE LA CROIX-ROUGE.

MAISON E. DUBER

FONDÉE EN 1820.

FABRIQUE DE PARAPLUIES

OMBRELLES ET CANNES

Fournisseur et fabricant spécial de parapluies pour communautés religieuses.

44, RUE DU DRAGON, 44

SCHMITT HIPPOLYTE

COIFFEUR

DE L'HOTEL DU BON LA FONTAINE

MAN SPRICHT DEUTSCH

PARIS

PARFUMERIE ET BROSSERIE
EN TOUS GENRES

HOTEL FÉNELON

RUE FÉROU, 11
CI-DEVANT RUE DU POT DE FER, 1

HOTEL ET PENSION ECCLÉSIASTIQUE ET LAIQUE

Chambres et appartements parquetés et fraîchement décorés. Maison vaste et tranquille avec cour. Au centre des affaires ecclésiastiques et des Écoles, à côté du

SÉMINAIRE SAINT-SULPICE ET DU LUXEMBOURG

PRIX EXTRÊMEMENT MODÉRÉS

PARIS

RUE DU VIEUX-COLOMBIER, N° 28,
PRÈS LA CROIX-ROUGE (FAUBOURG SAINT-GERMAIN).

BOUCART

MAISON FONDÉE EN 1824

LAYETIER-COFFRETIER-EMBALLEUR

FABRIQUE ET MAGASIN DE BOITES, MALLES, SACS DE NUIT, ASSORTIMENT DE VOYAGE.

IL Y A UN MAGASIN POUR RECEVOIR LES MARCHANDISES

Spécialité d'emballage concernant les Objets d'église, tels que : Bronzes, Broderies, Statue, Autels en bois, pierre et marbre, et Chemins de Croix en tous genres.

TABLE

PREMIÈRE PARTIE.

Arrivée à Paris. Omnibus et hôtels. 1
Rapports avec l'archevêché et les autorités civiles. . . 21
Grande aumônerie, Nonciature, Ministères, Préfecture. 22
Poste, Télégraphie électrique. 24
Jours et heures d'ouverture des monuments. . . . 25
Chemins de fer. 28

DEUXIÈME PARTIE.

Avant-propos. 81
Paris nouveau. 83
Les principaux monuments des vingt arrondissements. 42

MONUMENTS RELIGIEUX.

Saint-Ambroise. 137
Sainte-Antoine. 141
Saint-Augustin 133
Saint-Bernard 97
Sainte-Clotilde. 133
Saint-Denis du Saint-Sacrement. 133
Sainte-Élisabeth 141

Saint-Éloi.	91
Saint-Étienne du Mont.	117
Saint-Eugène	59
Saint-François-Xavier des Missions étrangères (rue du Bac, 128).	125
Sainte-Geneviève.	105
Saint-Germain-l'Auxerrois.	81
Saint-Germain-des-Prés.	77
Saint-Gervais.	87
Saint-Jacques du Haut-Pas.	123
Saint-Jacques et Saint-Christophe.	138
Saint-Jean-Baptiste.	113
Saint-Jean Saint-François.	138
Saint-Lambert (à Vaugirard).	138
Saint-Laurent.	143
Saint-Leu.	136
Saint-Louis d'Antin.	141
Saint-Louis des Invalides.	130
Saint-Louis en l'Ile.	143
La Madeleine.	63
Sainte-Marguerite.	128
Saint-Médard.	124
Saint-Merry.	85
Saint-Nicolas des Champs.	128
Saint-Nicolas du Chardonnel.	143
Notre-Dame.	48
Notre-Dame de Bonne-Nouvelle.	107
Notre-Dame de Clignancourt.	138
Notre-Dame de l'Abbaye aux Bois.	121
Notre-Dame de la Gare.	138
Notre-Dame de Lorette.	115
Notre-Dame des Blancs-Manteaux.	127

Notre-Dame des Victoires.	94
Saint-Paul Saint-Louis.	142
Saint-Philippe du Roule.	140
Saint-Pierre de Montmartre.	139
Saint-Pierre du Gros-Caillou.	140
Saint-Roch.	63
Saint-Séverin.	99
Sorbonne.	103
Saint-Sulpice.	72
Saint-Thomas d'Aquin.	125
La Trinité.	131
Le Val-de-Grâce.	101
Saint-Vincent de Paul.	119

LES CHAPELLES (les plus remarquables).

La Sainte-Chapelle.	144
Chapelle du château de Vincennes.	147
Notre-Dame des Oiseaux.	147
Notre-Dame de Bon-Secours.	149
Notre-Dame de Cluny.	149
Notre-Dame des Carmélites.	149
Chapelles des Jésuites (rue de Sèvres, 35).	150
Chapelle des Lazaristes.	151
Chapelle des Sœurs de Saint-Vincent de Paul (rue du Bac).	153
Chapelle expiatoire.	155
Chapelle Saint-Ferdinand.	156
Chapelle de l'Hôtel-Dieu.	156
Église arménienne.	157
L'Oratoire.	157
L'Église russe.	158
La Synagogue.	158

Les cimetières. 159
Les Catacombes. 159

MONUMENTS CIVILS (les principaux).

Les Thermes. 160
Palais de Justice. 163
Palais du tribunal de commerce. 166
Palais du Conseil d'Etat et de la Cour des Comptes. . 167
Palais des Beaux-Arts. 169
Palais de l'Institut. 170
Hôtel des Monnaies. 171
Palais du Corps législatif. 173
Palais du Luxembourg. 174
Palais du Louvre. 179
Hôtel de Ville. 183
Palais des Tuileries. 186
Hôtel des Invalides. 194
Palais de la Bourse. 198
L'Arc de l'Étoile. 198
Bois de Boulogne. 202
Aquarium. 205
Jardin des Plantes. 207
Les Gobelins. 208
Les monuments de la science. 209
Les colonnes. 211
Les ponts. 216
Les squares. 223
Tour Saint-Jacques. 224
Les fontaines. 225
Les fortifications. 228

ENVIRONS DE PARIS.

Vincennes. 230

Saint-Denis. 233
Compiègne. 233
Versailles. 234
Fontainebleau. 237
Saint-Germain en Laye. 240

TROISIÈME PARTIE.

OEUVRES DE CHARITÉ ET DE BIENFAISANCE.

Association générale de charité. 243

OEUVRES EN FAVEUR DE L'ENFANCE ET DE L'ADOLESCENCE.

Société de charité maternelle. 245
Association des Mères de famille. 246
Société des Crèches. 246
Salles d'asile. 247
Écoles chrétiennes des Frères. 248
OEuvre des écoles chrétiennes libres. 249
Établissement de Saint-Nicolas. 250
Société Fénelon. 251
Maison des orphelins de Saint-Vincent de Paul. . 251
Société des amis de l'enfance. 251
OEuvre des apprentis et des jeunes ouvrières. . . 253
OEuvre du patronage des enfants de Saint-Vincent de Paul. 253
OEuvre de Saint-Jean. 254
Société pour le placement en apprentissage des jeunes orphelins. 254
École des Sœurs. 255
OEuvre du patronage des jeunes ouvrières. . . 255
Association des jeunes économes. 256
Association de Sainte-Anne. 257
Maison des enfants délaissés. 257

M... de la Providence.	257
Maison des orphelins de la Providence.	258
Maison des enfants de la Providence.	258
Maison de Sainte-Marie de Lorette.	258
Institution de Saint-Louis.	259
Etablissement des Sœurs de Saint-André.	259
Maison du Saint-Cœur de Marie.	259
Œuvre des Saints-Anges.	260
Œuvre de Saint-Casimir.	260
Œuvre de Notre-Dame de Sion.	261
Œuvre des Ecoles de la Compassion.	261
Association des Institutrices.	262
Société de patronage des enfants convalescents.	262
Société d'adoption pour les enfants trouvés.	263
Œuvre des faubourgs.	263
Institutions des Sourds-Muets.	264
Institution des Jeunes-Aveugles.	265
Asile Saint-Hilaire.	265
Maison de refuge des Sourdes-Muettes.	266

ŒUVRES DE CHARITÉ LIBRE POUR LA PAUVRETÉ, LA MALADIE ET LA VIEILLESSE.

Œuvre de Saint-Vincent de Paul.	266
Œuvre des soldats.	266
Œuvre des familles.	267
Société de la Miséricorde.	267
Œuvres des pauvres malades.	268
Œuvre de Sainte-Geneviève.	268
Œuvre de la visite des malades dans les hôpitaux.	269
Maison de santé des hospitaliers de Saint-Jean de Dieu.	269
Société de la Providence.	270
Asile de la Providence.	270

Société philanthropique. 271
Œuvre des petites Sœurs des pauvres. 273
Asile ouvroir de Gérando. 273
Maison de Nazareth. 274
Société en faveur des pauvres vieillards. 275
Société des amis des Pauvres. 275
Société centrale d'éducation et d'assistance pour les Sourds-Muets en France. 27
Société de patronage et de secours pour les aveugles en France. 277
Société de patronage des aliénés convalescents. . . 277
Société charitable de Saint-François Régis. 278
Société de patronage pour le renvoi dans leurs familles des jeunes filles de province. 280
Œuvre du Mont-de-Piété. 280
Société de Saint-François-Xavier. 282
Œuvre de la Sainte-Famille. 283
Association des Domestiques, dite des Servantes de Marie. 284
Dames de charité. 285
Association du Bon-Secours. 286
Association des Dames de la Providence. 286
Caisse d'économie pour les loyers des familles ouvrières. 286

HÔPITAUX.

Hôtel-Dieu. 287
Hôpital Cochin. 288
Hôpital Necker. 288
Hôpital de La Riboisière. 288
Hôpital de la Pitié. 289
Hôpital de la Charité. 290
Hôpital Saint-Antoine. 290

Hôpital Beaujon. 290
Hôpital Saint-Louis. 291
Hôpital du Midi et de Lourcine. 291
Hôpital des Cliniques. 292
Hôpital de la Maternité. 292
Hôpital des enfants malades. 292
Hôpital Sainte-Eugénie. 292
Asiles du Vésinet et de Vincennes. . . . 293

HOSPICES ET MAISONS DE RETRAITE.

Bicêtre. 293
La Salpêtrière. 293
Hospice des Incurables (hommes). 294
Hospice des Incurables (femmes). 294
Hospice des enfants assistés. 294
Hospice des Ménages. 295
Maison de retraite La Rochefoucauld. . . 295
Institution Sainte-Périne. 295
Hospice de Villas. 295

INSTITUTIONS DE PÉNITENCE, DE RÉHABILITATION ET DE SECOURS AUX PRISONNIERS.

Correction paternelle. 296
Société de patronage pour les jeunes libérés. . . . 297
Colonie agricole de Mettray pour les jeunes détenus. . . 298
Œuvre des Dames visitant les prisons. . . 299
Ouvroir de Vaugirard. 300
Société des jeunes filles détenues et abandonnées. . . 300
Œuvre et Maison de refuge du Bon-Pasteur. . . 301
Œuvre des prisonniers pour dettes. . . . 301
Société de patronage pour les prévenus acquittés. . . 304
Œuvre des Campagnes. 304

Association catholique de saint François de Sales, . . 306

QUATRIÈME PARTIE.
STATISTIQUE RELIGIEUSE DU DIOCÈSE.

Archevêque. 308
Vicaires généraux. 308
Secrétariat. 308
Officialité métropolitaine. 309
Officialité diocésaine. 309
Assesseurs. 309
Eglise Notre-Dame. 309
Faculté de Théologie. 312
Séminaire de Saint-Sulpice. 313
École des hautes études ecclésiastiques. . . . 313
Eglise Sainte-Geneviève. 313
Petit-Séminaire de Notre-Dame des Champs. . . 313
Petit-Séminaire de Saint-Nicolas. 314
Chapitre impérial de Saint-Denis. 314
Archidiaconé de Notre-Dame. 315
Archidiaconé de Sainte-Geneviève. 319
Banlieue. 321
Archidiaconé de Saint-Denis. 322
Banlieue. 326
Communautés ecclésiastiques. 328
Communautés religieuses. 333
Etablissements d'instruction publique. 342
Maisons Impériales d'éducation. 342
Institutions et Pensionnats. 343
Etablissements divers. 343

APPENDICE.

Eglise des Carmes et Chapelle des Martyrs. . . . 344

L'Oratoire. 346
L'Assomption. 347
Chapelle Beaujon. 348
Palais Royal. 348
Palais de l'Elysée-Napoléon. 349
Palais de l'Industrie. 349
Musée d'Artillerie. 350
Ecole impériale des Mines. 350
Musée Dupuytren 350
Ecole de Médecine. 351
Le Conservatoire des Arts et Métiers. . 351
Ecole Militaire. 352
Imprimerie Impériale. 352
Banque de France. 352
Parc de Monceaux 353
Nanterre. 353
Argenteuil. 353
Boulogne. 353
Journaux catholiques. 355

CINQUIÈME PARTIE.

Renseignements commerciaux.

Chasublerie, broderie et lingerie. . . E. Carré.
Cloches d'église. . . . . A. Hildebrand.
Bronzes et Orfévrerie. . . . . Picard.
Fonte, fer, etc., pour appuis de Desforges et Festu-
communion, etc. . . . . gière frères.
Horloges d'église. . . . . Collin.
Imagerie. . . . . { Bouasse-Lebel.
                                      Schulgen.
                                      Bertin.

Librairie.	Bauchu.
	Blériot.
	Camus.
	Casterman.
	Dillet.
	Gaume.
	Girard et Josserand.
	Henri Aniéré.
	Lesort.
	Palmé.
	Pélagaud.
Vitraux d'église.	Laurent et Gsell.
	Lusson.
Photographie.	Pierre Petit.
Peinture murale décorative. . . .	L. Icard et Carlier.
Tableaux d'église.	Patritti et Cie.
Objets religieux en cire.	Jules Talrich.
Fabrique de petits Enfants Jésus en cire.	Gombert.
Pharmacie.	Roussel.
Nouveautés.	Grand Condé.
Parapluies.	Duber.
Coiffeur.	Schmitt Hippolyte.
Hôtel.	Hôtel Fénelon.
Emballeur.	Boucart.

FIN DE LA TABLE

PARIS. — IMP. Vve GOUPY ET Cie, RUE GARANCIÈRE, 5.

www.ingramcontent.com/pod-product-compliance
Lightning Source LLC
Chambersburg PA
CBHW071057230426
43666CB00009B/1737